U0594165

信阳师范学院商学院 学术文库

SHEHUI WANGLUO SHIJIAOXIA DE
ZHONGGUO JUMIN JIATING TOUZI XINGWEI YANJIU

社会网络视角下的中国居民家庭投资行为研究

柴时军 ◎ 著

中国财经出版传媒集团

经济科学出版社
Economic Science Press

图书在版编目（CIP）数据

社会网络视角下的中国居民家庭投资行为研究/柴时军著. -- 北京：经济科学出版社，2020.7
ISBN 978 - 7 - 5218 - 1691 - 4

Ⅰ.①社…　Ⅱ.①柴…　Ⅲ.①家庭-金融投资-投资行为-研究-中国　Ⅳ.①F832.48

中国版本图书馆 CIP 数据核字（2020）第 120934 号

责任编辑：顾瑞兰
责任校对：隗立娜
责任印制：王世伟

社会网络视角下的中国居民家庭投资行为研究

柴时军　著
经济科学出版社出版、发行　新华书店经销
社址：北京市海淀区阜成路甲 28 号　邮编：100142
总编部电话：010-88191217　发行部电话：010-88191522
网址：www. esp. com. cn
电子邮箱：esp@ esp. com. cn
天猫网店：经济科学出版社旗舰店
网址：http：//jjkxcbs. tmall. com
北京财经印刷厂印装
710×1000　16 开　13 印张　200000 字
2020 年 7 月第 1 版　2020 年 7 月第 1 次印刷
ISBN 978 - 7 - 5218 - 1691 - 4　定价：62. 00 元
（图书出现印装问题，本社负责调换。电话：010 - 88191510）
（版权所有　侵权必究　打击盗版　举报热线：010 - 88191661
QQ：2242791300　营销中心电话：010 - 88191537
电子邮箱：dbts@ esp. com. cn）

总　序

　　商学院作为我校 2016 年成立的院系，已经表现出了良好的发展潜力和势头，令人欣慰、令人振奋。办学定位准确，发展思路清晰，尤其在教学科研和学科建设上成效显著，此次在郑云院长的倡导下，拟特别资助出版的《信阳师范学院商学院学术文库》，值得庆贺，值得期待！

　　商学院始于我校 1993 年的经济管理学科建设。从最初的经济系到 2001 年的经济管理学院、2012 年的经济与工商管理学院，发展为 2016 年组建的商学院，筚路蓝缕、栉风沐雨，凝结着教职员工的心血与汗水，昭示着商学院瑰丽的明天和灿烂的未来。商学院目前拥有河南省教育厅人文社科重点研究基地——大别山区经济社会发展研究中心、理论经济学一级学科硕士学位授权点、工商管理一级学科硕士学位授权点、理论经济学河南省重点学科、应用经济学河南省重点学科、理论经济学校级博士点培育学科、经济学河南省特色专业、会计学河南省专业综合改革试点等众多科研平台与教学质量工程，教学质量过硬，科研实力厚实，学科特色鲜明，培养出了一批适应社会发展需要的优秀人才。

　　美国是世界近现代商科高等教育的发祥地，宾夕法尼亚大学沃顿于 1881 年创建的商学院是世界上第一所商学院，我国复旦公学创立后在 1917 年开设了商科。改革开放后，我国大学的商学院雨后春笋般成立，取得了可喜的研究成果，但与国外相比，还存在明显不足。我校商学院无论是与国外大学相比还是与国内大学相比，都是"小学生"，还处于起步发展阶段。《信阳师范学院商学院学术文库》是起点，是开始，前方有更长的路需要我们一起走过，未来有更多的目标需要我们一道实现。希望商学院因势而谋、应势而动、顺势而为，进一步牢固树立"学术兴院、科研强院"的奋斗目标，走内涵式发展之路，形成一系列有影响力的研究成果，在省内高校起带头示范作用；进一步推出学术精品、打造学术团队、凝练学术方向、培育学术特色、发挥学术优势，尤其是培养一批仍处于"成长期"的中青年学术骨干，持续提升学院发展后劲并更好地服务地方社会，为我校实现高质量、内涵式、跨越式发展，建设更加开放、充满活力、勇于创新的高水平师范大学的宏伟蓝图贡献力量！

　　"吾心信其可行，则移山填海之难，终有成功之日；吾心信其不可行，则反掌折枝之易，亦无收效之期也。"习近平总书记指出，创新之道，唯在得人。得人之要，必广其途以储之。我们希望商学院加快形成有利于人才成长的培养机制、有利于人尽其才的使用机制、有利于竞相成长各展其能的激励机制、有利于各类人才脱颖而出的竞争机制，培植好人才成长的沃土，让人才根系更加发达，一茬接一茬茁壮成长。《信阳师范学院商学院学术文库》是一个美好的开始，更多的人才加入其中，必将根深叶茂、硕果累累！

　　让我们共同期待！

前　言

　　居民投资行为及其与家庭社会网络的关系是近年来社会各界关心的热点话题。社会网络强调家庭或个体与其所拥有的亲属、朋友、同事或邻居等之间互动往来而形成的相对稳定的关系网络，是非正式制度的重要方面，反映家庭人口学外部特征。居民投资行为包括金融投资行为和非金融投资行为。金融市场投资是指居民参与正规金融领域（基金、股票、外汇和期货等）和非正规金融领域（民间借贷等）的投资行为，而非金融市场投资主要是指居民从事自主创业。作为非正式制度的重要组成部分，由于对微观个体行为影响的相对直接性和可测度性，社会网络在经济学研究领域受到学者们广泛的关注。作为一个传统的关系型社会，家庭社会网络在中国拥有广泛的土壤，在人们经济事务决定中发挥着重要作用。但是，在家庭投资市场参与决策中，基于亲友关系的家庭社会网络对于居民资产投资行为是否具有影响，限于数据等方面的约束，国内相关研究还多局限于理论层面，部分基于宏观数据的实证检验又面临"可加性"问题的困扰，这一领域的研究亟待推进。借助翔实的微观数据——2008～2018 年中国家庭追踪调查（CFPS）和 2011～2017 年中国家庭金融调查（CHFS）数据，本书在充分控制人力资本、财富效应以及其他家庭特征和户主特征等一系列因素影响的前提下，细致考察了社会网络对居民金融投资行为（正规和非正规金融市场）和居民非金融投资行为（家庭创业）的影响及其背后的作用机制。

　　本书的研究内容和研究结论概括如下。

　　家庭非金融投资主要是指家庭创业。社会网络是否影响家庭创业？

本书研究发现，社会网络提升了家庭从事自主创业的可能性，其对农村家庭创业参与的边际影响要高于城市家庭。进一步地，社会网络可以通过改善家庭信贷约束促进家庭参与创业。研究还发现，社会网络在市场化越不发达的地区对家庭创业的边际影响越大，市场化所构建的理性法制体系在家庭创业决策中与非正规的关系体系存在替代关系。在创业收益方面，社会网络不仅可以促进家庭积极参与创业活动，而且还能够显著提升其创业效益，从而推动创业高质量发展。这种推动作用可以通过提高创业家庭的外部融资可得性和降低创业过程中的信息搜寻成本两种机制来实现。拥有更多社会网络的家庭，在创业过程中所获回报率也明显更高。这种积极作用既不受由于我国二元经济结构导致的城乡差异对家庭创业的影响，也不体现创业行为反向作用社会网络强度的内生性干扰，结论非常稳健。从社会网络的不同维度来看，亲缘类和社交类网络对家庭创业决策、创业回报均有显著的正向影响，而创业行为中依托邻里社会网络的作用机制并不成立。

家庭金融投资方面，本书分别从正规金融市场参与和非正规金融市场参与两条线索展开研究。正规金融市场主要包括股票、基金、债券、银行存款、金融理财产品、外汇、货币黄金以及金融衍生品等市场。本书通过内生化居民不确定性偏好构建均衡股票投资理论框架，将家庭的社会网络变量引入居民股票投资最优模型，从理论上研究家庭社会网络对居民股市参与的影响机制。研究结果表明，不论对于不确定性厌恶型家庭还是不确定性中性或喜好型家庭，随着社会网络程度的提高，其风险厌恶程度（或不确定性偏好）将不同程度降低（或提高），居民将表现出更强的市场参与倾向，并且其股市参与也更为深入。基于中国家庭金融调查（CHFS）数据的实证检验也进一步证实，拥有更多社会关系网络的家庭，股市参与概率更大，而且一旦进入股票资本市场，其持有的股票资产在其金融资产中的占比会更高。

社会网络是否影响家庭金融资产配置？本书实证结果显示，家庭社会网络对股票、基金、外汇等风险资产在家庭金融资产中的份额影响正向显著，而对储蓄存款份额影响负向显著。这一实证发现基本可以印证文献中给出的理论解释：由于血缘或姻亲等形成的大家庭可以为参与金融市场的成员提供更好的风险分担，较强社会网络环境下的居民，更倾向于投资股票、基金、外汇等风险性金融资产，而在选择现金、银行活期存款、银行定期存款等无风险资产时则正好相反。通过对家庭金融资产额的 OLS 以及分位数回归的进一步研究表明，社会网络对居民金融资产持有额有显著的正向效应，但对各分位数家庭呈现出了较明显的异质性，各解释变量的影响程度因家庭金融资产额的不同而不同，相对于贫穷家庭，社会网络对富裕家庭影响更为深入。

　　家庭非正规金融市场参与行为主要是指家庭参与民间借贷市场。本书运用中国家庭金融调查（CHFS）数据系统研究了社会网络对家庭民间借贷行为的影响、作用机制及其城乡差异。结果发现，社会网络对家庭是否参与民间借出、借出金额以及借出占比均有显著的正向影响，同时，拥有更多关系网络的家庭，获得民间借入的可能性和借入金额也明显更高。分城乡来看，社会网络对城市家庭民间借贷行为的边际影响要高于农村家庭，社会网络在金融发达程度更高的城镇地区对家庭民间借贷行为的边际影响要高于农村地区。进一步地，社会网络可以通过拓宽信息渠道、改善风险偏好和降低预防性储蓄动机影响家庭民间借贷决策。社会网络这种非正式制度随正规金融体系的市场化发展在民间借贷市场中的影响逐渐减弱。换言之，社会网络在一定程度上弥补了正规金融制度的缺陷。本书的结论不仅有助于更全面理解中国当前民间借贷市场供给/需求模式和金融决策机制，而且对政府设计和制定非正规金融政策、深化金融体制改革都有着重要意义。

　　本书进一步讨论了社会网络对家庭投资组合效率的影响。根据 CHFS 调查项目中样本家庭资产配置状况及所持各类资产的风险和收益情况，本书构造了不同家庭资产组合各自的夏普率。在此基础上，考察了家庭层面的社会网络对家庭资产配置效率的贡献以及这种贡献在城乡间和地区间的差异。研究发现，基于亲友关系的社会网络，显著提高了家庭资产配置的效率。采用工具变量的估计结果证实，拥有更多社会网络的家庭，投资组合更为有效。同时，较之农村家庭，城镇家庭投资更为有效，但资产配置效率在中、西部家庭与东部家庭间并不存在显著差异。家庭层面的社会网络在中、西部地区和农村，对家庭投资组合有效性的促进效应明显高于东部地区和城市。

　　本书的理论研究与实证发现为中国资本市场的发展提供了一个新的政策视角，即社会网络视角。家庭是经济社会的基本单元，投资市场的健康发展需要微观居民的积极参与，然而，居民投资决策的形成不是孤立的个体异质性的结果，而是容易受到其所处制度环境的影响。在当前市场机制还不健全的社会转轨条件下，如何鼓励居民家庭之间的互动往来并有效提升其社会网络？如何实现金融创新与社会网络的匹配？如何在长期内引导有利于提高居民投资效率的社会网络规范的形成？这些都是更加系统的政府政策需要深入考虑的问题。同时，进一步完善我国社会保障机制，可以部分地减轻投资市场的不确定性对居民投资行为的抑制效应，帮助居民家庭无后顾之忧地利用各种金融工具来构造"近理性"的投资组合，减少福利损失。

柴时军

2020 年 6 月

目　录

第 1 章

导 论

1.1 研究背景与意义

　　家庭的金融市场参与及其资产选择问题是近年来学术界关心的重要话题，并逐步成为与资产定价、公司金融并列的微观金融三大研究领域之一。同时，较之资产定价、公司金融等相对成熟的传统研究方向，家庭金融是一个起步较晚而前景更为广阔的新的研究前沿（Campbell，2006）。近年来，随着我国社会经济的快速发展和金融市场改革的不断深化，贫富悬殊、财富构成、高储蓄率以及市场有限参与等问题，引起了学者们对家庭金融的广泛关注，并已成为当前中国政府和学界深入开展的研究课题。然而，限于家庭金融微观数据的可获得性，家庭资产配置、财富构成及相关问题的研究往往受到诸多限制且进展缓慢。

　　与公司金融不同，家庭金融研究在不确定的环境下家庭如何运用各种金融工具达到资产配置的最优化。传统理论对于居民的资产配置或投资组合行为的解释主要集中在个体异质性方面的考察。已有研究指出，居民在人力资本（Guiso et al.，2008）、生命周期（吴卫星、齐天翔，2007；王聪、田存志，2012）、财富水平（Devlin，2005）以及房产效应（Yao et al.，2005）等方面的个体差异对家庭金融资产投资决策具有重要影响。然而，传统理论将居民投资选择决策看作是孤立于其他个体的自身异质性的结果，而忽视了居民所处制度环境对其投资市场参与决策和投资组合决策的作用。

本书的研究正是基于这一背景下展开的进一步探讨。本书围绕家庭社会网络（反映中国非正式制度因素）讨论中国的制度环境是否影响居民家庭的投资行为。社会网络强调家庭或个体与其所拥有的亲属、朋友、同事或邻居等之间互动往来而形成的相对稳定的关系网络（Putnam et al.，1993），是非正式制度的重要方面，反映家庭人口学外部特征。居民投资行为包括金融投资行为和非金融投资行为。金融市场投资是指居民参与正规金融领域（基金、股票、外汇和期货等）和非正规金融领域（民间借贷等）的投资行为，而非金融市场投资主要是指居民是否从事自主创业及其创业深度。本书分别考察社会网络对居民金融投资行为（正规和非正规金融市场）的影响和社会网络对居民非金融投资行为（家庭创业）的影响及其背后的作用机制。

作为非正式制度的重要组成部分，由于对微观个体行为影响的相对直接性和可测度性，社会网络在经济学研究领域受到学者们广泛的关注。研究发现，社会网络能够分担风险（Munshi & Rosenzweig，2010）、传递信息（Hong et al.，2004）、减少机会主义，进而改善集体决策和增进福利。作为一个传统的关系型社会（Bian，1997），家庭社会网络在中国拥有广泛的土壤，在人们经济事务决定中发挥着重要作用。但是，在家庭投资市场参与决策中，基于亲友关系的家庭社会网络对于居民资产投资行为是否具有影响，既有文献并没有一个很好的回答。本书的研究目的在于试图找出家庭社会网络与家庭投资行为之间的关系及其背后的作用机制，相应的结论对于更全面地理解集体主义背景下我国居民的资产选择特征、金融市场参与决策机制以及合理引导居民投资行为是有帮助的，对深化资本市场改革、金融产品创新以及社会保险制度完善等方面也都有指导意义。

1.2 研究方法、框架与内容

1.2.1 研究方法

限于居民财富微观数据的可获得性，家庭资产配置、财富构成及相关问题的研究往往受到诸多限制且进展缓慢。本书的研究主要借助两套数据：2011～2017 年西南财经大学联合中国人民银行在全国范围内开展的中国家庭金融调查（CHFS）数据库和 2008～2018 年北京大学开展的大型连续性社会调查项目中国家庭追踪调查（CFPS）数据库。中国家庭金融调查（CHFS）和中国家庭追踪调查（CFPS）数据涵盖范围广、样本量大、拒访率低，被认为是目前反映中国居民家庭基本财务状况的最权威微观数据。两套数据重点采集了家庭的实物资产和金融资产构成状况、家庭投资与创业、人口学特征、消费与收入、家庭财富与负债状况等方面的微观信息，选取的样本具有很好的全国代表性。

本书对家庭金融资产选择影响因素的实证研究主要按是否参与和参与程度两条线索展开。家庭是否参与决策，具体来说就是指居民家庭决定是否参与某项资产，如房产、股票、基金、银行存款等。这是一个二元选择问题，针对特定资产项目，家庭可以选择不参与投资或者参与投资，参与则赋值为 1，不参与则赋值为 0。鉴于被解释变量的二值虚拟变量属性，本书采用 Probit 模型及 Logit 模型来考察居民家庭资产项目参与决策的社会网络效应和年龄结构效应。

关于参与程度，即居民在确认参与的基础上，家庭资产在各资产项目中的参与比例，我们在对家庭投资房产、股票、基金以及风险性资产和非风险性资产的投资比例进行考察时，由于不是所有的家庭同时参与了所有的投资项目，各被解释变量涉及不同程度的数据截取问题（又称受限因变量问题），故本书采用 Tobit 模型进行估计。Tobit 模型很巧妙地用一个基本的潜变量 y^*

来表示所观测到的响应 y，并通过构建极大似然函数估计模型参数，从而一定程度上解决了传统计量模型在处理截取数据中的选择性偏误问题。

对于资产比重实证模型的选择，在因变量面临截断数据的情况下，通常采用 Tobit 模型来处理，但也有学者认为，Heckman 模型在处理样本选择偶然截断时具有更好的效果。基于此，本书采用 Heckman 两步法修正模型取代 Tobit 模型，并将居民家庭股票占比、基金占比、房产占比和银行储蓄占比为 0 的样本数据设定为缺失，以参与投资决策方程作为选择方程，进一步检验了社会网络、年龄结构对家庭金融资产选择的影响，估计结果更为稳健。

1.2.2　基本框架与内容

全书共分 10 章，对居民投资行为的社会网络影响展开研究，具体内容及主要结论如下。

第 1 章为导论，主要阐述研究背景和研究意义，研究的对象、方法、思路以及研究的主要内容和本书的主要创新与贡献。

第 2 章是家庭资产选择理论研究综述，重点围绕社会网络与投资偏好、家庭资产选择与人口年龄结构等主题对国内外文献进行回顾。国外学者对家庭金融资产配置及其与社会网络、人口结构的关系进行了广泛研究，不过，基于不同国别样本数据的研究并未形成一致结论，而且研究方法并不一定适用于处于转轨经济的我国居民家庭。事实上，较之西方发达国家，中国家庭金融资产配置在资产选择偏好、投资方式以及投资多样性等方面呈现出显著差异。

第 3 章对包括美国、日本及欧洲 14 国在内的发达国家的家庭金融资产选择行为进行统计分析，并运用中国家庭金融调查（CHFS）数据，对我国家庭资产选择行为和财富构成进行统计，探讨不同群体掌握的总资产和金融资产，探讨不同家庭资产构成的分化状况。运用来自美国的 SCF（Survey of Consumer Finances）数据、欧洲中央银行的 HFCS（Household Finance and Consumption Survey）数据，比较中国与美国、德国、法国、意大利、荷兰等西方发达国家家庭的资产选择行为在房产参与、股票参与和基金参与等方面所表现出的异质性特征并探讨其可能存在的原因。借助翔实的微观数据——中国家庭金融调查（CHFS）数据与中国家庭追踪调查（CFPS）数据，分析我国居民家庭创业和借贷行为特征及其在城乡间和地区间的分布情况。

第 4 章和第 5 章主要讨论社会网络对家庭创业的影响。基于翔实的微观家庭调查数据，这部分内容在充分控制人力资本、财富效应以及家庭人口学特征等一系列因素影响的前提下，细致考察了社会网络对家庭创业参与的影响及区域间影响差异。研究发现，社会网络提升了家庭从事自主创业的可能性，其对农村家庭创业参与的边际影响要高于城市家庭。进一步地，社会网络可以通过改善家庭信贷约束促进家庭参与创业。研究还发现，社会网络在市场化越不发达的地区对家庭创业的边际影响越大，市场化所构建的理性法制体系在家庭创业决策中与非正规的关系体系之间存在替代关系。

在创业绩效方面，社会网络不仅可以促进家庭积极参与创业活动，而且还能够显著提升其创业效益，从而推动创业高质量发展。这种推动作用可以通过提高创业家庭的外部融资可得性和降低创业过程中的信息搜寻成本两种机制来实现。拥有更多社会网络的家庭，在创业过程中所获回报率也明显更高。这种积极作用既不受由于我国二元经济结构导致的城乡差异对家庭创业的影响，也不体现创业行为反向作用社会网络强度的内生性干扰，结论非常稳健。从社会网络的不同维度来看，亲缘社会网络、社交社会网络对家庭创业决策、创业回报均有显著的正向影响，而创业行为中依托邻里社会网络的作用机制并不成立。

第 6 章和第 7 章考察社会网络对家庭正规金融市场参与的影响。在理论机制部分，通过内生化居民不确定性偏好构建最优股票投资理论框架，将家庭的社会网络变量引入居民股票投资最优模型，从理论上研究家庭社会网络对居民股市参与的影响机制。模型推演结果表明，社会网络能降低家庭的风险厌恶，提高不确定偏好，进而推动家庭股市参与及增强股市参与程度，同时，在最优参与决策前提下，居民福利与社会网络同向变动。

在实证检验部分，家庭社会网络的合理度量及有效解决社会网络对家庭投资决策影响的内生性干扰是问题的关键。本书对家庭社会关系网络的构造采用基于亲友关系的礼金支出、礼金收入、红包礼品支出以及红包礼品收入等反映家庭礼尚往来状况的样本数据，并利用主成分分析法处理多元变量可能引致的共线性问题。同时，利用"是否为当地大姓"作为工具变量，仔细处理家庭股市参与决策影响中社会网络的内生性问题，结论更为可靠。相应的结论包括：拥有更多社会关系网络的家庭，股市参与概率更大；一旦进入股票市场，其持有的股票资产在其金融资产中的比重会更高；在非正规金融市场，社会网络对家庭民间放贷的参与概率、参与金额及参与程度均具有显著的正向影响。

家庭金融资产配置方面，本书发现，家庭社会网络促进了居民参与股票、基金、外汇等风险资本市场，而对金融资产配置中现金、银行存款等无风险资产参与份额影响负向显著。进一步研究表明，社会网络对居民金融资产持有额有显著的正向效应，但对各分位数家庭呈现出了较明显的异质性，较之贫穷家庭，社会网络对富裕家庭金融投资行为影响更为深入。因此，维护和加强居民家庭社会网络环境、提高居民社会网络强度，这些都是推动公众参与资本市场以及确保资本市场健康发展的系统政策的重要组成部分。

第8章考察社会网络对家庭非正规金融市场参与的影响。家庭非正规金融市场参与行为主要是家庭参与民间借贷市场。本书运用中国家庭金融调查（CHFS）数据系统研究了社会网络对家庭民间借贷行为的影响、作用机制及其城乡差异。结果发现，社会网络对家庭是否参与民间借出、借出金额及借出占比均有显著的正向影响，同时，拥有更多关系网络的家庭，获得民间借入的可能性和借入金额也明显更高。分城乡来看，社会网络对城市家庭民间借贷行为的边际影响要高于农村家庭，社会网络在金融发达程度更高的城镇地区对家庭民间借贷行为的边际影响要高于农村地区。进一步地，社会网络可以通过拓宽信息渠道、改善风险偏好和降低预防性储蓄动机影响家庭民间借贷决策。社会网络这种非正式制度随正规金融体系的市场化发展在民间借贷市场中的影响逐渐减弱。换言之，社会网络在一定程度上弥补了正规金融制度的缺陷。本章的结论不仅有助于更全面理解中国当前民间借贷市场供给/需求模式和金融决策机制，而且对政府设计和制定非正规金融政策、深化金融体制改革都有着重要意义。

第 9 章进一步考察了社会网络对家庭资产配置效率的影响。其中,家庭资产配置效率的测度是问题的难点。本书尝试利用夏普率指数来测度家庭的资产组合效率,基于夏普率的研究不仅要考虑不同家庭持有的各类资产组合情况,还需要其持有的不同资产对应的回报率数据及标准差和协方差。本书根据 CHFS 调查数据计算每个家庭所持各类资产占总资产的比重,而对于回报率及标准差和协方差的处理,则以一种平均化的方式计算各资产的收益率及标准差和协方差,具体是通过指数替代的方式来构建不同家庭的投资组合夏普率。研究发现,拥有更多社会网络的家庭,投资组合更为有效,同时,较之农村家庭,城镇家庭投资更为有效。但资产配置效率在中、西部家庭与东部家庭间并不存在显著差异,社会网络在中、西部地区和农村,对家庭投资组合有效性的促进效应明显高于东部地区和城市。

第 10 章为结论与政策含义。

1.3 研究创新与展望

1.3.1 主要创新

在社会网络对家庭创业的影响方面,存在的一个主要缺陷是研究中没有纳入社会网络对家庭创业成效影响,即注重创业动机而忽视创业质量,两者差异主要体现在前者属于创业选择的静态特征而后者属于创业过程的动态特征。除"成效考量"外,已有相关研究还忽视了城乡二元格局导致的系统性差异对社会网络影响家庭创业的异质性问题。由于社会网络作用家庭创业的重要渠道之一便是缓解阻碍家庭选择创业时面临的信贷约束(马光荣、杨恩艳,2011),我国长期存在的城乡二元经济使城市和农村家庭面临的金融约束不尽相同。社会网络作为家庭拥有的重要资源,是维系金融借贷(尤其是民间借贷)的核心机制,其在影响家庭创业过程中对城市和农村家庭的实际贡献可能存在差异,这种城乡间的实证区分是十分必要的。此外,文献中基于社会网络对家庭创业影响的研究仅关注了社会网络多维度下的某种表现，而没有深入探讨构成家庭社会网络的不同细类指标对创业决策的影响差异。粗线条层面度量的社会网络本身就掩盖了其下更为具体的社会网络的不同表现在个体行为中的重要差异，也就无法揭示不同维度社会网络对家庭创业决策及其成效的异质性影响。

有鉴于此，本书采用中国家庭追踪调查（CFPS）微观数据为样本，系统检验了家庭社会网络对居民创业参与及其绩效的影响。与已有文献相比，本书边际贡献在于：第一，采用文献中通行的社会网络测度指标，并将着眼点深入到差序格局网络框架之下多个细分维度的网络特征变量，尝试将主成分分析法（PCA）应用于调查数据，提取公共因子（或子因子），构造一个综合、多维的社会网络（或子网络）指标。本书对社会网络的度量涵盖家庭亲缘、邻里和社交等方面，代表的社会网络范畴比已有相关文献更广。第二，本书使用回报率指标考察社会网络对创业绩效的影响，相应结论有助于更全面评判社会网络嵌入创业过程中的具体效果。在实证检验社会网络促进家庭创业的基础上，进一步考察了社会网络的这种贡献在我国二元经济结构的城乡之间的影响差异。第三，为有效解决家庭创业决策中社会网络的内生性干扰，利用工具变量"社区/村庄内其他家庭平均社会网络指数"，仔细处理创业决策与社会网络间可能存在的反向因果问题。同时，本书的计量模型纳入了社区效应（可观测和不可观测），通过社区编码对社区效应的控制以缓解遗漏变量对估计结果的干扰。第四，借助樊纲等（2004）构造的各省份市场化指数，探讨社会网络这种非正式制度在促进家庭创业中与正式制度的关联：互补还是替代？相应结论有助于进一步探索促进创业机制设计中社会网络的角色定位与实施路径。本书进行的不同维度社会网络对家庭创业行为影响的系统性检验，以及社会网络效应在城乡之间的实证区分，有助于新形势下探索将非正式制度因素纳入政策导向体系的基本条件与可行路径，释放和培育本土化创业潜能，助力创新创业。

在家庭资产组合决策的社会网络影响方面，虽然已有文献从风险偏好方面来研究人们的社会关系网络对其金融决策的影响，但是目前尚未有研究从理论上进一步推演家庭社会网络作用家庭投资决策的内在机制；在经验研究中，也忽视了由于不可观测的遗漏变量导致的社会网络内生性问题及所可能引起的估计偏误。与以往研究相比，本书的贡献主要体现在四个方面：首先，既有文献大多注重实证研究，缺乏有关个体行为的理论演绎。本书拓展了已有文献所构建的投资均衡模型，从理论上论证了家庭的社会网络与居民市场参与两者之间的影响机制。其次，基于家庭层面的社会网络视角，本书在充分控制人力资本、财富效应及家庭人口学特征等一系列因素影响的前提下，在统一的框架下系统检验了社会网络对中国居民家庭股票参与决策和民间借贷参与决策的可能影响，拓展了家庭金融领域的研究范畴。再次，考虑到以往相关研究中以单一变量指标测度家庭社会网络所产生的随机性缺陷，本书对家庭社会关系网络的构造采用基于亲友关系的礼金支出、礼金收入、红包礼品支出及红包礼品收入等反映家庭礼尚往来情况的样本数据，并利用主成分分析法处理多元变量可能引致的共线性问题。最后，有关社会网络与家庭金融投资决策，现有文献往往忽视了由于反向因果和遗漏变量导致的社会网络内生性干扰以及可能引起的估计偏误，利用"是否为当地大姓"作为工具变量，本书仔细处理了家庭金融投资行为中社会网络影响的内生性问题，结论更为稳健，并弥补了文献的不足。此外，本书尝试构造了家庭投资组合有效性的测度模型，并借助中国家庭金融调查（CHFS）的微观数据，基于社会网络视角，系统地检验了家庭拥有的社会网络对居民投资组合有效性的影响以及社会网络效应在不同区域之间和城乡之间的影响差异，实证发现对于中国居民收入分配机制改革，尤其是提高财产性收入方面，有着重要参考价值。

1.3.2 研究展望

虽然本书对社会网络影响居民市场参与的作用机制进行了较为全面深入的分析，然而，由于 CHFS 调查项目的局限性以及相关数据的可获得性，本书没有能够检验作为社会网络影响机制的风险偏好在推动居民金融投资参与中的具体作用，基于个体行为的理论推演和亲友间礼尚往来数据的经验证据仅揭示了社会网络对家庭投资参与总体积极影响的存在，其潜在的不同渠道对于居民投资参与的影响方式的差异还不能给出合理的解释，后续的研究可以在这方面做些工作。

由于 CHFS 调查项目中家庭投资的基金项目不仅包括股票型基金和混合型基金，还包括债券型基金以及货币市场基金，而调查问卷中缺乏相应的居民家庭对这些不同基金产品的需求信息，我们无法将安全性资产或低风险资产从居民基金投资整体数据中分离出来。因此，本书在实证检验中可能高估了家庭基金投资中的风险偏好，导致本书对掺杂了无风险或低风险资产的样本家庭基金投资状况（以及风险资产投资状况）各种影响因素的实际作用的低估，但这至少给出了下限估计，为今后在数据可得的情况下进行准确估计提供了参考。同时，家庭基金市场参与率整体较低，基金投资样本量偏小，解释力度不强。因此，合理区分不同基金项目风险差异进而准确把握居民基金购买决策的影响因素是进一步研究所需要关注的一个问题。

第 2 章

文献综述

2.1 家庭资产组合传统理论

经典的家庭资产组合理论主要围绕两个基本问题展开讨论：第一，家庭是否参与市场；第二，家庭资产在各资产项目中的参与比例。马科维茨（Markowitz，1952）最早利用均值—方差模型建立了一套完整的投资组合分析框架，奠定了现代资产组合理论的基石。研究发现，在不确定条件下依据投资者的收益及风险偏好状态在无风险资产以及风险资产组合的有效边界上进行资产配置是有效投资的最优选择。在此基础上，托宾（Tobin，1958）放宽了不允许卖空的严格假设，提出了著名的两基金分离定理：在均衡情况下，投资者的有效投资组合都可以是市场组合的有效边界上任意两个分离的点（代表不同的市场组合）的线性函数组合，即投资者的最优风险资产组合与其风险偏好无关。与马科维茨对个体投资者行为的局部均衡分析不同，夏普（Sharpe，1964）从整个资本市场的角度，通过建立 CAPM 模型（即资本资产定价模型），考察了证券资产风险—收益的一般均衡特征，认为金融市场风险包括系统性风险和非系统性风险，有效的资产组合能分散非系统性金融风险而在系统性市场风险面前无能为力。

家庭金融资产配置决策是近几年来金融研究的热点领域之一。2008 年在美国出现的次贷危机中，家庭金融充当了重要的参与变量，而随着次贷危机的全面爆发以及金融危机的全球蔓延，家庭金融问题也引起了社会各界的广泛关注，家庭投资组合决策的理论和实证文献大量涌现（Guiso & Sapienza，2008；Tanaka et al.，2009；Cardak & Wilkins，2009；Statman，2010；等等）。近年来，金融市场参与、家庭金融资产配置结构、高存款储蓄率等问题，已成为中国政府和金融学科界深入研究的课题。

与西方发达国家相比，我国居民家庭无论从金融市场参与、参与程度还是从参与方式上，都呈现出明显的异质性。西南财经大学和中国人民银行于2012 年共同发布的《中国家庭金融调查报告》显示，中国家庭中，家庭金融资产占比最高为银行存款，为 57.75%，现金其次，占 17.93%，股票和基金分别位列第三和第四，为 15.45% 和 4.09%[①]。相对而言，美国居民在风险资本市场（特别是股票市场）要表现得更为活跃，家庭金融财富中，活期存款占比 13.3%，定期存款占比 3.9%，而通过直接持股以及退休基金、共同基金等间接持股，美国家庭金融财富中股票投资占比高达 71.6%，这一比例在英国也达到了 56.7%[②]。

传统理论对于居民的金融资产配置或投资组合行为的解释主要集中在个体异质性方面的考察。已有研究指出，居民在人力资本、年龄、财富水平以及房产等方面的个体差异对家庭金融资产投资决策具有重要影响（Jianako-plos et al.，1998；Rosen & Wu，2004；Ameriks & Zeldes，2004；Berkowitz & Qiu，2006；等等）。然而，传统理论将居民投资选择决策看作是孤立于其他个体的自身异质性的结果，而忽视了居民所处环境对其金融市场参与决策和投资组合决策的作用。当前的研究进展尝试讨论居民的集体主义环境或氛围对其金融投资行为的影响（Guiso & Sapienza，2008；Statman，2010）。集体

---

① 数据来源：西南财经大学中国家庭金融调查与研究中心 2011 年中国家庭金融调查（China Household Financy Survey，CHFS）数据。

② 数据来源：美国联邦储备委员会 2007 年消费者金融调查（Survey of Consumer Finance，SCF）数据和英国 2007 年（Family Resourees Survey，FRS）调查数据。

主义是用来刻画一个社会群体中成员行为特征的重要指标，集体主义社会中人们自出生以来就融入一个强有力的团体（或大家庭）里，团体（或大家庭）要给予他们一生的保护以换取其无可置疑的忠诚（Geert Hofstede，1991）。关于集体主义的传统解释大多是基于宏观层面的，微观层面的集体主义强调家庭或居民个体的大家庭背景，在这样的大家庭（如父母兄弟、亲戚朋友）中，成员之间相互支援、相互扶持，融入在一个有福同享、有难同当的气氛或环境里。

传统模型很好地解释了个体的投资行为，并对于合理评价投资者的资产组合效果提供了完善的理论基础。然而，传统模型都只是在单期静态环境下的理论演绎，没有考虑长期投资者以后若干期的可能情况（如年龄、劳动收入、健康风险的变化）对当期投资决策的限制或影响。默顿和萨缪尔森（Merton & Samuelson，1969）利用多期的跨期资产定价模型，最早将最优投资组合决策问题扩展到多期，并提出了连续时间下投资风险资产与安全资产的决策模型。研究结果表明：投资者应该按财富的一定比例配置各项风险资产，且风险资产的最优组合是相同的；风险资产与安全资产的投资比例独立于年龄和财富的变化，仅取决于各自风险态度的差异。然而，在大量的实证研究中，这些结论与居民家庭财富构成的现实选择是相悖的，家庭不仅没有配置所有投资项目，即居民投资组合存在"有限参与"现象，而且在金融工具的选择中，配置比例在不同家庭之间也各不相同。围绕经典传统理论与家庭财富构成现实选择之间的差距这一主题，在默顿和萨缪尔森分析框架的基础上，学者们对理论模型进行扩展，并从环境异质性和家庭异质性或两者结合的角度对家庭资产选择行为展开了深入研究。

2.2　"有限参与"之谜与行为金融

现实中，有限参与现象广泛存在（Vissing et al.，2002），许多家庭的资产组合都非常之简单，仅包含少于五种资产（McCathy，2004）。在大多数国家,家庭投资的最重要资产就是房产。即使不考虑房产,典型家庭的流动性资产也主要集中于银行活期存款、定期储蓄、政府债券以及社会保险账户等无风险或低风险资产项目(Bertaut et al.,2001)。关于不同家庭在家庭资产配置中存在的异质性选择行为及其影响因素,学者们从行为金融的角度展开了广泛的讨论,关注的焦点主要是人力资本、财富效应、生命周期、房产效应及社会互动等方面产生的家庭人口学特征的影响。

人力资本方面,已有研究指出,人力资本水平的提高会使人们更容易理解股票并以更低成本参与金融市场(Rosen & Wu,2004;Guiso et al.,2008),但是,人力资本的影响可能不是直接的,而是通过人力资本所反映的学习和理解能力间接影响人们的投资决策。财富效应方面,由于金融市场参与是有固定成本的(如认知成本等),更多的家庭财富意味着人们有更多的资源和更强的能力来消费金融机构的产品和服务,因此可能与资本市场参与正相关(Guiso et al.,2004;Devlin,2005)。生命周期方面,随着年龄增加,人们趋于风险厌恶,但居民金融投资选择的生命周期影响可能还反映认知能力、财富积累等因素的作用(Ameriks & Zeldes,2004)。关于房产对家庭资产选择行为的影响,研究发现,一方面,房产具有很强的不可分性,且转换资产形式时交易成本很高,因而房产投资会挤出股票等金融产品投资(Flavin & Yamashita,2000;吴卫星等,2007),这种效应对于年轻人和穷人更加明显(Cocco,2004);另一方面,房产对风险资产的风险有很强的分散作用(Yao & Zhang,2005),还是居民获得金融产品和服务时最理想的抵押品(Cardak & Wilkins,2009),所以房产对风险资产投资的影响存在不确定性。

家庭投资决策的社会互动影响方面,"社会互动论"强调居民的股市参与受到其他成员之间社会互动的影响。大家庭环境下的居民生活在一个社会关系网络密切的氛围里,倾向于拥有更高程度的社会互动,进而通过社会互动影响个体投资决策。社会互动对家庭投资决策的影响可以归纳为情景互动和内生互动两组渠道(Manski,2000;Durlurf,2003)。其中。情景互动影响机制是外生的,强调行为的"结果示范"性单向效应,即 A 成员的投资决策受到 B 成员的投资结果的影响，但 A 成员的投资决策不能同期反作用于 B 成员；内生互动则强调行为的"互相跟进"式双向效应，即各成员投资决策同期相互影响（其突出表现可能是攀比炒股）。根据洪等（Hong et al.，2004）关于内生互动对居民金融决策行为影响机制的讨论，可以把内生互动进一步分解为获得信息、交流感受、社会规范三个方面。获得信息指个体通过社会互动从其他成员处获得相应的专业知识，从而降低了市场参与成本（Duflo & Saez，2003；Hong et al.，2004）。交流感受强调个体因为参与市场而有了与其他成员交流的共同话题（如餐桌谈资），提高了其主观效用（Hong et al.，2004；Brown et al.，2004）。社会规范则是更多地突出个体成员的投资决策可能受多数成员的投资选择所反映的社会规范的影响，一致或者相似投资选择的个体能够享受到其他成员的合作行为以及社会声誉的积累，反之会受到孤立和排斥（Guiso et al.，2004；Massa & Simonov，2004）。

当前，国内有部分学者开始关注社会互动对居民投资行为的影响，其中代表性的研究成果包括：李涛（2006）提供了成员之间获得信息与交流感受分别激励居民未来期望投资于债券和当期投资于保险、情景互动降低居民未来期望投资于股票等方面的经验证据；李涛、郭杰（2009）利用奥尔多调查数据讨论了社会互动、风险态度对家庭市场参与的影响机制；肖作平、张欣哲（2012）研究了民营企业家股票投资行为，发现家庭规模对家庭股票市场参与概率以及参与深度发挥着显著的正面效应；王聪、田存志（2012）利用2007年牛市和2012年熊市数据，实证了通过信息交换机制，社会互动在一定程度上提高或降低了家庭的股市参与。

生命周期方面，有关老龄化与居民投资决策的研究可追溯到早期的年龄效应理论（Tobin，1958；Merton，1969；Samuelson，1969），该理论利用多期的跨期资产定价模型，得出个体的投资决策与年龄无关的结论——个体的投资决策受时间的影响随投资时间跨度延长而递减，直至微乎其微。但是，年龄效应理论忽略了一些影响居民投资决策的重要因素。例如，居民可能考虑遗赠一部分财产给子女，而不以一生为时间跨度来寻求效用最大化（余永定、李军，2000）。更为重要的是，这种推测建立在市场有效的理性参与行为假设之上，完全市场的理性投资者假设本身也存在争议。之后，大量学者分别利用不同国别的数据，实证发现居民投资组合或投资结构随年龄的变化呈现出明显的生命周期特征，与年龄效应理论相悖。奥沙瓦（Yoo，1994）根据美国消费者财务特征调查数据，指出年轻家庭在有限收入、购房置家、幼儿抚养等多方面约束下，很少投资于风险资产；之后才逐渐参与风险资本市场；随着年龄增加，居民会趋于风险厌恶，老龄家庭更偏好投资于低风险或无风险资产（如银行存款、债券等）。吉索等（Guiso et al.，2000）比较包括英国、德国、意大利在内的欧洲诸国家庭资产组合的研究也表明，随着年龄的递增，居民家庭风险资本市场与无风险资本市场的参与比例分别呈现"钟型"和"U 型"的分布特征。麦卡锡（McCarthy，2004）利用来自美国退休基金会的面板数据，实证检验了家庭股市参与和年龄的关系，发现居民股市参与随年龄变化呈现先升后减的"驼峰状"。

有关居民的金融决策行为的年龄差异的理论解释，后续文献对产生或维持这种生命周期效应的各种机制进行了广泛的研究，包括风险态度、认知约束、健康风险、未来收入预期以及劳动收入弹性等方面产生的个体背景特质的影响。一般而言，随着年龄增加，居民趋于厌恶风险（McCarthy，2004）。投资股票等风险金融工具是有认知成本的，受教育程度的提高会使居民更容易理解并以更低成本来消费金融机构的产品和服务（Guiso et al.，2008）。我国老龄居民受政治历史因素影响普遍受教育水平偏低，面临更多的参与约束。健康状况越好的居民更愿意投资风险金融产品和进行借贷，健康状况差异可能导致总体金融财富变化（Berkowitz & Qiu，2006）或居民支出的不确定性差异（Coile & Milligan，2009），老龄居民面临更大程度的健康风险，会更加注重资产使用的安全性和便捷性，从而减少家庭对风险资产的需求。在未来收入预期方面，有工作收入的中青年居民有充分的时间享受工作收入不断递增的趋势，并依此弥补投资过程可能的损失，而处于退休阶段的老龄人则无法享受这种优势，这可能导致投资者放弃风险资产投资（Jagannathan et al.，1996）。在劳动收入弹性方面，研究者把劳动收入弹性以及劳动收入风险纳入家庭的生命周期投资模型（Bodie et al.，1992），提出投资者资产配置的生命周期理论（life-cycle theory，LCH）。LCH 认为，人们的劳动收入包括无风险劳动收入和风险劳动收入，劳动供给弹性反映个体在选择劳动时间长度、工作年限等方面的灵活程度，在心理偏好、财富效应等诱因下，风险劳动收入和劳动供给弹性在一定程度上会提升家庭风险资产的投资意愿，随着年龄的增长，风险劳动收入和劳动供给弹性是递减的，因此，LCH 预言，老龄家庭可能更倾向于较为安全的固定收益类资产。

居民投资决策在人口年龄结构的影响方面，有研究表明，随着年龄结构的变化，人们对资产的选择以及家庭资产配置也会随之变化（Bakshi et al.，1994；Blommestein，2001；Davis，2002），老龄化给资本市场带来的冲击会非常严峻（Mankiw et al.，1989；Davis，2002）。巴克希等（Bakshi et al.，1994）较早开始了人口老龄化与居民投资组合及金融结构相关关系的研究，研究的焦点集中于人口年龄结构变化给金融体系和金融稳定带来的影响，认为人们对资产的倚重会随人口老龄化的持续推进发生巨大改变。伯洛美施坦（Blommestein，2001）基于生命周期中关于投资的假设，认为人口老龄化通过个人储蓄行为和家庭资产配置的途径，使契约式储蓄机构实现资源的时空转移成为可能，进而通过契约式储蓄机构间接进入股市，使资本市场获得较大发展。戴维斯（Davis，2002）也有相似观点，他利用欧洲国家的宏观数据研究了人口老龄化给金融结构带来的影响，提出现行的 PAYG 养老模式应该向着基金式养老迈进，以满足人口老龄化给社会提出的养老需求，同时带动欧洲基金市场的发展。曼丘等（Mankiw et al.，1989）则具体研究了房地产市场在人口结构变化影响下的价格波动，并提出人们在生命的各个周期对房产的需求偏好是存在显著差异的，但是受人口结构变化影响导致的房地产市场价格下跌小于人口增长率对房产价格的正面影响，老龄化不会导致所谓的资产大甩卖。

国内学者对于年龄结构影响下的家庭资产配置和财富构成的研究相对较少。其中代表性的研究成果有：吴卫星等（2007）利用来自中国奥尔多的调查数据，实证发现中国居民在进行投资决策时极少对冲其未来现金流，风险资产的持有比例并未显著地受到年龄的影响，生命周期效应并不明显。夏森等（2011）从宏观经济数据角度考察了家庭资产配置随年龄结构的变化而同质化变化的趋势，认为金融机构与居民金融工具偏好的互动变化将最终导致我国金融结构的变迁。吴义根等（2012）通过金融资产需求结构与人口老龄化相关关系的研究，发现老龄化对居民在定期存款、股票持有、保险准备的资产配置中具有显著影响，并进一步促使金融资产需求结构呈现多元化发展。

非制度的文化层面，集体主义氛围影响居民的风险偏好，进而影响金融资产投资选择。不同环境和氛围中的人们的风险认知差异是导致风险偏好存在显著差异的主要原因（Weber & Milliman，1997），而金融决策的认知风险依赖于决策者的社会关系网络。在集体主义大家庭背景下，个体生活在非常紧密的关系网络中，形成了互相依赖的关系（Weber & Hsee，1999）。家庭的社会关系网更多地将情感和经济支持联系起来，比如家族纽带（Chua et al.，2009）。"软垫假设"认为基于经济支持的社会网络减轻了由于个人金融决策的失败而造成的损失。因此，生活在集体社会的中国人更愿意去追求风险，关系网络相当于"软垫"使人们在遭遇重大损失后仍然能够获得保护。但是，这种集体主义大家庭文化所给予的冒险激励，仅仅存在于金融领域而不是社会领域中（Weber et al.，1998），如相对美国人而言，中国人在投资领域可能更倾向于冒险，而在婚姻问题上则表现得更为谨慎。当前的研究进展扩大了研究对象，不仅仅局限讨论国别之间的差异。斯塔特曼（Statman，2010）对来自23个国家的4000名学生进行社会文化与个人的风险容忍度关系的调查，发现集体主义氛围、信任导致了更高的风险容忍度，而个人主义、平等主义国家的人们倾向于高不确定性规避。此外，塔纳卡等（Tanaka et al.，2009）在越南做了类似的实地实验，发现生活在北方集体农场的人们由于社会"安全网"体系的存在，其损失厌恶程度低，个人主义盛行文化背景下的人们更倾向于风险厌恶。

此外，集体主义氛围可能通过社会互动影响金融资产投资选择。集体主义大家庭环境下的居民生活在一个社会关系网络密切的氛围里，倾向于拥有更高程度的社会互动，集体主义进而通过社会互动影响居民金融投资参与行为。在集体主义大家庭氛围下，个体能够通过和其他社会群体成员相互讨论，或者根据这些参考群体成员的行为进行推断，获得关于投资选择的有关信息。有关信息串联的文献解释了为什么从参考群体成员处获得的信息（无论对错）是形成个体投资决策的重要依据（Bikhchandani et al.，1992；Banerjee，1992；Ellison & Fudenberg，1993）。迪弗洛和萨伊斯（Duflo & Saez，2003）、洪等（Hong et al.，2004）分别提供了通过内生互动获得的信息影响个体的养老金产品购买、股票购买以及基金经理持股行为等方面证据。个体还能够通过和他的其他社会群体成员相互谈论共同的投资决策，交流经验、感受、体会，获得愉悦，从而做出与其参考群体内部一致的金融决策（Becker，1991）。家庭的投资决策也可能受到他的参考群体成员的投资选择所反映的社会规范的影响，一致或者相似投资选择的个体能够享受到集体里其他成员的合作行为以及社会声誉的积累，反之会受到孤立和排斥（Guiso et al.，2004；Massa & Simonov，2004）。综上所述，集体主义大家庭氛围可能导致更高程度的社会互动，会加剧居民资本市场参与中风险意识麻痹的从众心理效应，继而降低其对风险性资产风险的主观感知程度和该个体的绝对风险规避程度而影响其金融市场参与决策。

2.3　家庭非正规金融参与研究进展

家庭融资作为家庭金融行为的核心内容，其在消除贫困、平滑消费、弱化流动性约束乃至优化生产性活动等方面的作用毋庸置疑（马光荣、杨恩艳，2011；Kinnan & Townsend，2012）。它既反映了一国居民金融资源配置的现实状况，也是货币金融政策重点关注的对象。目前，我国正规金融体系尚不健全，居民信贷市场整体上呈现正规融资和非正规融资并存的二元金融格局，尤其是在发展落后的农村地区，正规金融缺位和居民金融排斥的问题仍然广泛存在（孙永苑等，2015）。国际上，作为小额信贷运作的典范，孟加拉国经济学家、银行家尤努斯（Muhammad Yunus）所创立的乡村银行（Grameen Bank，也称格莱珉银行），在消除金融服务的贵族属性、降低准入门槛、促进信贷参与以及以较低成本为社会弱势群体提供普惠性金融服务等方面取得了一定成功。格莱珉银行的"互助社"信贷模式打破了传统金融"嫌贫爱富"和过分倚重"财产抵押"的行为习惯,强调对人基本的"信任",认为建立在社会伦理基础上的信任传递机制往往比纸上合同和司法工具更为有效。从这个意义上讲,当前政府倡导的普惠金融的践行不应仅遵循逐利的本性、完全走市场化道路,改善居民信贷环境还应该在"普惠"的伦理价值取向(尤其是信任)上兼而有之。

围绕家庭正规或非正规借贷参与及其影响因素,现有文献主要沿循个体决定论和环境决定论两条线索展开研究。个体决定论主张家庭借贷选择是完全个人化的决策行为,家庭自身的客观背景和人口学特征是影响其借贷偏好的主要因素,如职业、金融素养、宗教信仰、政治身份、年龄和健康状况等(Brown & Tayloer,2008;吴卫星等,2018;宋全云等,2017)。同时,家庭借贷决策除受户主的个体特质差异影响外,还依赖于家庭规模、社会网络、婚姻状况、家庭资产和收入等方面的家庭结构和财富特征(孙永苑等,2015;王金哲,2019)。这其中,又以家庭是否持有房产和房产净值为关键变量。对此事实,传统的解释有三种:一是购房或自建住宅的家庭意味着更高的举债意愿和融资需求(Worthington,2006);二是住房作为重要的金融契约工具,持有房产在激励家庭从事与住房相关的抵押再融资的同时,也增加了家庭以更低成本获取正规信贷的可能性(陈永伟等,2014);三是持有房产家庭拥有更高的风险容忍度,而风险容忍导致了更高的融资倾向(Campbell,2006)。

环境决定论侧重居民所处的外部金融环境的客观现实以及居民对于经济市场的主观预期对家庭正规或非正规借贷行为的影响(Kim et al.,2014;Meng et al.,2013)。外部环境方面,学者们关注的焦点在于金融产品的创新、金融机构贷款政策的放松和宏观经济形势的改善。研究发现,金融机构越是提供更多可供选择的创新型信贷产品,越宽松的贷款政策,以及更景气的宏观经济形势,居民越有可能从银行等正规金融机构获得借贷资金,也越有信心通过借贷来开展风险性投资或者实现跨期消费(Worthington,2006;

Kim et al.，2014；易小兰、蔡荣，2017）。市场预期方面，少量文献探讨了房价和利率变动的预期对家庭借贷动机的影响（Meng et al.，2013）。

随着家庭金融（family financial）研究的兴起，学界开始更多地关注信任对家庭借贷行为的影响及其作用机制。一方面，信任能够增进不同社会群体之间的信息交流和传递，减缓借贷双方的信息不对称，并降低逆向选择的发生概率，有助于开展借贷活动（Smith & Lohrke，2008）；另一方面，基于社会信任的合作机制还能影响社会资本的生成，有效解决按时收款、履约保证等问题，缓解由于制度缺陷产生的信用风险，促成借贷交易（Kim & Li，2014；周广肃等，2015）。不过，上述研究大多停留于理论层面的定性阐述，对变量之间因果关系进行严谨分析的实证文献并不多见。

2.4　家庭创业研究进展

创业不但可以增加就业、减少贫困和提升市场活力，还可以促进创新并推动经济高质量发展（Holtz-Eakin et al.，2000；Beugelsdijk，2007；谢绚丽等，2018）。迄今为止，学界对影响家庭创业的因素进行了多方面的探讨，变量可归为微观和宏观两类。在微观层面，国内外学者主要从居民自身的个体特质和家庭禀赋角度对其创业决策进行分析，如金融知识（尹志超等，2015）、打工经历（周广肃等，2016）、性别和年龄（Rosenthal & Strange，2012）、家庭社会网络（柴时军，2017）、流动性约束（郝朝艳等，2012）、性格和心理特征（Baron，2004；柴时军、郑云，2019）等。在宏观层面，现有文献关注的焦点在于创业家庭所处的政策制度、社会环境、宏观经济运行、地域文化风俗和社会信任等（Beugelsdijk，2007；Bruhn，2011；Kim & Li，2014）。其中，作为创业活动产生、续存和推进的基础，居民家庭所处区域内的金融支持环境是创业环境一个重要构成元素（谢绚丽等，2018），创业家庭能否获得及时和充足的创业资金不仅显著影响了不同区域内投资者创业的活跃程度，更是直接关系到创业机会的开发、创业过程的执行乃至创业实践的成败（柴时军, 2017）。

随着研究的深入, 学术界开始更多地关注家庭创业的决策机制, 迄今已积累了大量文献。管理学侧重于机会识别、资源的利用与整合、新组织创建等方面来考察家庭创业决策的动态过程（汪三贵等, 2010）; 而经济学围绕家庭创业选择及其影响因素, 主要沿循个体因素和环境因素两条线索展开讨论。近年来, 随着人格经济学（personality economics）的兴起, 基于人格特征视角来解释个体的创业意愿是当前创业决策研究的新兴领域。从有限的国际经验推断, 人格影响家庭创业大致可以通过两种渠道: 第一, 人格会直接影响风险偏好, 从而对家庭的创业决策产生影响。正如博尔汉斯（Borghans, 2008）所指出的, 人格特征中的"感觉诉求"与个体的风险态度密切相关, "感觉诉求"指的是个体追求刺激、新奇经历的意愿, 并为体验这种富有挑战性的经历而愿意承担风险的倾向。基于这一逻辑, 多门（Dohmen, 2010）考察了人格特征中的开放性、顺同性和神经质对投资决策的影响, 发现顺同性、神经质程度高的个体更厌恶风险, 而开放性则对风险偏好程度呈正向影响。多内利（Donnelly, 2012）关于个体人格与金融决策的研究也得出了类似结论, 他发现外向性、严谨性水平高的个体参与股票等风险资产投资更为积极主动, 并且认为个体的人格特征能够在很大程度上预测其对风险的承受度。第二, 人格有可能通过影响居民家庭的人力资本特别是受教育程度而对其创业选择产生间接影响。从已有文献得出的共识性结论来看, 尽管受教育水平整体上对提升个体或企业家的创业意愿没有显著影响（Unger et al., 2011）, 但是对于居民群体而言, 教育被普遍认为是影响家庭创业选择的一个关键变量, 受教育程度越高, 家庭从事自主创业的可能性就越大（Van der Sluis et al., 2008）。在教育与人格关系方面, 诺夫特和罗宾斯（Noftle & Robins, 2007）、库尼亚和赫克曼（Cunha & Heckman, 2007）、科马拉朱（Komarraju, 2011）做出了十分有益的尝试。诺夫特和罗宾斯（Noftle & Robins, 2007）分析了美国青少年的人格特征对学业成绩的影响, 发现严谨性的积极影响尤其显著, 紧随其后的是开放性和顺同性。库尼亚和赫克曼

（Cunha & Heckman，2007）也证实，"好"①的人格特征对青少年受教育程度有着很强的正向影响，样本个体之间受教育水平差异中有 12% 以上部分由其自身的人格特质所决定。在此基础上，科马拉朱（Komarraju，2011）进一步考察了人格特征影响受教育水平的作用机制，研究发现，严谨性和顺同性对受教育的积极影响主要是通过综合分析、精细加工等好的学习习惯来实现的，而开放性则主要依赖乐观向上的学习动机作为中介对个体的教育水平产生影响。

家庭创业驱动方面，尽管政府多年来一系列税收优惠、金融服务、社会保障等扶持政策促进了特色产业和创业模式的多元化、创业培育设施的现代化及创业服务平台的改良，但仍未能有效抑制创业群体信贷受限、企业存活率低、创业活力后继乏力等情形的发展态势（张梓榆、温涛，2018）。作为创业活动产生、续存和推进的基础，居民家庭所处区域内的金融支持环境是创业环境的一个重要构成元素（谢绚丽等，2018），创业者能否获得及时和充足的创业资金不仅显著影响不同区域内投资者创业的活跃程度，更直接关系到创业机会的开发、创业过程的执行乃至创业实践的成败（尹志超等，2015；柴时军、郑云，2019）。遗憾的是，受农村主要财产（住房）和主要生产要素（土地）残缺产权制度体系制约，创业家庭普遍缺乏有效抵押和征信，这也使居民金融信贷业务的有序开展受到极大阻碍（何婧、李庆海，2019）。我国创业金融支持的信贷机制建设进展缓慢，与此同时，内生于群体内部的民间借贷虽然可以借助内部监督和舆论惩罚机制降低信贷违约风险，从而大大提高创业家庭融资的可得性（蔡栋梁等，2018；柴时军，2019），但是民间借贷通常只能在特定的人际网络和地域范围内发挥作用，往往不具有普适性。此外，一些新兴的农村非正式组织，如标会、合会、民办信合组织等，虽然能通过征信、舆论和社会制裁等手段满足部分创业家庭的融资需求，但在长期实践中无法兼顾经济效率与普惠包容的双重目标（Holtz-Eakin et al.，2000；Beugelsdijk，2007；何婧、李庆海，2019），其放贷过程往往存

---

① 此处"好"的人格是指有利于学业成绩、受教育时间和学习态度的人格。

在着对象选择性的"使命漂移"。总体来看,我国居民创业中面临的金融排斥、融资渠道不畅和融资成本高等现象并没有被彻底扭转。

2.5 社会网络与投资偏好

社会网络是一个源自社会学的概念,属于社会结构范畴,是衡量社会网络的重要指标,强调家庭或个体与其所拥有的亲属、朋友、同事或邻居等之间互动而形成的相对稳定的关系网络(Putnam et al.,1993)。作为非正式制度的重要组成部分,由于对微观个体行为影响的相对直接性和可测度性,社会网络在经济学研究领域受到学者们广泛的关注。研究发现,社会网络能够分担风险(Munshi & Rosenzweig,2010)、传递信息(Hong et al.,2004)、减少机会主义,进而改善集体决策和增进福利。作为一个传统的关系型社会(Bian,1997),社会网络在中国拥有广泛的土壤,在人们经济事务决定中发挥着重要作用,但是,在家庭金融市场参与决策中,基于亲友关系的社会网络对于居民股票投资行为是否具有影响,既有文献并没有一个很好的回答,而对于这一问题的研究将不仅有助于更全面地理解中国居民的股市参与决策机制以及资本市场运作机制,而且也有助于政府设计和改革相关的金融政策、财政政策和社会保障制度。

从理论的角度看,社会网络可以通过影响个体成员的风险偏好对居民股票投资参与决策产生作用。有关社会网络与风险偏好,既有文献的研究表明,社会网络具有分散投资风险的功能,其典型规模和密度是决定人们风险认知差异以及建构判断选择模式和投资决策战略的一个重要因素(Weber & Morris,2010),处于较强关系网络下的人们,其投资风险的主观感知程度和绝对风险规避程度趋于下降,即社会网络促进了人们的股市参与。韦伯和赫西(Weber & Hsee,1999)通过对比来自波兰、德国、美国和中国的金融决策试验数据,结果显示,不同国家之间风险感知存在显著差异,相对而言,中国人有着更低的风险认知水平而对同样的金融工具愿意支付更高的价格。韦伯和赫西（Weber & Hsee，1999）认为，受社会关系网络的影响，中国人在进行投资决策时会考虑一旦遭遇重大损失会得到网络里其他内部成员的援助，社会网络扮演了"软垫"的角色，缓冲可能的损失，而在个人主义盛行的美国等西方国家，个体需要独自承担可能的投资风险。查尔等（Chua et al.，2009）进一步通过对中、西方职业经理人的经验研究证实了社会网络的"软垫假说"，由于家族纽带、朋友关系，中国经理人生活在更为紧密的关系网络当中，经济事务上拥有更多的支持往来，而基于经济支持的社会网络减轻了投资项目失败可能遭受的损失，因此在投资决策中倾向于更多的风险寻求。塔纳卡等（Tanaka et al.，2010）利用来自越南的个人金融决策的实地实验数据，研究发现，决策者的社会关系网络显著影响了其风险偏好，存在基于经济支持的社会"安全网"体系依赖的人们，表现出更弱的不确定性规避。

不过，人们的风险容忍度是否随社会网络强度的增加而递增，基于不同国别样本数据的经验研究并没有得到一致结论。玛哈吉纳等（Mahajna et al.，2008）在控制政治体制和法律体系对人们资产选择偏好可能干扰的基础上，对比了以色列的两类群体：社会关系网络紧密的犹太人和个人主义盛行的阿拉伯人，结果发现，犹太居民表现出更高的风险规避，与"软垫假说"相矛盾。事实上，在二元分割的以色列独特社会结构中，作为曾有被歧视历史的少数种族，犹太人普遍缺乏社会信任感，那么，拥有更多社会关系网络的犹太人是否由于信任缺失而抵消了社会网络对风险偏好的作用甚至加重了其风险厌恶呢？对于此问题，罗森博伊等（Rosenboim et al.，2010）在玛哈吉纳等（Mahajna et al.，2008）研究的基础上，进一步控制社会信任程度的差异对人们的投资决策产生的影响，研究同为阿拉伯人的以色列城市居民（代表低社会网络群体）和集体农场居民（代表高社会网络群体）的金融投资决策，结论仍然不支持社会网络的"软垫理论"，与集体农场居民相比，城市居民的风险厌恶程度更低。

第 3 章

中国居民家庭投资的行为特征

居民投资行为包括金融投资行为和非金融投资行为。金融市场投资是指居民参与正规金融领域（基金、股票、外汇和期货等）和非正规金融领域（民间借贷等）的投资行为，而非金融市场投资主要是指居民是否从事自主创业及其创业深度。在本章，我们首先对美国、日本以及包括英国、法国、德国、意大利等在内的 14 个欧洲发达国家近 20 年的家庭金融资产配置状况进行统计分析，并总结发达国家家庭金融资产选择及其行为演变的规律性特征；其次，分析我国居民家庭金融资产构成状况、资产选择行为特征，并从地区之间、城乡之间、职业差异以及人力资本等多角度进行分解与比较分析；再次，通过与欧美等发达国家家庭金融资产配置进行比较，分析我国家庭金融资产选择的异质性特征，并进一步讨论导致差异产生的内在机制；最后，借助翔实的微观数据——中国家庭金融调查（CHFS）数据与中国家庭追踪调查（CFPS）数据，分析我国居民家庭创业和借贷行为特征及其在城乡间和地区间的分布情况。

3.1 发达国家的家庭金融资产选择行为

家庭金融资产分为非风险性金融资产和风险性金融资产两大类。其中，非风险性金融资产包括现金、银行存款、货币基金、债券或债券型基金、银行理财产品等；风险性金融资产包括股票、风险型基金、外汇以及期货权证等金融衍生工具等。从全球范围来看，家庭金融资产构成状况在过去 20 年内发生了较大的变化，同时，与发达国家相比，中国家庭金融资产配置在资产选择偏好、投资方式以及投资多样性等方面呈现出显著差异。

3.1.1　美国家庭金融资产选择

美国作为市场主导型金融体系的典型代表，金融市场相对成熟，家庭金融资产配置趋于稳定。图 3 - 1 报告了 1995 ~ 2014 年美国家庭金融资产组合构成情况，从图 3 - 1 可以看出，近 20 年来，除股票持有状况呈现小幅波动外，美国家庭金融资产配置变化不大。较之其他国家尤其是发展中国家，美国家庭金融资产选择呈现两大规律性特征：其一，以股票为代表的风险资产在家庭金融资产配置中占有较高比重，现金与银行存款占比很少。受 2008 年全球金融危机的影响，2008 ~ 2011 年，美国家庭股票持有比例出现阶段性下滑，除此之外的其他年份，家庭金融资产中股票投资比例均在 30% 以上，与此同时，现金与银行存款持有比例大体介于 10% ~ 13%。其二，风险资产投资方式中介化。美国家庭风险资本市场参与的一个典型特征即为借助养老基金和共同基金等间接持股方式入市，并逐步成为家庭风险投资的主要手段，与居民直接持股携手共同主导美国资本市场。近 20 年来，家庭金融资产中养老基金占比稳定在 26% ~ 29%，而共同基金占比从 1995 年的 7.57% 提高到 2014 年的 12.88%，呈逐年上升的趋势。

3.1.2　欧洲家庭金融资产选择

世界经济合作与发展组织（OECD）统计了包括英国、法国、德国、意大利、希腊等在内的 14 个欧洲发达国家家庭金融资产配置数据，包括家庭银行存款、保险、股票、基金、现金及其他有价证券的持有情况。表 3 - 1 和表 3 - 2 分别报告了 1995 ~ 2014 年欧洲发达国家家庭持有风险资产比重和家庭

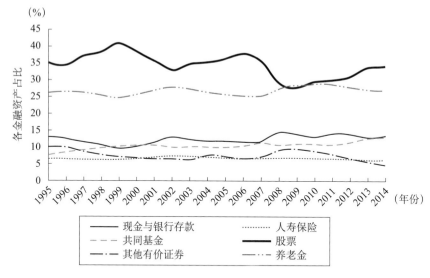

图3-1 美国家庭金融资产选择行为演变（1995~2014年）

资料来源：世界经济合作与发展组织（OECD）统计数据（1995~2014年）。

直接持股比重状况。从表3-1可以看出，除比利时、意大利等少数国家外，大部分欧洲国家家庭风险资产持有比例均在50%以内，即使风险资产占比高的比利时、意大利等国，也远低于美国70%以上的投资比例。同时，欧洲诸国中不同国家家庭金融资产配置呈现较大的差异，风险资产占比高的国家意大利与比利时，近20年来家庭持有风险资产比重平均为53.84%和52.43%，其次为瑞典、西班牙和匈牙利，风险资产比重分别为42.52%、40.37%和40.26%，而家庭风险资产持有比重最低的三个国家德国、荷兰与英国，持有比重仅为28.68%、20.29%和16.52%，资产配置分化程度较高。

表3-1 　　　　　　　　欧洲发达国家家庭持有风险资产比重　　　　　　　单位：%

年份	奥地利	比利时	捷克	法国	德国	希腊	匈牙利	意大利	荷兰	挪威	葡萄牙	西班牙	瑞典	英国
1995	29.3	58.4	49.3	34.5	27.5	33.7	32.4	47.7	25.7	21.0	24.0	33.2	37.3	—
1996	29.5	59.2	46.4	34.7	28.3	35.7	35.0	49.9	25.5	23.5	22.1	37.0	38.5	—
1997	30.0	59.0	42.0	33.7	30.4	39.6	39.2	56.0	26.8	28.4	26.4	44.6	40.5	22.2
1998	30.3	61.1	40.9	34.6	31.5	50.7	39.6	61.1	26.7	26.6	29.6	49.9	40.3	20.9
1999	31.3	62.6	39.8	37.7	34.6	55.7	40.0	62.5	28.2	28.8	34.2	48.6	46.9	24.9
2000	33.4	61.4	36.9	37.6	34.8	45.3	41.3	63.0	27.3	28.7	33.8	43.1	42.9	22.7

续表

年份	奥地利	比利时	捷克	法国	德国	希腊	匈牙利	意大利	荷兰	挪威	葡萄牙	西班牙	瑞典	英国
2001	32.5	60.5	35.1	34.0	33.9	40.6	41.0	59.9	24.3	26.4	32.3	42.4	39.2	19.4
2002	31.1	55.8	35.5	31.1	29.8	41.1	41.2	58.8	21.7	23.1	32.3	38.9	33.7	14.9
2003	31.7	53.5	36.7	31.9	31.2	43.7	40.0	56.7	21.0	23.5	33.8	43.0	39.8	16.0
2004	33.0	52.1	32.8	32.5	31.3	43.4	39.5	56.6	21.3	23.3	34.9	44.0	41.4	16.1
2005	34.8	51.1	32.8	33.0	32.5	43.4	40.2	58.3	19.6	26.1	35.3	45.8	45.5	16.3
2006	37.3	50.1	31.5	35.1	30.5	42.7	40.9	58.9	20.0	28.5	36.3	47.5	50.6	16.1
2007	37.1	49.4	32.1	34.6	30.9	40.1	40.6	55.5	19.3	29.3	35.2	45.3	47.4	15.5
2008	32.6	45.2	30.6	28.0	24.8	18.1	39.3	51.7	16.8	25.3	30.3	34.8	39.1	11.1
2009	34.4	46.0	29.3	28.7	24.8	18.3	38.4	49.2	15.9	26.9	31.2	34.5	46.2	14.4
2010	35.8	44.5	30.6	28.3	24.6	13.9	40.0	47.2	15.3	27.9	31.1	32.7	46.4	15.7
2011	34.7	45.1	28.6	26.7	22.9	10.9	40.5	45.9	13.4	26.2	28.2	33.3	41.9	12.9
2012	35.5	44.3	30.4	29.4	23.2	14.5	42.1	46.3	12.5	26.3	29.7	33.6	43.4	11.5
2013	35.6	44.7	30.0	30.2	23.2	28.0	46.2	46.4	12.9	26.4	30.2	36.4	44.7	13.2
2014	35.4	44.6	31.1	—	23.2	24.9	47.7	45.0	11.5	25.9	28.1	38.7	44.7	13.5

资料来源：世界经济合作与发展组织（OECD）统计数据（1995～2014 年）。

表 3 - 2　　　　　　　　欧洲发达国家家庭直接持股比重　　　　　　　　单位：%

年份	奥地利	比利时	捷克	法国	德国	希腊	匈牙利	意大利	荷兰	挪威	葡萄牙	西班牙	瑞典	英国
1995	13.2	22.1	43.5	16.2	11.5	9.3	24.9	19.3	21.2	16.6	15.8	19.5	22.4	—
1996	13.6	22.9	41.3	18.6	12.2	8.2	25.1	17.8	21.0	18.4	13.7	19.9	23.2	—
1997	14.6	23.5	37.8	19.6	14.2	14.8	27.3	21.0	22.1	21.7	16.8	23.6	24.7	16.0
1998	15.2	26.1	39.4	20.7	15.1	29.6	27.0	25.2	22.4	21.2	18.6	28.2	24.3	15.2
1999	16.3	26.4	38.9	24.9	17.3	42.2	26.5	28.7	22.7	21.7	22.4	29.1	30.3	18.2
2000	17.5	24.1	34.8	24.6	16.7	27.6	28.2	29.5	21.6	21.3	21.3	26.5	28.1	16.4
2001	17.2	23.7	33.2	20.5	15.0	18.8	28.0	26.3	19.1	19.7	18.3	26.9	25.0	13.2
2002	16.4	20.3	31.4	18.9	10.4	14.7	28.1	25.1	17.0	17.7	17.8	24.0	23.3	9.5
2003	17.0	21.2	31.5	20.2	11.3	17.8	28.1	23.7	16.5	17.3	18.9	27.5	28.8	10.5
2004	17.3	23.2	26.7	21.6	11.4	19.2	27.5	24.0	17.2	16.6	20.0	28.9	30.0	10.5
2005	18.5	23.2	25.2	22.4	12.5	24.6	27.2	28.3	14.6	18.4	20.5	30.8	34.2	10.9
2006	19.4	24.6	23.9	24.5	13.3	26.2	27.0	31.8	14.0	21.7	21.7	33.1	38.2	10.6
2007	19.3	26.1	24.7	24.6	13.6	26.9	26.5	27.6	13.5	23.2	21.7	31.8	35.5	10.3
2008	16.6	22.8	25.1	17.9	9.4	6.9	26.9	24.4	12.0	21.2	20.7	23.7	29.5	7.9
2009	18.3	23.9	23.3	18.8	9.2	11.1	26.7	21.8	11.0	22.1	21.1	23.4	35.8	10.9
2010	19.2	24.1	24.7	19.4	9.4	6.8	26.8	20.1	10.6	22.8	20.9	22.3	36.7	11.3
2011	18.8	25.0	22.9	18.2	8.9	4.9	27.7	18.7	9.8	22.0	19.8	21.7	32.9	9.4

年份	奥地利	比利时	捷克	法国	德国	希腊	匈牙利	意大利	荷兰	挪威	葡萄牙	西班牙	瑞典	英国
2012	19.4	24.8	23.4	20.4	9.5	7.3	28.1	19.8	9.0	22.2	19.9	22.7	34.0	8.3
2013	19.6	26.1	21.9	21.5	9.9	23.5	28.5	21.7	9.4	22.1	21.0	24.5	35.2	9.1
2014	19.5	25.8	21.7	—	9.9	20.9	28.4	22.0	8.1	21.5	20.6	26.0	35.0	8.6

资料来源：世界经济合作与发展组织（OECD）统计数据（1995～2014年）。

接下来，对欧洲发达国家家庭金融资产中股票投资程度进行分析。从表3-2可以看出，欧洲发达国家家庭直接持股比重整体程度不高，近20年家庭股票投资平均占比瑞典最高，为30.36%，其他国家直接持股占比依次为捷克（29.77%）、匈牙利（27.23%）、西班牙（25.71%）、比利时（24.00%）、意大利（23.84%）、法国（20.71%）、挪威（20.47%）、葡萄牙（19.58%）、希腊（18.07%）、奥地利（17.35%）、荷兰（15.62%）、德国（12.04%）和英国（11.49%）。从历年走势来看，除希腊家庭持股状况出现异常波动外，其他大部分国家均呈现出较为平稳的动态变化，而这些国家的变化过程也表现出了不同的分化走势，其中，奥地利、比利时、瑞典呈整体上升趋势，捷克、荷兰、英国呈整体下降趋势，其他大部分国家受2008年金融危机的冲击，家庭持股比例呈现递增、下滑、再递增的过程。结合表3-1的统计数据，我们还发现，欧洲家庭与美国类似，持股方式趋于中介化，风险资产投资中间接持股占比较大。

3.1.3 日本家庭金融资产选择

尽管同为全球发达国家行列，同时金融市场相对完善，但日本作为银行主导型金融体系的典型代表，其家庭金融资产选择行为与美国和欧洲发达国家明显不同，图3-2展示了世界经济合作与发展组织（OECD）统计的1995～2013年日本家庭金融资产配置情况。图3-2揭示了日本家庭金融资产配置的两个基本事实：一是日本家庭资产配置非常保守，股票投资占比基本保持在10%以内，尽管以共同基金等间接持股方式投资股市呈持续递增趋势，但整体比例依然很低；二是日本家庭热衷于储蓄，现金与银行存款在其金融资产构成中占据主导地位，家庭持有的存款除2005～2006年略低于50%外，

其他年份均保持在 50% 以上。此外，日本人口老龄化突出，同时，人寿保险
在日本社会保障体系中除发挥保险的作用外，还具备投资理财的功能，因此
一直是受日本家庭偏爱的仅次于银行存款的资产选择方式，但由于长期受养
老金问题困扰，人寿保险和养老基金两者之间呈现出持续的交替变化，家庭
金融资产中人寿保险占比从 1995 年的 17.12% 下降至 2013 年的 13.96%，同
时，养老金占比从 1995 年的 7.80% 提高至 2013 年的 12.07%。

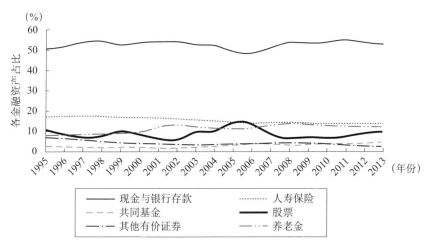

图 3 - 2　日本家庭金融资产选择行为演变（1995 ~ 2013 年）

资料来源：世界经济合作与发展组织（OECD）统计数据（1995 ~ 2013 年）。

3.2　中国家庭金融资产投资及其异质性特征

3.2.1　中国居民家庭金融资产构成状况

本章使用的数据来自西南财经大学联合中国人民银行 2011 年在全国范围
内开展的"中国家庭金融调查"项目（CHFS），该调查访问了四川、重庆、
北京、上海、湖北、江西、辽宁、河南、河北、贵州、甘肃、山西、陕西等
25 个省份的 80 个县（区、市），采集了 3580 户城镇居民家庭的实物资产和
金融资产配置、家庭人口特征、消费与收入、家庭财富与负债状况等方面的

微观信息。删除异常值及关键变量缺失的样本后，最终获得3496户有效家庭样本数据。中国家庭金融调查（CHFS）涵盖范围广、拒访率低，采集的信息全面地反映了城镇居民家庭的基本状况，具有很好的全国代表性。

表3-3描述了城镇居民家庭资产—负债构成的基本情况。在西南财经大学中国家庭金融调查与研究中心的调查问卷中，居民家庭的财富构成包括16种资产项目，分别是房产、自主工商业资产、银行定期存款、活期存款、汽车、现金、金融理财产品、债券、股票、基金、耐用消费品、收藏品、金融衍生品、借出款、货币黄金、其他资产。家庭在资产配置过程中的金融问题通常可以从实物资产和流动性资产两个方面来看，家庭实物资产主要是房产，家庭流动性资产主要是银行储蓄（包括银行定期存款、活期存款）、股票和基金，其他资产的户均值和占比均较低。

表3-3   **中国城镇居民家庭资产—负债构成**

家庭非金融资产					
项目	户均值（元）	占非金融资产比重（%）	项目	户均值（元）	占非金融资产比重（%）
房产	961940	71.37	耐用消费品	18274	1.36
汽车	39411	2.92	收藏品	7684	0.58
自主创业	253115	18.78	其他资产	67378	4.99

家庭金融资产					
项目	户均值（元）	占金融资产比重（%）	项目	户均值（元）	占金融资产比重（%）
银行存款	60446	54.12	债券	1439	1.29
现金	6941	6.21	理财产品	3627	3.25
股票	21621	19.36	外汇	1748	1.57
基金	5617	5.03	其他资产	10251	9.17

家庭负债					
项目	户均值（元）	占总负债比重（%）	项目	户均值（元）	占总负债比重（%）
住房贷款	74118	71.97	汽车负债	943	0.92
经营负债	17811	17.30	信用卡负债	821	0.79
教育负债	2445	2.37	其他负债	6847	6.65

资料来源：西南财经大学中国家庭金融调查与研究中心2011年中国家庭金融调查（China Household Financy Survey，CHFS）数据。

　　从表 3 - 3 可以看出，我国城镇家庭资产总额平均 1459492 元，其中，
非金融资产为 1347802 元，金融资产为 111690 元，分别占家庭总资产的
92.35% 和 7.65%。这反映了我国金融市场还很不发达，居民家庭的金融
市场参与程度较低。从家庭实物资产来看，房产和自主工商业资产占比分
别为 71.37% 和 18.78%，是家庭非金融资产的主要构成部分。家庭流动性
资产以银行储蓄为主，占金融资产的 54.12%，这说明我国家庭投资是趋
于风险规避的，此外，基金和股票分别占金融资产的 5.03% 和 19.36%，
是家庭金融市场参与的另外两个重要渠道，债券、外汇以及期货期权等金
融衍生品在家庭流动性资产中占比则非常低。家庭负债方面，样本家庭户
均值为 102985 元，住房贷款是其中最重要的组成部分，占家庭总负债的
71.97%，其次为自主创业过程中的经营负债，占 17.30%，其他负债占比则
非常低。

　　表 3 - 4 是中国农村家庭金融资产配置结构的一个粗略概括。在"中国家
庭金融调查"项目（CHFS）中，家庭金融资产包括银行定期存款、银行活
期存款、现金、借出款、基金、股票、金融理财产品、债券、金融衍生品、
外汇资产以及货币黄金共 11 个类别。在样本家庭中，中国农村居民金融资产
平均市值 31110 元，银行储蓄、现金和借出款构成当前农村居民主要的金融
资产，占家庭金融资产的比重分别为 61.89%、17.75% 和 12.93%。就农村
居民当前参与的金融项目而言，现金和银行储蓄最为普遍，分别有 98.63%
和 52.86% 的家庭持有现金和银行存款。

表 3 - 4　　　　　　　　　中国农村家庭金融资产配置分布

项目	户均值（元）	占金融资产比重（%）	参与率（%）	项目	户均值（元）	占金融资产比重（%）	参与率（%）
银行储蓄	19253	61.89	52.86	基金	450	1.45	1.62
现金	5522	17.75	98.63	债券	136	0.44	0.35
借出款	4023	12.93	13.57	理财产品	88	0.28	0.16
股票	1486	4.77	2.43	其他*	152	0.49	1.18

　　注：包括货币黄金和期权、期货、权证等金融衍生品。
　　资料来源：西南财经大学中国家庭金融调查与研究中心 2011 年中国家庭金融调查（China House-
hold Financy Survey，CHFS）数据。

　　总体来说，较之城镇居民，中国农村居民的金融投资行为表现出两个特征：其一，投资渠道趋于单一化，银行储蓄是其主要投资渠道；其二，资产选择更倾向于安全资产，股票、基金、债券以及金融衍生品等资本产品还只是极少数农村居民的投资理财工具。可能的原因包括：农村居民普遍受教育程度偏低，资本市场中缺乏足够的学习和认知能力而面临更多的参与约束；资本市场高风险而又缺乏合理的风险溢价，农户在面临收支不确定时被迫进行强制性银行储蓄；投资渠道不畅，而金融机构未能向农村市场提供足够的市场信息。

　　图 3 - 3 (a) 和图 3 - 3 (b) 是依据样本数据的均值对相关变量之间的关系所绘制的。其中，图 3 - 3 (a) 是家庭老龄人口比与各金融市场参与及参与程度走势图，从总体上来看，随着家庭年龄结构老龄化程度的提高，居民对股票、基金、风险资产的参与及参与程度呈现大体一致的下降倾向。图 3 - 3 (b) 是家庭参与各金融市场以及参与程度随家庭户主年龄增长而变化的走势图，从图中可以看出，人们的资产组合表现出明显的生命周期特征，居民对风险金融产品（包括股票、基金等）投资呈现较长右拖尾的非对称型驼峰状，其峰值多集中在 40～45 岁，退休之后有一个显著的下降过程。

　　表 3 - 5 提供了样本家庭按户主年龄分组的金融资产构成状况，需要特别说明的是，表 3 - 5 是按照样本家庭各项金融资产均值而不是金融资产比重的均值得出的数据。总体来看，中国城镇居民家庭金融资产平均 112070 元，活期存款、定期存款、股票和借出款构成当前城镇居民主要的金融资产，占家庭金融资产的比重分别为 26.23%、27.89%、19.36% 和 9.16%。表 3 - 6 提供了样本家庭按户主年龄分组的各金融市场参与率情况，其中，超过 5% 参与率的金融资产包括现金、活期存款、定期存款、股票、基金和借出款。对于我们关心的老龄居民的资产选择行为，从表 3 - 5 和表 3 - 6 可以看出，较之中青年居民，老龄居民的投资行为表现出两个特征：其一，投资渠道趋于单一化；其二，资产选择更倾向于安全资产，银行存款是其主要投资渠道，这一行为特征尤其体现在 65 岁以后。可能的解释是：第一，老龄居民支出的不确定性较大（主要体现在健康风险），他们更加注重资产使用的安全性和

便捷性；第二，随着年龄增加，居民会趋于厌恶风险，投资策略趋于保守（Ameriks & Zeldes，2004）；第三，由于投资股票等风险金融工具是有认知成本的，老龄居民受历史因素影响普遍受教育程度偏低，面临更多的参与约束，不得不游离于风险资本市场之外。

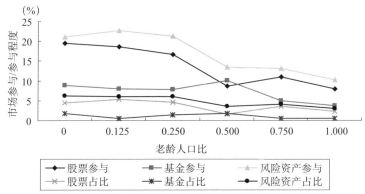

（a）家庭老龄人口比与市场参与/参与程度走势

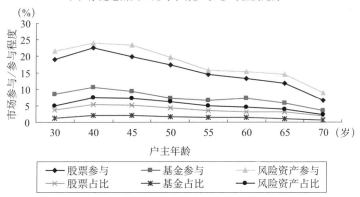

（b）户主年龄市场参与/参与程度走势

图 3 - 3　家长年龄、年龄结构与市场参与

资料来源：西南财经大学中国家庭金融调查与研究中心 2011 年中国家庭金融调查（China Household Financy Survey，CHFS）数据。

表 3 - 5	家庭金融资产构成（按户主年龄分组）					单位：元
资产项目	35 岁以下	35 ~ 50 岁	50 ~ 60 岁	60 ~ 65 岁	65 ~ 75 岁	75 岁以上	所有人
现金	9694	6968	3841	11064	3826	3049	6963
活期存款	40606	32190	15694	19491	15795	26713	29396
定期存款	17263	24357	33178	40474	44913	45612	31255

续表

资产项目	35 岁以下	35~50 岁	50~60 岁	60~65 岁	65~75 岁	75 岁以上	所有人
股票	23348	27396	17273	18346	6405	2356	21696
基金	4698	5819	6898	4674	4812	111	5636
债券	916	456	1469	1077	5289	1391	1444
理财产品	3985	2998	2398	5477	6040	0	3640
借出款	7723	11266	7441	29511	1743	656	10264
外汇	1982	992	296	3127	241	243	1153
货币黄金	284	883	782	239	7	76	600
衍生品	115	0	0	0	0	0	23

资料来源：西南财经大学中国家庭金融调查与研究中心 2011 年中国家庭金融调查（China House-hold Financy Survey，CHFS）数据。

表 3-6　　　　　家庭各金融市场参与率（按户主年龄分组）　　　单位：%

资产项目	35 岁以下	35~50 岁	50~60 岁	60~65 岁	65~75 岁	75 岁以上	所有人
现金	98.44	97.95	99.03	98.09	98.34	97.45	98.26
活期存款	81.48	75.16	73.79	68.90	73.09	71.97	75.20
定期存款	21.05	25.58	36.12	37.32	45.85	49.68	31.16
股票	21.64	21.94	16.12	17.22	9.97	4.45	17.50
基金	11.69	11.86	9.32	9.57	6.64	0.64	7.89
债券	1.17	0.84	1.17	1.44	3.32	3.82	1.45
理财产品	3.31	3.08	1.17	2.87	2.33	0.00	2.49
借出款	22.61	16.53	8.74	8.13	7.97	3.83	13.92
外汇	3.90	2.61	2.14	1.91	1.33	2.55	2.57
货币黄金	1.56	1.49	0.39	0.48	0.33	1.27	1.08
衍生品	0.19	0.00	0.00	0.00	0.00	0.00	0.04

资料来源：西南财经大学中国家庭金融调查与研究中心 2011 年中国家庭金融调查（China House-hold Financy Survey，CHFS）数据。

3.2.2　国际比较及异质性特征

将中国居民家庭的资产配置与美国、德国、法国、意大利、荷兰等欧美发达国家进行比较，我国居民的资产选择的行为特征既有与国外类似之处，也在表现强度和某些特征上具有中国独有的特点。这既体现了居民资产选择行为跨文化的稳定性，也说明了居民资产选择行为在不同的居民内部因素和金融市场等背景下有着不同的表现。具体地，我们将股票、基金和房产分别作为家庭金融资产和家庭非金融资产的代表性资产，并从参与率和参与份额两个角度在不同国家间进行对比统计，均值统计结果如图 3 - 4 所示。从图 3 - 4 可以看出，平均而言，人们是风险规避的，房产是人们持有财富的主要渠道，而股票、基金等风险性金融产品还只是少数居民的投资理财工具，这在各国家庭的资产配置行为中是一致的。

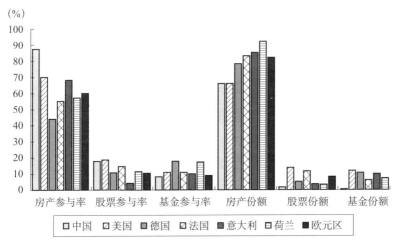

图 3 - 4　各国家庭部分资产配置的特征比较

注：欧元区基金份额的数据缺失，所以图上没有显示。

资料来源：中国数据来自西南财经大学中国家庭金融调查与研究中心 2011 年中国家庭金融调查 CHFS（China Household Financy Survey）数据；美国数据来自 2009 年 SCF（Survey of Consumer Finances）数据；欧元区国家的数据来自欧洲中央银行 2010 年 HFCS（Household Finance and Consumption Survey）数据，其中，荷兰的数据是 2009 年的调查结果。

在中国家庭财富构成的异质性方面，由图 3 - 4 可见，中国有 87.2% 的家庭拥有房产，远高于欧美等发达国家，房产份额与美国的 66% 持平，而与德国的 78.1%、法国的 92.0%、意大利的 84.8%、荷兰的 83.1% 和欧元区平均的 82.0% 存在较大差异；中国家庭股票参与率高于意大利的 4.1%、德国的 10.5%、荷兰的 11.0%、法国的 14.7% 和欧元区平均的 10.1%，低于美国的 18.5%；较之欧美发达国家，中国家庭基金参与率较低，在很大程度上股票投资比重不足，尤其是通过间接持股的基金份额，远低于美国的 11.7%、德国的 10.4% 和意大利的 9.6%。中西方家庭在资产配置中所表现出的这一异质性特征的原因可能有：第一，中国与西方发达国家股票市场表现迥异，过去 27 年，美国股市每年的平均回报率 12.1%，而中国的股权溢价仅存在于 1997 年前，此后出现了显著的股权贴水（朱世武、郑淳，2003）。第二，当前，欧美等发达国家家庭金融投资已呈现出一些规律性特征：家庭金融资产选择风险化、家庭风险性金融资产持有方式中介化。相对而言，从一开始，中国金融市场就表现出明显的转轨特征和路径依赖特征，尤其是股票市场，呈现出其转轨阶段所固有的制度性缺陷（王聪、张海云，2010）。

3.3　中国家庭创业投资的行为特征

CFPS2014 问卷询问了"您家过去一年是否有家庭成员从事个体经营或开办私营企业"，如果回答是，即认为该家庭参与了创业，赋值为 1，反之，则赋值为 0。表 3-7 列出了调查样本中创业家庭的地区分布和城乡分布情况[①]。总体来看，从事创业活动的家庭共有 1361 户，占全部样本家庭的比例为9.76%。分区域来看，西部地区选择创业的家庭占比为 8.70%，明显低于中东部地区，而东部地区和中部地区创业家庭比例的差异似乎不大。结合创业家庭城乡分布可以发现两个重要特征：一是城市家庭从事创业的比例为11.48%，而农村家庭仅为 8.15%，城市的创业活力明显高于农村；二是分区域考察城乡分布来看，东部、中部、西部地区城市创业家庭比分别较农村高出 0.77%、2.94% 和 8.21%，说明城乡创业参与上的差异更多地体现在西部地区，中部次之，东部最小。

---

①　其中，东部地区包括江苏、上海、浙江、山东、北京、辽宁、河北、天津、广东、海南、福建共 11 省（直辖市）；中部地区包括河南、湖北、湖南、山西、吉林、黑龙江、江西、安徽共 8 省；西部地区包括四川、重庆、陕西、甘肃、内蒙古、宁夏、新疆、贵州、广西、云南共 10 省（自治区、直辖市）。

表 3 - 7　　　　　　　　创业家庭分布的地区差异和城乡差异

区域	城市		农村		合计	
	数量（户）	比例（%）	数量（户）	比例（%）	数量（户）	比例（%）
东部	370	10.32	244	9.55	614	10.00
中部	231	11.91	191	8.97	422	10.37
西部	172	14.26	153	6.05	325	8.70
合计	773	11.48	588	8.15	1361	9.76

资料来源：北京大学中国社会科学调查中心 2014 年中国家庭追踪调查（China Family Panel Studies，CFPS）数据。

表 3 - 8 给出了我国居民家庭创业参与和盈利的基本情况统计。总体来看，在受调查的 13946 个样本家庭中，有 1310 户参与了创业活动，平均占比 9.39%，其中，农村占比 7.44%，城市占比 11.48%。在参与创业的家庭中创业资产户均值 63.64 万元，有 92.37% 的家庭实现了盈利，实现总盈利 5288.75 万元，平均回报率 6.34%。较之城市家庭，农村家庭创业参与率和参与资金更低，但盈利家庭比和创业回报率却明显更高。这一统计结果与标准的资本市场理论相吻合，验证了投资过程中普遍存在的资本边际效率递减规律，如"路边摊贩"的资本回报率通常会高于"一般企业"。农村家庭更倾向"小本经营"，同时在经营中投入更多直接劳动，从而能够在创业过程中获取更高回报。

表 3 - 8　　　　　　　　创业参与和盈利情况的城乡分布

区域	参与创业（户）	参与率（%）	参与资产（万元）	盈利家庭比（%）	创业回报率（%）
城市	773	11.48	86.39	90.82	5.13
农村	537	7.44	30.90	94.60	11.22
全国	1310	9.39	63.64	92.37	6.34

注：①盈利家庭比为净收入大于 0 的家庭占创业家庭的比例。②创业回报率以总盈利和除以总资产为计算依据。

资料来源：北京大学中国社会科学调查中心 2014 年中国家庭追踪调查（China Family Panel Studies，CFPS）数据。

农户创业方面，根据 CFPS 问卷采集的信息，我们构造了反映农户创业参与、参与强度的宽窄口径各两组共四个变量。窄口径创业变量沿循文献中普遍采用的农户创业参与指标，即农户是否从事个体经营或开办私营企业①，

_____

① CFPS 问卷中涵盖的个体经营包括个体工商户和个人合伙两种形式，私营企业包括私营独资企业、私营合伙企业、私营股份有限公司、私营有限责任公司等。

记为 Pro_narentre，如果回答是，则赋值为 1，反之为 0。在参与强度方面，我们采用农户参与一项或多项创业的资金总额（万元）加 1 后再取对数值，记为 Ln_narentre。之所以对数化前加 1，是为了保证被解释变量的取值为非负数。宽口径的创业变量则采取一种更为宽泛的识别标准，不仅包括从事个体经营或开办企业，还涵盖养殖、大棚菜种植等这种转变小农生产方式、扩大传统农业生产规模的农业内创业。对应变量分别为农户是否从事宽口径创业（Pro_widentre）和宽口径创业的资金对数（Ln_widentre）。需要指出的是，CFPS2016 问卷中并未询问这种生产规模扩大性经营的完善信息。参考已有文献的做法（程郁、罗丹，2009），我们将农户家庭年农业收入（总收入-非农收入）超过 8 万元的农户纳入宽口径创业农户范畴[1]。

表 3-9 给出了 CFPS2016 受访样本中宽窄两种口径下创业农户的基本统计信息。总体上看，从事个体经营或开办私营企业的农户共 539 户，占全部受访样本的比例为 7.47%，创业农户平均参与金额 32.97 万元。如果将农业内创业纳入创业范畴，对应变量分别提高 248 户、3.44% 和降低 6.48 万元。对比创业农户区域分布情况[2]，可以发现两个重要特征：一是西部地区农户的创业活力明显低于中东部地区，而东部和中部地区农户创业参与率、参与金额的差异并不显著；二是分宽窄口径考察创业农户分布来看，农业内创业在西部最盛，有 96 个农户家庭从事农业内创业活动，占受访样本的比例为 3.80%，中部次之（3.66%），东部最低（2.89%）。

表 3-9　　　　　　　　　创业农户分布情况

区域	窄口径下创业参与			宽口径下创业参与		
	数量（户）	参与率（%）	参与金额（万元）	数量（户）	参与率（%）	参与金额（万元）
东部	223	8.72	38.15	297	11.62	31.51
中部	173	8.12	35.59	251	11.78	28.38

[1] 尽管这样分离出来的农户是否就一定从事养殖、大棚菜种植等创业活动尚存争议，但在数据约束条件下，这一处理方法至少为农业内创业数据提供了下限估计。

[2] 这里对农户所属区域的划分，东部省份包括辽宁、山东、天津、北京、河北、浙江、江苏、上海、广东、福建、海南，中部省份包括安徽、河南、山西、湖南、湖北、江西、黑龙江、吉林，西部省份包括宁夏、甘肃、重庆、四川、云南、贵州、陕西、广西、内蒙古、新疆。

区域	窄口径下创业参与			宽口径下创业参与		
	数量（户）	参与率（%）	参与金额（万元）	数量（户）	参与率（%）	参与金额（万元）
西部	143	5.66	21.72	239	9.45	18.27
全样本	539	7.47	32.97	787	10.91	26.49

资料来源：北京大学中国社会科学调查中心 2016 年中国家庭追踪调查（China Family Panel Studies，CFPS）数据。

3.4　中国家庭民间借贷的行为特征

本章分别从民间借入和民间借出两个方面来研究社会网络对家庭参与民间借贷的行为的影响。其中，家庭的民间借入行为从"家庭是否有除银行贷款外的其他渠道借款"和"除银行贷款外其他渠道借款金额"两个维度来度量，以检验家庭民间借入行为的社会网络影响的稳定性。在民间借出方面，我们以"家庭是否参与民间借出""家庭民间借出金额""家庭民间借出金额占家庭流动性资产的比重"三个指标作为民间借出的代理变量。需要说明的是，家庭流动性资产包括银行存款、现金、民间放贷、股票、基金、债券、理财产品、外汇和金融衍生品等，作为流动性资产的一种，家庭民间借出金额在流动性资产中的占比能够一定程度地反映家庭民间借出的参与程度。

表 3－10 给出了中国居民家庭主要借款用途及城乡对比的民间借入情况统计。整体来看，在受调查家庭里，参与民间借款的家庭为 3026 户，占整体样本的 35.86%，家庭平均借款金额为 78049 元，共涉及借款金额 23617.72 万元，说明家庭民间借入行为在中国乡土社会广泛存在。民间借入的前三种用途从数量来看是购房或建房借款、创业借款和教育借款，分别有 19.74%、11.51% 和 7.00% 的家庭参与民间借入；而从借款金额上来看，前三种用途为创业借款、购房或建房借款、其他借款，分别占借款总额的 43.33%、35.96% 和 11.51%。另外，无论从数量还是比例来看，居民家庭民间借入行为在农村比城市都更为普遍。一方面是因为农村居民收入偏低而在生活或生产经营中面临更多的资金需求，另一方面由于正规金融机构通常缺乏农户充

分信息，对信贷风险难以有效甄别，而农户大多也难以满足机构发放贷款所需的抵押条件，因而面临更多的信贷约束。相对而言，民间借贷由于程序简单、周期灵活以及地缘人缘等方面的优势，往往成为相当一部分农户寻求信贷支持的现实选择。

表 3 - 10　　　　　　　　　中国居民家庭民间借入情况统计

借款用途	全样本			城市			农村		
	参与数（户）	户均值（元）	参与率（%）	参与数（户）	户均值（元）	参与率（%）	参与数（户）	户均值（元）	参与率（%）
创业借款	971	105382	11.51	122	157915	3.41	849	97833	17.48
购房/建房借款	1666	50978	19.74	484	64189	13.52	1182	45568	24.33
车辆借款	283	41031	3.35	89	59742	2.49	194	32447	3.99
股票/基金借款	13	52165	0.15	11	48014	0.31	2	75000	0.04
教育借款	591	15997	7.00	157	25718	4.39	434	12481	8.93
其他借款*	496	54795	5.88	120	103952	3.35	376	39107	7.74

注：其他借款包括用于看病、婚丧嫁娶、小额日常消费等目的的借款。

资料来源：西南财经大学中国家庭金融调查与研究中心2011年中国家庭金融调查（China Household Financy Survey，CHFS）数据。

融资渠道方面，CFPS2016问卷直接询问了受访者"首选借款对象"，对应的测量选项包括银行、非银行正规金融机构、亲戚、朋友、父母或子女、民间借贷机构。参考吴卫星等（2018）的做法，我们对选择前两项的居民视为偏好正规渠道借贷，而选择后三项的居民视为偏好非正规渠道借贷。其中，正规借贷额度表示家庭选择从银行、非银行正规金融机构的借款金额，非正规借贷额度表示家庭选择从亲戚、朋友、父母或子女、民间借贷机构的借款金额。

表 3 - 11 给出了问卷调查中样本家庭融资渠道偏好的基本情况统计。总体上看，家庭首选借款对象排名前三的是亲戚（41.95%）、银行（23.29%）、父母或子女（13.96%），首选非正规渠道借贷的比例（62.76%）远高于正规渠道借贷（23.50%）。分城乡来看，中国居民家庭借贷偏好存在明显的地域特征。持有负债家庭中，正规借贷额度平均21.76万元，其中，城市家庭为23.97万元，农村家庭为16.34万元；非正规借贷额度平均6.16万元，其中，城市家庭为8.11万元，农村家庭为4.84万元。除"父母或子女"外，农村

家庭更倾向于非正规借贷（亲戚、朋友和民间借贷机构），而城市家庭更倾向于正规借贷（银行、非银行正规金融机构）。这种差异性的根源可能在于个体所处的外部环境尤其是金融市场发育程度的不均衡性。较之农村地区，城市的金融市场化的推进为众多创新型金融机构的诞生和多元化发展提供了广泛的土壤，从而为潜在借贷者克服资金瓶颈提供更为便捷的融资渠道以及多样化选择空间，激励其正规渠道借贷偏好。

表 3 – 11　　　　　　　中国居民家庭融资渠道偏好情况统计

首选借款对象	全样本		城市		农村	
	数量（户）	比例（%）	数量（户）	比例（%）	数量（户）	比例（%）
父母或子女	1853	13.96	1077	16.33	776	11.62
亲戚	5569	41.95	2517	38.17	3052	45.68
朋友	849	6.39	388	5.88	461	6.90
民间借贷机构	61	0.46	21	0.32	40	0.60
银行	3092	23.29	1626	24.66	1466	21.94
非银行金融机构	28	0.21	18	0.27	10	0.15
任何情况都可以	1824	13.74	948	14.37	876	13.11
合计	13276	100	6595	100	6681	100

注：CFPS2016 问卷题项"首选借款对象"中，对于受访者回答不知道或拒绝回答的情形，本书作为缺失值处理，未统计在列。

资料来源：北京大学中国社会科学调查中心 2016 年中国家庭追踪调查（China Family Panel Studies，CFPS）数据。

表 3 – 12 描述了参与民间借出家庭样本分布、借出对象及对应借出金额构成状况。从中可以看出两个基本特征：首先，在七种借出对象中，朋友或同事、兄弟姐妹和其他亲属是中国居民家庭民间借出的主要受众，三者分别占总数的 44.89%、25.05% 和 24.85%，其借出金额分别占总借出额的55.09%、17.92% 和 19.55%，说明民间金融很大程度上建立在家庭依托亲友关系的社会网络基础上。基于亲友关系的民间金融网络能够使居民家庭之间进入一个长期博弈，并减少机会主义行为，使彼此更加信任，容易得到借款。需要说明的是，无论从样本数量还是从借出金额看，家户与父母、子女之间的民间借出都非常有限。可能的解释是，个体与父母或子女之间的资金往来可能更多的是一种赠予行为而不是借贷行为。其次，从城乡分布来看，参与民间借出的家庭在农村和城市为 587 户和 391 户，分别占相应样本数的

12.08% 和 10.92%，进一步细分，参与民间借出的农村家庭中大概有
25.89%、26.58% 和41.74% 的家庭分别选择兄弟姐妹、其他亲属、朋友或
同事作为借出对象，分别比参与民间借出的城市家庭的相应比例多2.11%、
多4.33% 和少7.88%。这意味着借贷用途也许不是能否获得借款的主要原
因，贷方更多地会考虑亲缘关系的紧密程度，尤其在正规金融市场还不发达
的农村，以社会网络为基础的家庭之间相互拆借在满足家庭金融需求方面发
挥了很好的补充作用。

表 3 - 12   家庭民间借出与社会网络

借出对象	民间借出家庭样本分布			借出金额	借出占比
	城市（户）	农村（户）	全部（户）	（万元）	（%）
父母	5	3	8	32.50	0.74
子女	4	12	16	51.87	1.18
兄弟姐妹	93	152	245	789.22	17.92
其他亲属	87	156	243	860.65	19.55
朋友/同事	194	245	439	2426.15	55.09
民间金融组织	1	0	1	25.00	0.57
其他借出对象*	7	19	26	217.83	4.95
总体	391	587	978	4403.22	100

注：其他借出对象包括拖欠工资、货款、工程款等被动借出的行为对象。

资料来源：西南财经大学中国家庭金融调查与研究中心 2011 年中国家庭金融调查（China House-
hold Financy Survey，CHFS）数据。

第4章

社会网络对家庭创业参与的影响

本章借助中国家庭追踪调查（CFPS）数据在统一的框架下研究了社会网络对家庭创业决策的影响。结果表明，社会网络提升了家庭从事自主创业的可能性，其对农村家庭创业参与的边际影响要高于城市家庭。进一步地，社会网络可以通过改善家庭信贷约束促进家庭参与创业。研究还发现，社会网络在市场化越不发达的地区对家庭创业的边际影响更大，市场化所构建的理性法制体系在家庭创业决策中与非正规的关系体系之间存在替代关系。本章的结论对于更全面地理解中国居民的市场参与决策机制以及市场运作机制是有帮助的，而且对政府设计和改革相关的创业扶持政策、金融信贷政策和社会保障制度等方面也都有指导意义。

4.1 文献梳理及研究动态

当前世界经济格局正处于剧烈变动之中，与此同时，我国也步入优化结构、减速换挡、面临多挑战、寻找新动力的经济新常态阶段（刘文革等，2016）。此背景下，激发民众创业意愿、释放创业潜能具有举足轻重的意义。2015 年 3 月，李克强总理在两会政府工作报告中提到要"把亿万人民的聪明才智调动起来，迎来'大众创业、万众创新'的新浪潮"。时隔不久，国务院出台《关于大力推进大众创业万众创新若干政策措施的意见》，指出在我国发展方式和新旧动能转换的关键时期，要以"双创"的机制体制改革释放和培育本土化创业潜能，打造发展新引擎。由此，在经济新常态时期，家庭创业选择、成因及其作用机制再次成为学界关注的热点问题。

学界关于创业的研究由来已久，围绕家庭创业决策及其影响因素，从现有文献来看，已有研究大致沿循个体异质性和环境异质性两条线索展开。关于个体异质性对家庭创业选择的影响，众多研究指出，工作经历、财富、性别、人力资本、金融知识等方面的个体特质是解释创业动机的重要因素（张龙耀、张海宁，2013；尹志超等，2015）。同时，创业决策除受投资者个人禀赋差异影响外，还依赖于个体冒险倾向、独立性、成就动机等方面的认知和心理特征（Wooten et al.，1999），这其中，又以风险感知和创业自我效能为关键因素（Baron，2004；Roux et al.，2006）。环境异质性方面，学者们侧重于投资环境对个体创业决策的影响，并聚焦在：一是社会信任，信任能够促进不同群体或成员间的信息交换，增强相互合作并组织创业团队（Zolin et al.，2011），同时，基于社会信任的合作机制还能有效解决按时收款、质量保证、小额借贷等问题（Kim & Li，2014），从而有助于创业活动；二是政策制度，制度创新（姚海明、黄波，2004）、放松管制（Branstetter et al.，2014）承担了政策导向作用，降低并简化创业成本和程序，进而激发创业动力；三是文化与地理环境，文化传统通过长期积习形成的观念，对生活在不同国家或区域内的投资者产生潜移默化的影响（Hopp et al.，2012），从而决定各经济体创业活力的差异（田园、王铮，2016）。

当前的理论进展更多地探讨了社会网络在家庭创业决策中的作用，从社会网络角度研究家庭创业选择属于创业研究的前沿问题（李雪莲等，2015）。社会网络俗称"关系"，是中国社会架构的核心模式（张爽等，2007；赵剑治、陆铭，2009）。实证上如何对其度量，国际主流社会学理论开发了几套业界广为认可的测量工具。法夫尚和米顿（Fafchamps & Minten，2002）使用个体所拥有的关系数量和关系类型度量商人之间的社会网络；张和李（Zhang & Li，2003）选取是否有家人在当地从政衡量网络的高达性；边（Bian，1997）

则侧重于从个体与商人阶层、领导阶层、知识分子阶层之间的纽带关系讨论网络构成；彭（Peng，2004）讨论差序格局网络框架下的宗族网络和血缘关系。不过，和本书相关，从中国本土独特的社会架构视角研究社会网络对个体行为影响时，国内学者主要集中于礼金支出、春节拜年、血缘纽带、村庄内姓氏结构等若干指标。周晔馨等（2013）使用春节拜年人数、拜年对象来自多少个职业衡量家庭层面的网络规模和网络差异；马光荣、杨恩艳（2011）采用家庭与亲友间的礼品收支金额作为网络的测量工具；郭云南等（2013）使用"家庭姓氏在村庄中所占人口比例"作为家庭宗族网络的代理变量；柴时军（2017）基于 CHFS 数据中"婚丧嫁娶事务中礼金收支"和"春节、中秋节等传统节日中红包收支"度量关系网络。另外，还有是否有过政府部门工作经历、是否有过不同行业企业工作经历以及社会交往广泛程度等（边燕杰、邱海雄，2000）。

作为非正式制度的重要元素，社会网络影响着人们经济活动的方方面面（孙永苑等，2016）。社会网络如何影响家庭创业决策，文献给出了两种解释：其一，社会网络拓宽了居民家庭的信息渠道。拥有广泛社会关系网络的家庭，通过与网络成员间的互动交流，更易于捕获市场商机（Francis & Sandberg，2000）。而且，嵌入关系网络之中的合作机制还能为潜在创业家庭提供相应知识、资源和能力（边燕杰、邱海雄，2000），或者更为直接的生意机会（蒋剑勇等，2014），从而激励其创业意愿。经济学家将其归纳为社会网络的"信息渠道假说"。其二，社会网络一定程度上缓解了创业潜在参与者的信贷约束，帮助其跨越从事创业所需的资金门槛，继而促进其参与创业。缺乏启动资金是阻碍个体选择创业的主要障碍（张龙耀、张海宁，2013），而依托亲友的社会网络作为个体拥有的重要资源，是维系我国民间金融的核心机制（杨汝岱等，2011；孙永苑等，2016），能够提高个体在外部金融市场的融资可得性（胡金焱、张博，2014），甚至直接提供资金支持（马光荣、杨恩艳，2011）。文献将这一影响机制称为社会网络的"信贷约束假说"。总体来看，尽管国内外学者近年来对于个体创业的社会网络效应展开了广泛讨论，但仍存在一些问题值得深入探讨。

　　首先，市场化在社会网络对家庭创业影响中的作用：互补还是替代？既有文献并没有一个很好的回答。经验研究对人们经济活动中社会网络效应在市场化进程中究竟是加强还是减弱莫衷一是。（1）有文献支持"加强论"。赵剑治、陆铭（2009）使用中国农村调查数据，基于回归模型夏普利值分解方法研究社会网络在经济发展水平和市场化程度不同的地区对农户收入差距的贡献差异，发现社会网络对提升农户收入的边际贡献在东部地区明显高于中、西部。（2）有文献支持"减弱论"。张爽等（2007）借助樊纲等构造的中国各省份市场化指数，采用社会网络与所属省份对应的市场化指数的交互模型，发现家庭层面的社会网络能显著减少贫困，但这种作用随市场化程度的提高趋于弱化。杨汝岱等（2011）关于农户民间借贷问题的研究也有类似发现，利用2009年中国农村金融调查数据，发现依托社会网络的农户民间借贷随村庄经济发展水平上升而下降，这说明社会网络对农户民间借贷可得性的边际影响在市场化进程中是逐渐减弱的。（3）也有文献既不支持"加强论"，也不支持"减弱论"。孙永苑等（2016）利用中国家庭金融调查（CHFS）数据考察家庭正规、非正规信贷中社会网络的作用，发现市场化与社会网络的交互项在信贷获取概率、额度的决定方程中均不显著，他们据此认为在市场化进程中社会网络的影响既没有被削弱，也没有得到强化。

　　其次，文献中"社会网络"的度量有待健全。家庭拥有的社会网络是一个相对宽泛的概念，既有研究对其测度多采用粗线条层面某种具体表现的单项指标，这种单一的评判思维显然与社会网络的多维性和综合性难以相称。除此之外，基于社会网络视角对家庭创业决策影响的前期研究还可能存在内生性的缺陷。事实上，社会网络不仅是家庭选择创业的前导，也可能是其结果（陈钦约，2009），即社会网络可能嵌入创业过程之中。个体可能为了谋求商业信息的获取、生意资源的发掘，有意识地对自身积累或者可以借以利用的关系网络进行拓展和开发。忽视创业决策中社会网络"内生决定"的实证考量，其结论可能存在估计偏误。

　　与已有文献相比，本章边际贡献在于：一是采用文献中通行的社会网络测度指标，并将着眼点深入到差序格局网络框架之下多个细分维度的网络特征变量，尝试将主成分分析法（PCA）应用于调查数据，提取公共因子（或子因子），构造一个综合、多维的社会网络（或子网络）指标。二是为有效解决家庭创业决策中社会网络的内生性干扰，利用工具变量"社区/村庄内其他家庭平均社会网络指数"，仔细处理创业决策与社会网络间可能存在的反向因果问题。同时，本章的计量模型纳入了社区效应（可观测和不可观测），通过社区编码对社区效应的控制以缓解遗漏变量对估计结果的干扰。三是借助樊纲等构造的各省份市场化指数，探讨社会网络这种非正式制度在促进家庭创业中与正式制度的关联：互补还是替代？相应结论有助于进一步探索促进创业机制设计中社会网络的角色定位与实施路径。

4.2　社会网络的测度与数据处理

4.2.1　数据说明

本章使用的数据来自北京大学中国社会科学调查中心于 2014 年所进行的全国性大型调查项目——中国家庭追踪调查（China Family Panel Studies，CFPS）。该项目始于 2008 年，分别于 2008 年、2009 年、2010 年、2011 年、2012 年和 2014 年开展了 6 次调查。2014 年度 CFPS 调查覆盖了全国 29 个省（自治区、直辖市）约 1800 个村庄（社区），整体样本容量为 13946 户家庭，其中城市样本 6732 户，农村样本 7214 户。调查内容不仅涉及家庭成员的投资活动、收入状况、日常消费支出等基本信息，还包括家庭财富、负债、人口结构、社会关系、人情往来等方面的内容。CFPS 项目采用多阶段分层随机整群抽样方法，样本信息量大，涵盖范围广，非常适用于对我国家庭创业决策问题的研究。

4.2.2　社会网络的测度

引言所述，本章沿用文献中通行的社会网络测度指标，并将着眼点深入到差序格局网络框架之下多维细分的网络特征变量。本章选取 CFPS 问卷中"亲戚交往联络频率"度量亲缘网络，选取"邻里和睦程度"度量邻里网络，选取家庭日常支出①中文化娱乐支出占比、外出就餐费用占比、邮电交通费占比度量社交网络。社交类支出之所以放弃绝对值，主要是考虑到这类支出差异可能与家庭贫富水平相关②，在调查样本中以社交支出占家庭日常支出的比例来代理社交网络，在穷困家庭和富裕家庭都很适用。CFPS 问卷记录家庭对亲戚交往联络情况的大致判断，本章按 4 分制将其转化为数值型变量：没有交往为 1，不常交往为 2，偶尔交往为 3，经常交往为 4。类似地，家庭对邻里关系的判断按 5 分制赋值，分别对应：关系很紧张为 1，关系有些紧张为 2，关系一般为 3，比较和睦为 4，很和睦为 5。需要说明的是，上述五组变量可能存在一定程度的重叠与交叉。为避免多元变量导致的多重共线性问题，本章尝试将主成分分析法（PCA）应用于调查数据，提取公共因子（或子因子），构造一个综合、多维的社会网络（或子网络）指标。具体做法是，将日常支出中文化娱乐支出比、外出就餐费用比、邮电交通费占比、亲戚交往频率、邻里和睦程度数据标准化变换，构造样本标准阵 Z：

$$Z_{ij} = \frac{x_{ij} - \bar{x}_j}{s_j} \tag{4-1}$$

其中，$\bar{x}_j = \frac{1}{n}\sum_{i=1}^{n} x_{ij}$，$s_j{}^2 = \frac{1}{n-1}\sum_{i=1}^{n}(x_{ij} - \bar{x}_j)^2$，$i = 1, 2, \cdots, n$；$j = 1, 2, \cdots, 5$。

式（4-1）中，i，j 为样本量和变量数。对 Z_{ij} 统计量按特征方程 $|R - \lambda I_5| = 0$ 进一步求解相关矩阵 R 的特征根。为使原始信息保留 80% 以上，本章按：

$$\sum_{j=1}^{m} \lambda_j \Big/ \sum_{j=1}^{p} \lambda_j \geqslant 0.80 \tag{4-2}$$

确定 m 个主成分（其中，$p = 5$，$m \leqslant p$），并以各主成分的方差贡献率为

---

① 日常支出包括伙食费、水电煤气费、日用品、交通费、文化娱乐支出、人情支出等，不包含住房扩建、装修、耐用品等偶然性大额支出项目。

② 家庭社交支出可能部分反映了家庭的富裕程度，比如穷人比富人支出更少的娱乐、交通、就餐等费用，却可能拥有更广泛的社交网络，这说明社交支出本身并不完全反映家庭社交网络的广泛程度。

权数对主成分加权求和，即得家庭"社会网络"的综合指数。类似地，在子网络的构造上，对社交网络的测度选取"文化娱乐支出比""外出就餐费用比""邮电交通费占比"三组数据，通过提取主成分的方法来构造，而对亲缘网络、邻里网络的度量则直接使用原始数据赋值。

4.2.3　其他分析变量

创业参与指标。CFPS 问卷询问了"您家过去一年是否有家庭成员从事个体经营或开办私营企业"，如果回答是，即认为该家庭参与了创业，赋值为 1，反之，则赋值为 0。但问题是，CFPS 项目界定的创业仅包括个体工商户、个人合伙、私营独资企业、私营合伙企业、私营有限责任公司和私营股份有限公司，而没有将农业内创业如大棚菜、养殖等纳入创业范畴。本书认为，这种忽视农户从事的和农林牧渔相关的商业活动的创业界定存在一定的狭隘性。基于这样一种思路，本章希望就农村家庭创业提出一种更为宽泛的界定标准，即只要实现原有生产升级、经营方式转换，以及非农领域的自我雇佣或建立新企业，均视为创业。遗憾的是，CFPS 缺乏农户具体经营的详细信息，笔者无法将这种农业内创业家庭有效识别出来。参照程郁、罗丹（2009）的做法，将受访家庭过去一年纯农业收入超过 10 万元且上述问卷中回答为否的农村家庭纳入创业范畴①，共识别出 51 个农户家庭，本章通过手工整理重新处理了该项数据。

控制变量。参考已有研究，本章根据 CFPS 问卷及回答数据构建的控制变量包括个体特征变量（性格、人力资本和家庭规模）和社区特征变量两类。由于个体的性格特征可能是参与创业和广泛社会网络的共同原因，本章选取"家居的整洁程度""受访者对调查的配合程度""受访者对调查的疑虑""受访者对调查的兴趣""访问过程中，受访者在多大程度上表现出急于结束调查"，分别反映个体的条理性、顺从性、审慎性、开放性和热情性的

---

①　不可否认的是，这样推测的创业样本同样存在一定的局限性，比如也存在从事大棚菜种植、养殖农户的年纯收入低于 10 万元甚至亏损的情形，导致本书对创业家庭的测度存在某种程度的低估。但这至少给出了下限估计，为后续在数据可得情况下进行准确估计提供了参考。

性格特征，按调查人员的主观评判进行 1~7 赋值。人力资本可能反映了其他产生或维持创业选择的某种机制，如健康、智力、语言能力，本章进一步控制了"受访者的健康状况""受访者的智力水平""受访者的普通话熟练程度"。除此之外，与 CFPS 的调查一致，对家庭规模的测度以同灶吃饭人数赋值。根据家庭创业参与的背景风险、文化与地理环境等传统解释，本章也构造了相应的社区特征变量，包括社区/村庄编码、所在省份人均 GDP 自然对数值和所在地域（按东部、中部、西部划分，以虚拟变量赋值）。

表 4-1 列出了主要变量的说明和相应统计分析结果。总体来看，居民创业参与程度不高，整体样本中约有 9.76% 的家庭从事创业活动。社会网络方面，样本居民亲戚交往联络频率、邻里和睦程度平均评价为 3.372 和 3.559，分别介于偶尔交往与经常交往、关系一般与比较和睦之间，而通过提取主成分测得社会网络、子网络（社交类）指标值平均为 0.854 和 0.205。样本居民基本上是相对开放和热情的，这反映在对"调查的兴趣"和"急于结束调查的程度"的看法均值分别为 5.430 和 2.347。他们的审慎性程度较弱，而顺从性、智力水平和健康状况均较好。受访样本中家庭规模（同灶吃饭）最少 1 人，最多 17 人，平均为 3.675 人。样本在地区间的抽样比较均匀，东部、中部和西部的样本分布分别为 6142 户、4069 户和 3735 户，占整体样本的比例分别为 44%、29.2% 和 26.8%。

表 4-1　　　　　　　　　　　主要变量的描述性统计

变量	变量说明	观测值	均值	标准差
是否创业	二值虚拟变量	13946	0.098	0.297
社会网络	指数赋值	13059	0.854	0.843
子网络（亲缘类）	亲戚交往联络频率（4 分制）	13391	3.372	0.866
子网络（邻里类）	邻里和睦程度（5 分制）	13946	3.559	1.660
子网络（社交类）	指数赋值	13067	0.205	0.697
家庭规模（同灶吃饭）	人	13946	3.675	1.844
人力资本：健康状况	受访者的健康状况	13398	5.647	1.145
人力资本：智力水平	受访者的智力水平	13937	5.580	1.139
人力资本：语言表达	受访者的普通话熟练程度	13405	3.046	1.646

变量	变量说明	观测值	均值	标准差
性格特征：条理性	家居的整洁程度	13405	4.534	1.380
性格特征：顺从性	受访者对调查的配合程度	13405	5.820	1.109
性格特征：审慎性	受访者对调查的疑虑程度	13405	2.441	1.671
性格特征：开放性	受访者对调查的兴趣程度	13946	5.430	1.350
性格特征：热情性	受访者急于结束调查的程度	13405	2.347	1.685
地区：东部地区	家庭是否位于东部	13946	0.440	0.496
地区：中部地区	家庭是否位于中部	13946	0.292	0.455
地区：西部地区	家庭是否位于西部	13946	0.268	0.443

4.3　社会网络对家庭创业参与影响的实证分析

本章所关心的因变量是一个二值（0－1）虚拟变量，因此利用 Probit 模型对家庭创业参与的社会网络影响进行估计。基准回归方程设定为：

$$Entrepreneur_{iv} = \partial + \beta Socialnet_{iv} + \gamma X_{iv} + \lambda_v + \varepsilon_{iv} \qquad (4-3)$$

其中，$Entrepreneur_{iv}$ 为家庭创业变量，是则赋值为 1，反之为 0。$Socialnet_{iv}$ 为家庭社会网络（或子网络）变量，X_{iv} 为性格特征、人力资本、家庭规模等个体特征变量的向量，λ_v 代表系列社区特征变量，包括社区/村庄编码、所在省份人均 GDP 自然对数值和所在地域，ε_{iv} 是回归方程的扰动项。

表 4-2 报告了社会网络对家庭创业参与影响的估计结果。第（1）列使用综合指数考察社会网络对创业选择的影响，发现家庭拥有的社会网络提高了其从事创业的概率，估计系数在 1% 的水平上显著为正。进一步地，在创业参与决策方程中使用子网络来替代社会网络综合指数，考察亲缘网络、邻里网络、社交网络对家庭创业参与的影响差异。如表 4-2 第（2）列所示，亲缘网络、社交网络均有助于促进家庭创业，而邻里网络虽然对家庭是否创业的影响符号为正，但在 10% 的置信水平上不存在统计上的显著性。可能的原因是，现代意义上的邻里关系在人们生活中的作用更多地表现在情感沟通或精神鼓励，也包括日常生活用品的互为拆借，甚至日常支出受困时的小额

借贷，而创业参与作为高风险的生产性经营活动，在资金支持、信息传递、互助合作等关键事务中可能与家庭拥有的亲缘网络和社交网络存在更为直接的关联。

接着考察社会网络影响家庭创业选择的城乡差异，本章分城市样本和农村样本对家庭创业参与决策的 Probit 模型重新进行估计，回归结果见表4-2第（3）列至第（6）列，发现不管是农村样本还是城市样本，社会网络变量估计系数均在1%的水平上有显著的正向影响。同时，从城市样本和农村样本回归系数的对比来看，社会网络对农村家庭创业参与的边际影响要高于城市家庭，子网络的回归结果也有类似的结论，亲缘网络、社交网络对农村家庭从事自主创业的促进作用都明显高于城市家庭，而邻里网络的影响在全样本、城市样本和农村样本中虽不显著，但回归系数本身在城乡对比中与社会网络综合指数的结论是一致的。怎样看待家庭创业参与中社会网络在农村发挥的作用更大？对此的解释是：缓解金融约束是社会网络促进创业的主要机制之一，而我国现存的城乡二元格局使城市家庭和农村家庭在从事自主创业之初面临的金融约束不尽相同。依托亲友的社会网络作为民间金融的一个重要载体，很明显在创业过程中对金融约束程度更高的农村家庭发挥着更为关键的作用。

表4-2 社会网络对家庭创业参与的影响

变量	全样本		城市		农村	
	（1）	（2）	（3）	（4）	（5）	（6）
	Probit	Probit	Probit	Probit	Probit	Probit
社会网络	0.0396***（0.0025）		0.0302***（0.0030）		0.0671***（0.0053）	
子网络（亲缘类）		0.0607***（0.0233）		0.0262（0.0336）		0.0940***（0.0339）
子网络（邻里类）		0.0114（0.0130）		0.0076（0.0182）		0.0182（0.0193）
子网络（社交类）		0.3071***（0.0212）		0.2337***（0.0245）		0.5924***（0.0493）
家庭规模（同灶吃饭）	0.0681***（0.0084）	0.0732***（0.0084）	0.0964***（0.0127）	0.1019***（0.0127）	0.0433***（0.0120）	0.0486***（0.0119）

54

续表

变量	全样本		城市		农村	
	（1）	（2）	（3）	（4）	（5）	（6）
	Probit	Probit	Probit	Probit	Probit	Probit
人力资本：健康状况	0.0497**	0.0470**	0.0595*	0.0573*	0.0424	0.0404
	（0.0232）	（0.0231）	（0.0337）	（0.0335）	（0.0332）	（0.0329）
人力资本：智力水平	0.0206	0.0137	0.0124	0.0080	0.0155	0.0024
	（0.0251）	（0.0247）	（0.0362）	（0.0358）	（0.0360）	（0.0354）
人力资本：语言表达	0.0036**	0.0034**	0.0036	0.0033	0.0037	0.0035
	（0.0017）	（0.0017）	（0.0025）	（0.0025）	（0.0027）	（0.0027）
性格特征：条理性	0.0337***	0.0342***	0.0128	0.0141	0.0360*	0.0332*
	（0.0128）	（0.0128）	（0.0183）	（0.0183）	（0.0186）	（0.0186）
性格特征：顺从性	− 0.0005	− 0.0093	− 0.0256	− 0.0336	0.0321	0.0216
	（0.0230）	（0.0219）	（0.0328）	（0.0312）	（0.0335）	（0.0318）
性格特征：审慎性	− 0.0223*	− 0.0204*	− 0.0475***	− 0.0466***	0.0028	0.0076
	（0.0117）	（0.0116）	（0.0161）	（0.0161）	（0.0105）	（0.0176）
性格特征：开放性	0.0032	− 0.0015	0.0132	0.0095	− 0.0037	− 0.0079
	（0.0170）	（0.0168）	（0.0237）	（0.0233）	（0.0251）	（0.0249）
性格特征：热情性	0.0109	0.0114	0.0319**	0.0321**	− 0.0179	− 0.0193
	（0.0116）	（0.0116）	（0.0158）	（0.0157）	（0.0179）	（0.0179）
社区特征	控制	控制	控制	控制	控制	控制
Pseudo R^2	0.1518	0.1499	0.1501	0.1482	0.1701	0.1720
观测值	13057	13057	6167	6167	6780	6780

注：表中汇报的是变量的估计系数。省略的社区特征变量包括社区/村庄编码、所在省份人均 GDP 自然对数值、所在地区（东部、中部）。*** 表示在 1% 的水平上显著，** 表示在 5% 的水平上显著，* 表示在 10% 的水平上显著。括号内为稳健标准误。

本章其他解释变量的计量结果如下：家庭同灶吃饭人数越多，家庭从事自主创业的概率越高。这可能并不意味着家庭规模是因，选择创业是果，而只是更多的家庭成员数本身就导致该家庭更高的创业参与概率。户主更好的健康状况和语言表达能力有助于家庭选择创业，而智力水平对促进家庭创业在全样本、城市样本和农村样本中均不存在显著影响。性格特征方面，条理性越好，家庭越有可能从事创业活动，审慎性越强，则降低了其选择创业的可能性。这可能是因为条理性体现了个体处理工作计划、目标和具体事务的秩序和条理，这种人格特征有利于其设定奋斗目标，并激发其创业动机；而审慎性反映的是个体采取具体行动前过度小心、疑虑的心理状态，户主越是审慎,家庭可能越不愿意从事高风险的创业活动。

上述基于社会网络视角对家庭创业决策影响的实证结果可能存在一定程度的内生性干扰。事实上,社会网络不仅是家庭选择创业的前导,也可能是其结果,即社会网络可能嵌入创业过程之中。个体可能为了谋求商业信息的获取、生意资源的发掘,有意识地对自身积累或者可以借以利用的关系网络进行拓展和开发。忽视创业决策中社会网络"内生决定"的实证考量,可能导致前面 β 参数值被错误估计。为有效解决这一内生性问题,本章选用工具变量"社区/村庄内其他家庭平均社会网络指数",仔细处理家庭创业决策与社会网络间可能存在的逆向因果问题。具体做法是,根据 CFPS 问卷对社区或村庄的编码,计算同属一个社区或村庄的样本家庭中剔除自家外的社会网络评价值,作为该样本家庭社会网络的工具变量。

之所以选用"社区/村庄内其他家庭平均社会网络指数",主要考虑两点:一是社会网络本身存在一定的互动性,而且在中国人情社会,社区或村庄内的宗族、邻里和社交关系是家庭社会网络架构的起源和重要纽带,两者之间具有相关性;二是剔除自家后的社区/村庄平均社会网络指数与该样本家庭是否选择创业没有直接关系,也就是说,家庭创业参与决策很难反作用于社区/村庄内其他家庭的平均社会网络值,即在创业决策方程中这一变量具有外生性。表 4-3 报告了创业参与决策中社会网络效应的工具变量回归结果。从中可以看出,全样本和农村子样本中 Wald 内生性检验在 10% 的置信水平下无法拒绝社会网络是内生变量的原假设,城市子样本两组 IV-Probit 回归中 Wald 统计值对应 p 值分别为 0.1051 和 0.1398,比较接近 10% 的临界值。六组回归方程中工具变量 t 值均在 1% 的水平下显著为正,这意味着家庭社会网络与社区/村庄内其他家庭平均社会网络息息相关,所以排除了弱工具变量问题。

表 4-3　　　　社会网络对家庭创业决策的影响:工具变量法

变量	全样本		城市		农村	
	(1)	(2)	(3)	(4)	(5)	(6)
	IV-Probit	IV-Probit	IV-Probit	IV-Probit	IV-Probit	IV-Probit
社会网络	0.2471*** (0.0770)	0.2872*** (0.0780)	0.1324*** (0.0559)	0.1999** (0.0976)	0.4892** (0.2433)	0.4815** (0.2414)

续表

变量	全样本		城市		农村	
	（1）	（2）	（3）	（4）	（5）	（6）
	IV-Probit	IV-Probit	IV-Probit	IV-Probit	IV-Probit	IV-Probit
控制变量 X$_1$	控制		控制		控制	
控制变量 X$_2$		控制		控制		控制
Pseudo R^2	0.1806	0.1822	0.2288	0.2310	0.0916	0.1134
一阶段 F 值	260.30	182.47	166.90	117.31	62.20	54.71
工具变量 t 值	4.43	4.52	3.14	3.10	4.77	5.12
Wald 内生性检验	3.74 (0.0531)	3.07 (0.0799)	2.63 (0.1051)	2.18 (0.1398)	7.57 (0.0106)	6.75 (0.0109)
观测值	10588	10588	5034	5034	5461	5461

注：*** 表示在 1% 的水平上显著，** 表示在 5% 的水平上显著。括号内为稳健标准误。X$_1$ 包括家庭规模、健康状况、智力水平、语言表达、条理性、顺从性、审慎性、开放性、热情性等个体特征变量，X$_2$ 在加入了社区/村庄编码、所在省份人均 GDP 自然对数值、所在地域等社区特征变量。

　　从二阶段 IV-Probit 模型估计结果来看，无论使用哪一种控制变量组合，社会网络在全样本、城市子样本和农村子样本中均至少在 5% 的水平下对家庭创业参与具有正向影响。与表 4-2 相应的结果对比后发现，尽管工具变量回归结果中 z 统计值相对收敛，社会网络变量对家庭创业参与的影响保持显著，且回归系数更大。考虑到家庭社会网络评价值在一个较小的范围内波动（见表 4-1），笔者认为工具变量的估计结果在直观上与现实更为接近，显著性水平弱化在一定程度上反映了基准回归中社会网络与创业参与之间逆向因果或测量误差等原因导致的内生性估计偏误。综上所述，即使考虑了潜在内生性可能造成的估计偏误以及人力资本、性格特征、社区/村庄层面不可观测的一系列因素，"家庭拥有的社会网络越广泛，其从事自主创业的可能性越大"的结论仍然是稳健的。

4.4　社会网络效应的作用机制分析

　　前面的研究发现，社会网络对家庭创业参与具有正向影响，且对农村家庭的促进作用更大。进一步的问题是，社会网络是如何影响家庭创业决策的？

理论上，社会网络具有信息传递和知识分享的功能（Francis & Sandberg，2000），拥有广泛社会网络的家庭，通过与网络成员间的互动交流，帮助潜在创业者接触并获取丰富的商业信息和知识，从而激励其创业意愿并促进家庭参与创业。为了检验社会网络对家庭创业行为中信息获取机制的存在性，本章根据 CFPS 问卷选取"过去一年里，您家通讯支出（包括邮寄、手机、座机、上网等）"来衡量家庭信息交流情况。通讯支出在很大程度上刻画了家庭信息获取的宽泛程度（郭士祺、梁平汉，2014），通讯支出越多，家庭的信息渠道及因此而获得的信息可能越多。为了使该指标对农村和城市家庭都适用，本章采用通讯支出除以家庭日常支出的比值作为家庭信息渠道的代理变量。按照巴伦和肯尼（Baron & Kenny，1986）提出的"中介效应"的检验原理，本章通过如下方程来识别社会网络影响家庭创业的信息获取机制：

$$Informa\_num_{iv} = \partial + \beta_1 Socialnet_{iv} + \gamma X_{iv} + \lambda_v + \varepsilon_{iv} \qquad (4-4)$$

$$Entrepreneur_{iv} = \partial + \beta_2 Socialnet_{iv} + \beta_3 Informa\_num_{iv} + \gamma X_{iv} + \lambda_v + \varepsilon_{iv}$$

$$(4-5)$$

其中，$Informa\_num_{iv}$ 表示家庭信息渠道变量，其他变量的定义与式（4-3）相同。若信息渠道的中介作用存在，回归系数 β_1、β_2、β_3 须同时满足：第一，式（4-4）中 β_1 显著，说明信息渠道（中介变量）与社会网络之间存在相关性；第二，式（4-5）中 β_3 显著，且式（4-5）中 β_2 较式（4-3）中原有的 β 值变小，说明信息渠道有助于帮助社会网络来预测家庭的创业选择。具体的回归结果见表 4-4 第（1）列和第（2）列。结果显示，社会网络对通讯支出比的影响在 1% 的置信水平上显著为正，说明家庭拥有的社会网络越广泛，其日常支出中通讯支出占比越高。第（2）列的回归结果表明，家庭创业决策方程中通讯支出比的影响尽管符号为正，但统计上不存在显著关系，这表明社会网络作用家庭创业参与的信息渠道假说不能完全成立。虽然两者之间可能存在反向因果，即从事自主创业的家庭，其通讯支出比会更高，不过这一内生性干扰并不影响结论的有效性①。

_____

① 如果信息渠道和创业参与之间互为因果关系成立，且社会网络能够借助信息交流促进家庭创业，则会导致信息渠道变量表现出更强的显著性影响。然而实则未然，这意味着 CFPS 数据并不支持"信息渠道假说"。

表 4 - 4　　社会网络对家庭创业参与的影响机制：信息渠道和信贷支持

变量	因变量					
	通讯支出	创业决策	借款被拒	民间借款	创业决策	创业决策
	（1）	（2）	（3）	（4）	（5）	（6）
	OLS 估计	Probit 估计	Probit 估计	Tobit 估计	Probit 估计	Probit 估计
社会网络	0.0187***	0.0401***	- 0.0044**	0.1811***	0.0294***	0.0289***
	(0.0556)	(0.0026)	(0.0020)	(0.0335)	(0.0025)	(0.0034)
通讯支出比		0.0027				
		(0.0034)				
借款被拒					- 0.1877***	
					(0.0349)	
民间借款						0.0331***
						(0.0043)
控制变量	控制	控制	控制	控制	控制	控制
Pseudo R^2	0.2024	0.1523	0.2196	0.2092	0.1552	0.1599
观测值	12578	12578	13057	13057	13057	13057

注：*** 表示在1%的水平上显著，** 表示在5%的水平上显著。括号内为稳健标准误。

作为非正式制度的一个重要维度，社会网络促进家庭创业的另一重要渠道是它可以改善家庭的信贷约束。众多研究表明，依托亲友的社会网络是维系我国民间金融的重要载体，能够提高个体在外部金融市场的融资可得性，从而帮助潜在创业者成功跨越从事创业所需的资金门槛，促进其参与创业。那么，社会网络是否能够通过缓解家庭的信贷约束继而促进家庭参与创业呢？表 4 - 4 对此进行了进一步检验。CHFS 调查问卷询问了家庭民间借贷的基本情况——"您家通过亲戚、朋友等民间借贷等途径借到的款项总额"和"您家是否有过民间借款被拒经历"。同样采用"中介效应"检验方法，在家庭创业参与决定方程中加入借款被拒虚拟变量和民间借款变量，相应回归结果如表 4 - 4 第（3）列至第（6）所示。结果显示，广泛的社会网络减少了民间借款被拒概率，并提高了民间借款的总额，估计系数分别在5%和1%的置信水平下显著。家庭创业参与决策中，借款被拒和民间借款分别对参与创业有显著的负向影响和正向影响，同时在控制借款被拒/民间借款变量后，社会网络的估计系数和显著性都发生了较大变化，说明广泛的社会网络有助于增加（减少）家庭民间借款（借款被拒），进而降低信贷约束对从事自主创业的抑制作用来促进家庭创业参与。至此，"社会网络→信贷支持→创业参与"的作用机制得到了很好的验证。

4.5 市场化在社会网络对家庭创业影响中的作用

在我国经济发展新常态时期，家庭创业所依赖的正规制度体系和非正规的关系体系并存。上述实证分析表明，以亲缘、邻里、社交度量的社会网络综合指标，有助于促进家庭参与创业。这种积极作用既不受由于我国二元经济结构导致的城乡差异对家庭创业选择的干扰，也不体现创业决策反向作用家庭社会网络的内生性问题的影响。那么，进一步的问题是，随着市场化的持续推进，社会网络作为非正规制度体系的主要载体以及传统经济模式下资源配置的重要组织方式，对家庭参与创业影响的这种贡献是得到加强还是减弱？经验研究对人们经济活动中社会网络效应在市场化进程中究竟是加强还是减弱，现有文献已得到两个方面的结论：一种观点认为，市场化所构建的理性法制体系导致家庭创业中对社会网络的依赖性减弱，它能够逐步替代传统经济机制中非正规的关系体系所具有的职能（张爽等，2007；杨汝岱等，2011）；另一种观点认为，中国在经济转型过程中形成的市场并不是真正意义上的规范市场，社会关系网络的积累可能嵌入其中以攫取更高的利益，因此，市场化反而促进了社会网络对个体行为的影响（赵剑治、陆铭，2009）。为了探究市场化在社会网络对家庭创业影响中的作用是替代还是促进，本章在回归中引入省级市场化指数及其与社会网络的交互项，相应的计量模型设定如下：

$$Entrepreneur_{iv} = \beta_1 Socialnet_{iv} + \beta_2 Socialnet_{iv} \times market\_ind_v$$
$$+ \beta_3 market\_ind_v + \gamma X_{iv} + \lambda_v + \varepsilon_{iv} \qquad (4-6)$$

其中，$Entrepreneur_{iv}$ 表示家庭是否创业变量，$market\_ind_v$ 为家庭所在省份市场化指数①，其他变量的定义与式（4-3）相同。式（4-6）中，我们将社会网络、市场化指数以及它们的交互项作为考察重点，并利用工具变量法得到了对于模型中解释变量的回归系数和标准误的估计，结果见表4-5。

表 4 - 5　市场化在社会网络对家庭创业影响中的作用：促进效应还是替代效应

变量	全样本		城市		农村	
	（1）	（2）	（3）	（4）	（5）	（6）
	Probit	IV-Probit	Probit	IV-Probit	Probit	IV-Probit
社会网络	0.0871***	0.8107**	0.0628***	0.5004**	0.0933***	1.3526**
	(0.0108)	(0.3710)	(0.0140)	(0.2176)	(0.0193)	(0.6359)
社会网络×市场化指数	-0.0060***	-0.0744**	-0.0039**	-0.0398	-0.0057**	0.0215**
	(0.0013)	(0.0320)	(0.0017)	(0.0323)	(0.0026)	(0.0091)
市场化指数	0.0198**	0.0377**	0.0147**	0.0047**	0.0319***	0.0329**
	(0.0093)	(0.0158)	(0.0064)	(0.0028)	(0.0115)	(0.0137)
控制变量	控制	控制	控制	控制	控制	控制
pseudo R²	0.1540	0.1945	0.1515	0.2956	0.1703	0.1942
一阶段 F 值		307.68		235.74		136.47
工具变量 t 值		13.30		8.36		8.79
Wald 内生性检验		3.77 (0.0521)		2.57 (0.1090)		6.79 (0.0083)
观测值	13057	10588	6167	5034	6780	5461

注：***表示在1%的水平上显著，**表示在5%的水平上显著，*表示在10%的水平上显著。括号内为稳健标准误。

研究发现，在引入市场化指数及其与家庭社会网络的交互项后，社会网络变量的估计系数和显著性都发生了较大变化。这说明市场化指数的控制对模型的结果产生了显著影响，或者说，市场化的发展在社会网络对家庭创业影响中发挥了较大作用。市场化指数对家庭是否参与创业的影响在全样本、城市子样本和农村子样本中均正向显著，意味着家庭所在省份市场化水平越高，家庭越有可能参与创业，市场化提升了该区域经济体创业参与的活跃程度。对于本章所关心的家庭创业决策方程中市场化指数与家庭社会网络交互

①　本书对市场化水平的度量采用文献中通行的樊纲等构造的"中国各省份市场化指数"评价标准。该标准系统评价了中国各地区市场化相对进程，并从 2000～2009 年共发布了 6 版数据，本章选用的是 2009 版市场化指数数据。

项的影响，我们能够从表 4-5 中交互项的符号和显著性来发现市场化的发展是如何影响社会网络对家庭创业的作用的。交互项在全样本、农村子样本以及普通 Probit 的城市子样本中对家庭是否从事自主创业的影响均负向显著，城市家庭的 IV-Probit 回归中交互项的影响虽然没有通过显著性检验，但估计系数的符号与其余五列保持一致。这说明家庭所在省份市场化水平越高，社会网络对家庭创业参与的作用越小。换言之，社会网络在社会化不发达的地区对家庭创业活动所发挥的作用更大。因此，依托于亲友的关系网络作为一种非正式制度，部分替代了正式制度的职能。从这个角度来看，这一结论与前面基于城乡差异的回归发现是基本一致的。

4.6 本章小结

借助 2014 年"中国家庭追踪调查（CFPS）"29 个省份微观调查数据，本章首次在统一的框架下验证了社会网络对家庭创业决策的影响。结果表明：社会网络提升了家庭从事自主创业的可能性，其对农村家庭创业参与的边际影响要高于城市家庭。分类型看，亲缘网络和社交网络均有助于促进家庭创业，而家庭创业决策中依托邻里网络的作用机制并不成立。进一步地，在影响渠道检验中发现，社会网络可以通过改善家庭信贷约束促进家庭参与创业。通过引入市场化指数及其与家庭社会网络的交互项，发现社会网络在市场化越不发达的地区对家庭创业的边际影响更大，这说明作为一种非正式制度，社会网络在一定程度上弥补了正式制度体系的不足。

"大众创业、万众创新"是可预见未来相当长一段时期内政府的一项重要工作目标。在此背景下，从民众内部关系架构出发，深刻剖析个体创业参与的成因、影响机制，继而更好地激发民众创业意愿，事关新一届政府努力推行"双创"体制机制改革的顺利实现。在当前市场机制还不健全的经济新常态阶段，依托亲友的社会网络扮演了与正式制度体系有益的互补角色。在政策上，一方面，政府应全方位、多层次地引导和扶持外部网络渠道建设，尤其重点探寻在特定的人际网络和地域范围内，构建合作性网络组织，促进创业者或潜在创业者之间的合作与交流；另一方面，在监管可控约束前提下，以提升创业意愿和改善创业环境为导向，完善促进创业的民间金融网络架构，以及网络间非正式资金融通和信用担保机制，释放和培育本土化创业潜力，助力创新创业。

第5章

社会网络对家庭创业绩效的影响

在第4章中，我们已经对社会网络是否影响家庭创业参与进行了翔实的实证分析，实证发现，家庭社会网络显著促进了居民家庭的创业参与行为，进一步地使用工具变量估计和稳健性检验证实结论是可靠和稳健的。那么，社会网络在促进家庭从事自主创业的同时，是否还显著提升了家庭创业收益？亲缘、社交和邻里等不同形态的社会网络对家庭创业收益的推动作用是否存在差异？这种推动背后的影响机制是什么？主要是通过信贷支持还是通过信息传递？哪类创业群体受益更大？目前这类问题在文献中还没有得到很好的研究，尤其是微观个体层面的证据，有必要开展更深入的理论与实证分析。本章借助中国家庭追踪调查（CFPS）数据对上述问题作出了回应。

5.1 概述

创业不仅给经济增长提供动力（张晓东，2017），更是开拓新市场、新产品、新技术乃至促进经济转型升级的重要渠道（李雪莲等，2015）。传统理论主要从政策制度（Branstetter et al.，2014）、文化环境（田园、王铮，2016）和个体特质（尹志超等，2015）等方面对家庭创业决策展开研究，却忽视了隐藏在创业行为背后更深层次的因素，即家庭拥有的关系网络。社会

网络是中国社会架构的核心模式（张爽等，2007；赵剑治、陆铭，2009），
并在人们经济事务决策中发挥重要作用。创业作为一种创造就业机会、增加
收入并摆脱经济贫困的生产性经营活动与现象，与其个体拥有的社会关系存
在必然的内在联系。研究社会网络的作用为更全面理解家庭创业决策机制，
继而更好地激发民众创业意愿提供了一个重要视角。

　　社会网络是一个源自社会学的概念，衡量家庭或个体所拥有的与其亲友、
邻居或同事互动往来而形成的如蜘蛛网般重叠的、错综复杂的关系网。伴随
着非正式制度理论的崛起和推进，基于关系视角研究家庭创业决策渐成学界
关注焦点，并主要集中于信息渠道、信贷约束和风险偏好三个维度来探讨关
系影响创业行为的内在机制。首先，关系有助于拓宽个体信息获取渠道，激
励其创业意愿。弗兰西斯和桑德伯格（Francis & Sandberg，2000）指出，"依
托于亲友的关系网是创业过程中最重要的资源"，创业者能够借助网络成员
之间的接触与交流，获取最新的商业信息。同时，嵌入社交网络之中的合作
机制能够提供创业过程中所需要的能力、知识和资源（蒋剑勇等，2014），
并为创业者带来更多的交易或生意机会，从而提高家庭参与创业的积极性。
其次，关系通过缓解网络中个体成员的信贷约束，进而促进潜在创业者参与
创业。郭云南等（2013）利用农村固定观察点调查数据，从宗族网络的角度
提供了关系的规模和强度通过民间融资促进农村家庭从事自主创业的经验证
据。此外，亲属之间通常具有利他主义倾向（Kinnan & Townsend，2012），
他们不仅能在家庭创业面临信贷约束时提供资金支持，还能在遭遇挫折时给
予情感和精神鼓励（边燕杰，2006）。最后，关系能够改善个体风险偏好并
促进创业参与。王聪等（2015）在构建社会网络视角下家庭投资框架时提
到，家族纽带产生的"安全网"体系保护下的家族成员，在金融决策中倾向
于更多的风险诉求，拥有更强关系网的家庭可能更愿意从事高风险的创业
活动。

　　上述文献存在的一个缺陷是研究中没有纳入社会网络对家庭创业成效影
响，即注重创业动机而忽视创业质量——两者差异主要体现在前者属于创业
选择的静态特征而后者属于创业过程的动态特征。近年来，社会网络对创业

成效的影响已引起国内外学者高度关注。阿迪奇维利等（Ardichvili et al.，2003）认为，广泛的社会网络能够提供给创业者极具时效性和价值性的市场信息，并促使其先于竞争对手而采取行动并把握商机，进而提高经营绩效。边燕杰（2006）基于创业过程的社会学分析指出，社会网络有利于创业者构建合作、获取订单，相应的生意机会能为创业者带来更为直接的经济利益。但上述判断仅停留于理论层面，缺乏相应的经验证据。将社会网络与创业成效两者结合的实证文献极为有限（李雪莲等，2015），且研究中仅限于采用"创业项目是否盈利"和"家庭自营工商业收入"衡量创业回报，而忽视了资金投入本身对项目经营效率的干扰，导致创业成效评价可能存在偏误。

除"成效考量"外，已有相关研究还忽视了城乡二元格局导致的系统性差异对社会网络影响家庭创业的异质性问题。由于社会网络作用家庭创业的重要渠道之一便是缓解阻碍家庭选择创业时面临的信贷约束（马光荣、杨恩艳，2011），我国长期存在的城乡二元经济使城市和农村家庭面临的金融约束不尽相同。社会网络作为家庭拥有的重要资源，是维系金融借贷（尤其是民间借贷）的核心机制，其在影响家庭创业过程中对城市和农村家庭的实际贡献可能存在差异，这种城乡间的实证区分是十分必要的。此外，文献中基于社会网络对家庭创业影响的研究仅关注了社会网络多维度下的某种表现，而没有深入探讨构成家庭社会网络的不同细类指标对创业决策的影响差异。粗线条层面度量的社会网络本身就掩盖了其下更为具体的社会网络的不同表现在个体行为中的重要差异，也就无法揭示不同维度社会网络对家庭创业决策及其成效的异质性影响。

本章边际贡献在于：第一，对社会网络的度量涵盖家庭亲缘、邻里和社交等各个方面，它代表的社会网络范畴比已有相关文献更广。第二，忽视"成效考量"是既有创业研究中存在的一个主要缺憾，本章使用回报率指标考察社会网络对创业绩效的影响，相应结论有助于更全面评判社会网络嵌入创业过程之中的具体效果。第三，在实证检验社会网络促进家庭创业的基础上，进一步考察了社会网络的这种贡献在我国二元经济结构的城乡之间的影响差异。本章进行的不同维度社会网络对家庭创业行为影响的系统性检验，以及社会网络效应在城乡之间的实证区分，将有助于新形势下探索将非正式制度因素纳入政策导向体系的基本条件与可行路径，释放和培育本土化创业潜能，助力创新创业。

5.2　模型构造与理论机制分析

如前所述，理论上社会网络影响家庭创业收益的内在机制主要有两种：一种是社会网络有助于提高创业家庭外部融资可得性进而提升其创业收益。对于广大的不发达农村地区，社会网络放宽了创业家庭参与金融信贷的准入限制，创业家庭能以更低成本和更便捷的渠道获得其所需的金融产品和服务，从而实现创业效益的提升。另一种机制是社会网络能够通过降低创业家庭的信息搜寻成本而提升其的创业收益。社会网络能够向资源相异、诉求不等的个体传递比较充分的信息，实现创业资源的优化配置。创业家庭能够借助社会网络，与其他商户或买家寻求业务合作，在增强社交网络规模、强度和多样性的同时，实现了商业信息的互通有无和市场资源的优化配置。因此，就理论预测而言，社会网络极大地提升了创业家庭信息传播的速度和深度，将有助于提高其创业收益。

为了更清楚地看出社会网络作用创业收益的机制与路径，本章沿袭埃文斯和约万诺维奇（Evans & Jovanovic，1989）所构建的个体创业最优决策理论框架，将个体拥有的社会网络纳入创业选择模型的成本函数和外部融资函数之中，从理论上推演社会网络对家庭创业收益的影响及其作用路径。为简单起见，我们考虑居民个体在期初的职业选择包括从事普通农业生产、被雇佣或者自主创业。假设个体从事普通农业生产或者被雇佣，可以得到稳定收入为 w，但是如果选择从事自主创业，则可获得营业性收入：

$$y = \pi \theta k^{\alpha} \tag{5-1}$$

其中，π 表示创业是否获得成功的概率，k 表示在期初的创业启动资金，α 反映资本投入产出弹性系数的大小（$\alpha \in (0, 1)$），θ 表示家庭拥有的创业技能。假设创业一旦失败，投资者无法收回初始投资和其他营运成本。如果市场利率为 r，且存贷利率相等，则在期末，创业者的净收入函数可表述为：

$$y^e = y + (1+r)(z - c(M) - k) \quad (5-2)$$

其中，z 为创业家庭拥有的初始禀赋，k 为初始投入资金，$c(M)$ 衡量家庭创业过程中的经营成本，M 代表家庭拥有的社会网络强度，并满足：

$$\frac{d[c(M)]}{d[M]} < 0 \quad (5-3)$$

即 $c(M)$ 是 M 的减函数。上述设定的依据是，社会网络拓宽了居民家庭的信息渠道，降低了创业家庭寻找市场机会过程中的信息搜寻成本。拥有广泛社会关系网络的家庭，通过与网络成员间的互动交流，更易于捕获市场商机（Francis & Sandberg, 2000）。而且，嵌入关系网络之中的合作机制还能为潜在创业家庭提供相应知识、资源和能力（边燕杰、邱海雄，2000），或者更为直接的生意机会（蒋剑勇等，2014）。

如果 $z < k + c(M)$，即初始禀赋不足以支付创业启动资金和创业营运资金，创业者需要外部融资来进行资本的投入。假设创业者可获得的借入资金是社会网络和初始禀赋的函数，即 $\varphi(z, M)$，且满足：$d[\varphi(\cdot)]/d[M] > 0$，$d[\varphi(\cdot)]/d[z] > 0$，则创业者期初投入的资金 k 需在如下约束方程式下进行：

$$0 \leq k \leq z + \varphi(z, M) - c(M) \quad (5-4)$$

在信贷约束条件下，创业者面临的最大化问题等价于：

$$\max_{k \in [0, z+\varphi(z,M)-c(M)]} \pi\theta k^{\alpha} + (1+r)(z - c(M) - k) \quad (5-5)$$

关于初始投资资金 k 求解最优解，可得：

$$k^* = \left(\frac{\pi\theta\alpha}{1+r}\right)^{\frac{1}{1-\alpha}} \quad (5-6)$$

当创业者不存在融资约束时，即满足式（5-4），$k = k^*$；而当存在融资约束时，家庭创业初期可投入的最大资金量 $k = z + \varphi(z, M) - c(M)$。在家庭创业抉择过程中，只有当从事自主创业所获得的收入大于从事普通农业生产或者被雇佣的收入时，创业才会成为个体的理性选择，即满足：

$$\max[\pi\theta k^{\alpha} + (1+r)(z - c(M) - k)] \geq w + (1+r)z \quad (5-7)$$

将式（5-6）代入式（5-1），在满足式（5-7）的前提下，家庭的创业收益（即营业收入）可化简为：

$$y = \begin{cases} (\pi\theta)^{\frac{1}{1-\alpha}} \left(\dfrac{\alpha}{1+r}\right)^{\frac{\alpha}{1-\alpha}}, & k \text{ 满足式（5-4）} \\ \pi\theta\,(z + \varphi(z, M) - c(M))^{\alpha}, & k \text{ 不满足式（5-4）} \end{cases} \quad (5-8)$$

本章主要关注社会网络对家庭创业收益的影响，基于上述理论机制分析，社会网络通过全方位、有效地向社会各个阶层尤其是低收入群体提供便捷的金融服务，放宽了创业者合理参与金融信贷市场的准入限制，也极大地提高了其获取外部融资的可得性和程度。由于：

$$d[z + \varphi(z, M) - c(M)]/d[M] > 0 \quad (5-9)$$

即家庭拥有的社会网络程度越高，创业家庭期初投入资金在约束方程中选择空间越大，其选择最优解 $k = k^{*}$ 的可能性增大，更有效的资源配置有助于提升家庭创业效益。而当：

$$k^{*} > z + \varphi(z, M) - c(M) \quad (5-10)$$

即当 M 的增强仍不足以完全缓解家庭面临的融资约束时，根据式（5-8），社会网络与创业收益（选择自主创业情况下）依然正相关。于是，本章提出以下命题。

命题 1：社会网络有助于提高家庭外部融资可得性，能够通过缓解家庭面临的信贷约束提升其创业收益。

如前所述，引入社会网络后，由于 $d[c(M)]/d[M] < 0$，成本函数 $c(\cdot)$ 关于 M 单调递减，即社会网络降低了家庭创业过程中的所需承担的经营成本（信息搜寻成本）。依据期初投入资金约束函数，有：

$$d[z + \varphi(z, M) - c(M)]/d[c(M)] > 0 \quad (5-11)$$

综上所述，社会网络程度的提高，信息搜寻成本的降低，扩大了创业家庭可投入启动资金的抉择空间。创业家庭能够借助社会网络，与其他商户或买家寻求业务合作，在增强社交网络规模、强度和多样性的同时，实现了商业信息的互通有无和市场资源的优化配置。于是，本章提出以下命题。

命题 2：社会网络降低了家庭创业过程中需要承担的成本（信息搜寻成

本），有助于提升其创业收益。

从上述理论模型的推演可以看出，社会网络不仅可以促进家庭积极参与创业活动，而且还能够显著提升其创业效益，从而推动创业高质量发展。这种推动作用可以通过提高创业家庭的外部融资可得性和降低创业过程中的信息搜寻成本两种机制来实现。

5.3　社会网络对家庭创业收益影响的实证分析

5.3.1　研究设计

在这部分，本章将进一步考察社会网络对家庭创业过程中获取回报的影响。由于家庭创业存在"有限参与"现象，只有从事自主创业的家庭才有创业回报，因此被解释变量涉及非随机选择性样本问题。本章采用 Heckman 模型进行估计，计量模型设定如下。

第一步，利用所有的观察样本（X_i，entre_p_i）=（x_{i1}，x_{i2}，$\cdots$，x_{ik}，entre_p_i），建立家庭是否参与创业的选择方程：

$$Prob（entre\_p_i = 1 | X_i）= \varphi(X_i'\beta) \tag{5-12}$$

通过极大似然法估计方程（5-12）的参数 $\hat{\beta}$ 和 $\hat{\sigma}$，并计算逆 Mills 比 $\hat{\lambda}_i$：

$$\hat{\lambda}_i = \lambda（x_i\hat{\beta}/\hat{\sigma}）= \frac{\varphi(x_i\hat{\beta}/\hat{\sigma})}{\varphi(x_i\hat{\beta}/\hat{\sigma})}$$

第二步，利用子样本（即 entre_p_i = 1 的观察样本），建立关于创业盈利程度的回归模型：

$$E（profit\_d_i = 1 | x_i，entre\_p_i = 1）= \partial + \beta Guanxi_i + \gamma X_i + \hat{\rho}\lambda_i + \varepsilon_i$$

$$\tag{5-13}$$

其中，$profit_i$ 为家庭全部经营净收入占创业总资产的比值，$\varphi(\cdot)$ 和 $\varphi(\cdot)$ 分别表示标准正态分布的累积函数和概率密度函数。$Guanxi_{iv}$ 是核心解释变量，代表家庭拥有的社会网络，X_{iv} 代表系列控制变量，主要是指家庭及户主的特征变量的向量，包括家庭成员数①、Ln（家庭资产 - 创业资产）②、Ln（家庭收入 - 创业收入）、户主的健康状况和智力水平、家庭所处地区和村庄（或社区）变量。λ_v 是家庭所处地域及村庄（或社区）变量，ε_{iv} 是随机扰动项。

需要说明的是，CFPS 问卷界定的创业行为包括经营个体工商户、合伙企业、独资企业、私营有限责任公司以及私营股份有限公司等，不包含农户的农、林、牧、渔等农业生产经营活动。此外，赫克曼（Heckman）参与决策方程在回归方程原有控制变量组合的基础上，进一步控制了家庭是否拥有房产、是否参与民间借贷和家庭所在省份 GDP，我们猜测房产、借贷和所在地区的经济发展水平或许可以影响家庭的创业选择，但对创业回报没有直接影响。

表 5 - 1 分别给出了未参与创业和参与创业两类家庭相关变量的描述统计。从表 5 - 1 可以看出，参与创业家庭的平均社会网络指数（0.1512）明显大于非参与创业的家庭（ - 0.0158）。分维度来看，参与创业家庭亲戚交往程度评价平均为 3.51，介于偶尔交往与经常交往之间，邻里社会网络评价平均为 3.74，介于社会网络一般与比较和睦之间，均高于未参与创业家庭相应的子指数。相似的结论也体现在社交社会网络指数中。参与创业家庭平均人数 4.09 人，剔除创业资产后的家庭资产为 89.61 万元，剔除创业收入后的家庭收入为 6.55 万元，总体上略高于未参与创业家庭人数、家庭资产和家庭收入。分区域来看，创业家庭样本在东部、中部和西部的分布分别为 591 户、404 户和 315 户。进一步细分，大概有 9.62% 的东部家庭、9.93% 的中部家庭和 8.43% 的西部家庭从事了创业活动，这意味着家庭创业参与概率在区域

---

① 家庭规模选取"同灶吃饭"人数而不是户口簿登记的家庭人口数进行度量。由于外迁、就业等原因，在户籍部门登记的家庭人数与家庭实际人数之间可能存在偏差。本书认为，"同灶吃饭"人数所反映的家庭规模与家庭创业决策有更为直接的关联。

② 考虑到创业收入对家庭创业存在互为因果的内生性影响，本书在家庭收入统计中剔除了创业收入成分，同理，家庭资产以剔除创业资产后的家庭总资产来度量。在创业行为决定方程中，以"家庭收入 - 创业收入"和"家庭资产 - 创业资产"来度量收入和资产这一数据处理方式，也得到了众多相关文献的支持（尹志超等，2015）。

间差异相对较小。

表 5 - 1   主要变量描述统计

变量	未参与创业			参与创业		
	样本量	均值	标准差	样本量	均值	标准差
社会网络指数	11828	-0.0158	0.5175	1232	0.1512	0.6946
社会网络子指数（亲缘类）	12131	3.3578	0.8755	1260	3.5063	0.7525
社会网络子指数（邻里类）	12636	3.5402	1.6704	1310	3.7382	1.5451
社会网络子指数（社交类）	11835	-0.0349	0.5554	1232	0.3353	1.4349
家庭资产-创业资产（万元）	12636	78.0053	676.64	1310	89.6135	882.03
家庭收入-创业收入（万元）	12636	6.2899	12.3268	1310	6.5464	23.3891
家庭人数（同灶吃饭）	12636	3.6311	1.8468	1310	4.0947	1.7640
地域特征：中部（对照组）	12636	0.2900	0.4538	1310	0.3084	0.4620
地域特征：东部	12636	0.4393	0.4963	1310	0.4511	0.4978
地域特征：西部	12636	0.2707	0.4443	1310	0.2405	0.4275
户主的健康状况	12139	5.6220	1.1563	1259	5.8832	1.0015
户主的智力水平	12629	5.5590	1.1462	1308	5.7813	1.0414

5.3.2 实证结果及分析

表 5 - 2 报告了家庭拥有的社会网络（表 5 - 2 中 Panel A）及其子社会网络（表 5 - 2 中 Panel B）对家庭创业回报影响的 Heckman 模型估计结果。基于全样本、城市、农村样本的三组模型中逆 Mills 比均显著，说明存在样本选择问题。从家庭创业决策方程来看，社会网络总指数、亲缘社会网络、社交社会网络都是影响家庭选择从事自主创业的重要因素，而包括全样本及城乡子样本在内的邻里社会网络对家庭创业参与的影响均不显著，与第 4 章中家庭创业选择的 Probit 模型的估计结果大体一致，这进一步加强了结论的稳健性。

重点关注第二步的回归结果。可以发现，社会网络总指数的估计系数在 1% 的水平上显著为正，表明广泛的社会网络不仅促进了家庭创业，而且还有助于提高创业回报率。从理论上讲，依托于亲友的社会网络是创业过程中的重要资源（Francis & Sandberg，2000；Ardichvili et al.，2003），它不仅能以较低的成本提供他人难以获得的知识、机会、渠道等市场信息，以便于创业者及时把握商机，还能通过订单、建立合作社会网络等方式为创业者带来直接经济利益，从而对创业回报具有积极影响。同样，我们也检验了不同维度社会网络对创业回报的影响（表 5 – 2 中 Panel B）。结果表明，家庭拥有的社交社会网络、亲缘社会网络显著提高了其创业回报率，而邻里社会网络对家庭创业回报率仍不存在显著影响。城乡分样本中三类社会网络子指数对创业回报的影响与全样本基本一致。虽然亲缘社会网络对城市家庭创业回报影响的估计系数不显著，但其符号为正，且 p 值为 0.121，比较接近 10% 的统计水平。同时，社会网络及其子指数对农村家庭创业回报的促进效应要高于城市家庭。总而言之，社会网络作为一种与市场配置资源方式并存的非市场力量，既渗透到了家庭创业参与决策机制中，还深刻地影响着创业过程的维系与续存。

表 5 – 2   **社会网络与创业回报率（基于 Heckman 两步法）**

变量	全样本		城市		农村	
	（1）	（2）	（3）	（4）	（5）	（6）
	回归方程	选择方程	回归方程	选择方程	回归方程	选择方程
Panel A						
社会网络	0.8259***	0.2876***	0.7249***	0.2001***	0.8282***	0.2942***
	(0.1268)	(0.0354)	(0.1499)	(0.0414)	(0.1270)	(0.0355)
其他变量 X_1	控制		控制		控制	
其他变量 X_2		控制		控制		控制
逆 Mills 比	3.05		2.58		6.43	
Prob > Chi2	0.000		0.000		0.000	
观测值	13057		6167		6780	
Panel B						
网络子指数（亲缘类）	0.3019**	0.0678***	0.2229	0.0909**	0.3690*	0.0587**
	(0.1406)	(0.0260)	(0.1437)	(0.0371)	(0.1996)	(0.0260)
网络子指数（邻里类）	0.7981	0.0049	0.1176	0.0186	0.5318	0.0055
	(0.7464)	(0.0141)	(0.0757)	(0.0206)	(0.7376)	(0.0141)
网络子指数（社交类）	0.4618***	0.3556***	0.3120***	0.1361***	0.4862***	0.4939***
	(0.0639)	(0.0260)	(0.0872)	(0.0360)	(0.0620)	(0.0261)
其他变量 X_1	控制		控制		控制	

变量	全样本		城市		农村	
	(1)	(2)	(3)	(4)	(5)	(6)
	回归方程	选择方程	回归方程	选择方程	回归方程	选择方程
其他变量 X_2		控制		控制		控制
逆 Mills 比	7.74		8.53		13.09	
Prob > Chi2	0.000		0.000		0.000	
观测值	13057		6167		6780	

注：*** 表示在1%的水平上显著，** 表示在5%的水平上显著，* 表示在10%的水平上显著。括号内为稳健标准误。由于 Heckman 模型难以准确估计变量的偏效应，本表中汇报的是变量的估计系数。限于篇幅，省略的控制变量 X_1 包括：家庭资产、收入、家庭规模、户主健康和智力状况、家庭所处地区（东部、西部）和村庄（或社区）变量，X_2 相对于 X_1 新增了房产、借贷和家庭所在省份 GDP。以下各表均采取这一简略形式。

由于遗漏变量或反向因果，可能使表 5-2 汇报的社会网络对家庭创业及创业回报影响的回归结果存在内生性偏误。一方面，家庭拥有的社会网络与其创业行为可能同时受到其他不可观测的遗漏变量的影响，如户主的能力、性格特征或所处地区的习俗及氛围。另一方面，人们结交和维持社会网络的规模或强度是内生决定的。一种情形是创业者可能借助对社会网络有目的的投入，以期在创业过程中产生一系列经济的或非经济的收益；另一种情形是有合作需求的人希望通过与其加强交往，来拓展更大的投资渠道，因而家庭创业可能反向作用其社会网络网。为了消除这种内生性造成的估计偏误，本章使用"所在村庄（或社区）除本家外的户均社会网络指数"作为社会网络的工具变量。我们选取该工具变量是基于如下考虑：第一，户均社会网络水平一定程度地反映了所在村庄（或社区）的传统或风气。同时，社会网络本身也具有一定的互动性，从而使家庭自身的社会网络与户均社会网络两者之间互为相关。随后进行的工具变量回归结果（见表 5-3）证明了这一点。户均社会网络在一阶段估计中 t 值均在 1% 水平上显著，揭示了两者之间高度相关。第二，剔除本家后的户均社会网络不会影响不可观测的家庭或户主的特征，当然也不直接影响家庭创业决策。也就是说，这一变量在家庭创业行为的决定方程中是非外生的。因此，"所在村庄（或社区）除本家外的户均社会网络指数"是一个适当的工具变量，这也得到了众多相关文献的支持（马光荣、杨恩艳，2012；孙永苑等，2016）。

　　表 5 - 3 给出了"村庄（或社区）社会网络均值"作为工具变量后家庭社会网络的内生性检验结果。九组回归方程中除城市子样本创业参与影响的 Wald 统计值（相应的 p 值为 0.1277）不显著外，其余均至少在 10% 的水平上拒绝模型不存在内生性的原假设"$H_0: \rho = 0$"。在家庭创业决策及创业回报的两阶段工具变量估计中，第一阶段估计的 F 值在全样本、城市子样本和农村子样本中分别为 391.79、242.15、149.78 和 22.26、18.31、15.88。进一步地，对家庭创业参与、创业资产和创业回报进行工具变量 Cragg-Donald 检验，在全样本回归中，相应的 Wald F 统计量分别为 335.05、258.83 和 86.42，均远大于 10% 统计水平上的阈值 16.38，说明不存在弱工具变量问题。与表 5 - 2 相应的结果对比后发现，尽管工具变量回归结果中 z 统计值相对收敛，社会网络指数对创业参与、创业资产和创业回报的影响依然保持显著。具体来说，社会网络指数提高 1 个单位，家庭选择自主创业的概率及创业资产相应提高约 6.94% 和 17.88%（城市为 6.53% 和 14.72%，农村为 7.68% 和 18.78%）。相似的结论也体现在 Panel C 关于创业回报的决定方程中，说明社会网络促进家庭创业的结论是稳健的。

表 5 - 3　　　　　社会网络对家庭创业的影响：工具变量法

变量	全样本	城市	农村
	（1）	（2）	（3）
Panel A　创业参与（Iv_probit）			
社会网络	0.0694***	0.0653***	0.0768***
	(0.0127)	(0.0190)	(0.0173)
控制变量	控制	控制	控制
一阶段 F 值	391.79	242.15	149.78
工具变量 t 值	9.52	7.72	10.68
Wald 内生性检验（p 值）	5.07**	2.32	3.81*
	(0.0244)	(0.1277)	(0.0510)
N	13056	6616	6780
Panel B　创业资产（Iv_tobit）			
社会网络	0.1788***	0.1472***	0.1878***
	(0.0314)	(0.0432)	(0.0446)

续表

变量	全样本	城市	农村
	(1)	(2)	(3)
Panel A　创业参与（Iv_probit）			
控制变量	控制	控制	控制
一阶段 F 值	391.79	242.15	149.78
工具变量 t 值	9.52	7.72	10.68
Wald 内生性检验 （p 值）	8.88*** (0.0029)	3.65* (0.0610)	4.53** (0.0334)
观测值	13056	6166	6780
PanelC　创业回报（Iv_heckman）			
社会网络	0.9050*** (0.2832)	0.7112*** (0.2350)	0.9238*** (0.3306)
控制变量	控制	控制	控制
一阶段 F 值	22.26	18.31	15.88
工具变量 t 值	9.52	7.72	10.68
Wald 内生性检验 （p 值）	3.46* (0.0627)	3.80* (0.0512)	5.24** (0.0221)
观测值	13056	6166	6780

注：***表示在1%的水平上显著，**表示在5%的水平上显著，*表示在10%的水平上显著。括号内为稳健标准误。

5.4　本章小结

本章从理论和实证两个方面研究了社会网络对家庭创业收益的影响。理论模型推演的结果表明：社会网络不仅可以促进家庭积极参与创业活动，而且还能够显著提升其创业效益，从而推动创业高质量发展。这种推动作用可以通过提高创业家庭的外部融资可得性和降低创业过程中的信息搜寻成本两种机制来实现。进一步地，借助 2014 年"中国家庭追踪调查（CFPS）"29 个省份微观调查数据，本章验证了家庭创业及其回报中社会网络的影响。实证发现：社会网络对家庭是否从事自主创业、创业金额均有显著的正向影响。同时，拥有更多社会网络的家庭，在创业过程中所获回报率也明显更高。这种积极作用既不受由于我国二元经济结构导致的城乡差异对家庭创业的影响，也不体现创业行为反向作用社会网络强度的内生性干扰，结论非常稳健。从社会网络的不同维度来看，亲缘社会网络、社交社会网络对家庭创业决策、创业回报均有显著的正向影响，而创业行为中依托邻里社会网络的作用机制并不成立。

"多鼓励多渠道多形式就业、促进创业带动就业"是党的十八大报告提出的一项重要工作目标。这其中，又以改善创业环境、促进家庭创业参与并有效提升创业成效为重中之重。本章基于翔实的家庭调查数据进行的社会网络对家庭创业影响的系统性检验，以及社会网络的这种贡献在不同社会网络维度之间和城乡之间的实证区分，将有助于新形势下探索将非正式制度框架下民众间社会网络纳入正式制度体系的基本条件与可行路径，释放和培育本土化创业潜力，助力创新创业。在当前市场机制还不健全的经济新常态背景下，鼓励居民家庭之间的互动往来并有效提升其社会网络，实现家庭创业与社会网络的匹配，并在长期内合理引导有利于促进家庭创业的亲友社会网络的形成，这些都是更加系统的政府政策需要深入考虑的问题，同时，在制定政策时还要考虑地区之间和城乡之间的系统性差异。

第 6 章

社会网络与家庭股票投资

在第 4 章和第 5 章，我们讨论了社会网络是否影响家庭的非金融市场投资行为，发现社会网络不仅提高了家庭从事自主创业的可能性，还显著影响了家庭创业收益。那么，在居民的金融投资领域中，社会网络是否同样发挥了积极的推动作用？金融市场涵盖正规金融市场和非正规金融市场两个方面。正规金融市场主要包括银行存款、股票、基金、债券、金融理财产品、外汇、货币黄金和金融衍生品等市场。非正规金融市场主要是指民间借贷。本章选取作为正规金融市场中风险投资典型代表的股票市场作为研究对象，并基于家庭层面的社会网络视角，探讨居民的股票市场参与决策。首先，通过拓展个体股票投资最优化模型，从理论上阐述家庭社会网络对居民股市参与的影响机制；其次，基于中国家庭金融调查（CHFS）微观数据，并借助"是否为本地大姓"作为工具变量，实证检验了家庭社会网络对居民股市参与的影响。实证结果表明：在控制了可能影响居民股票投资决策的其他因素前提下，基于亲友关系的家庭社会网络提高了居民股市参与的可能性，而且一旦进入股票市场，其持有的股票资产在其金融财富中的比重会更高。本章的研究对于理解社会网络这种非正式制度在推动居民股市参与中具有的积极作用以及进一步深化资本市场体制改革作了一些初步的有意义的探索。

6.1　社会网络与股市参与：理论框架

居民股票投资参与决策及其影响因素是近年来微观金融领域的研究热点之一，其中，人力资本（Rosen & Wu，2004；Guiso et al.，2008）、生命周期（Ameriks & Zeldes，2004）、财富水平（Guiso et al.，2004；Devlin，2005）以及房产效应（Cocco，2004；Yao & Zhang，2005；Cardak & Wilkins，2009）对居民股市参与的影响在既有文献中已达成共识，当前的理论进展则更多地讨论制度在居民股市参与中的作用。作为一种重要的非正式制度因素，基于亲友关系的家庭社会网络是否影响了居民的股市参与，这构成了本章的研究主题。

本节将从理论上研究家庭社会关系网络影响下的居民股票投资参与行为，并讨论其内在的作用机制。本章沿袭曹等（Cao et al.，2005）所构建的最优股票投资理论框架，将家庭社会网络作为变量引入最优投资组合决策模型，分析比较居民股票投资行为差异。与曹等（2005）、吴卫星等（2006）的研究不同之处在于：考虑到投资者自身的异质性以及对未来投资收益的不确定性，我们假设投资者存在各自的信念期望收益而不是一致的收益估计。

为简单起见，我们的模型是在一个预期收益不确定、投资者具有异质性以及单期的环境中展开的。设投资者 i 的期初财富水平为 W_{0i}，可供选择的投资机会包括股票以及无风险投资项目，其中，风险投资项目实际利率为 0，而股票的期初价格为 P，期末价格 P_1 服从均值为 μ、标准差为 σ 的正态分布。考虑到投资者对股票收益的方差的估计比较容易，而对股票收益的均值估计相对困难（Merton，1980；Bollerslev et al.，1992），即存在模型不确定性（又称为参数不确定性或模糊），不妨设投资者认为股票期末价格的均值 $E(P_1) \in (\mu - \varepsilon, \mu + \varepsilon)$，$\varepsilon$ 反映不确定性的范围[①]，对于不同的投资者，其

[①]　由于缺乏关于未来股票收益概率分布的完美知识，投资者充其量或许能预知投资收益应该落在某一概率分布集合当中。

ε 存在异质性，同样假设 ε 服从标准正态分布。

假设经济中每个理性投资者具有均值—方差型效用函数：

$$u(W) = E(W) - \eta Var(W) / 2 \qquad (6-1)$$

其中，W 反映期末财富水平，η 表示风险厌恶系数，E（W）与 Var（W）分别为期末财富水平的期望与方差。

将投资者关于股票期末价格 P_1 的信念期望记为 $\mu + \nu$，其中，$\nu \in [-\varepsilon, \varepsilon]$，反映了不确定性溢价或风险补偿的大小。在投资决策过程中，不确定性爱好者在相同收益水平下不确定性程度越大其满足越大，故其不确定性溢价 $\nu > 0$；反之，不确定性厌恶者在相同投资收益水平下不确定性程度越大其满足越小，故其不确定性溢价 $\nu < 0$。

将投资者的不确定性偏好记为 $\lambda \in [0, 1]$，其中，$\lambda = 0$ 表示极度不确定性厌恶，$\lambda = 0.5$ 表示不确定性中性，$\lambda = 1$ 表示极度不确定性爱好。投资者的不确定性偏好与个性、家庭特征及其成长的社会关系网络等环境因素有关，由于我们关注的是家庭社会网络对不确定性偏好进而对居民投资决策的影响，故设定：

$$\lambda = \lambda(C) \qquad (6-2)$$

其中，C 衡量居民的社会关系网络，$\lambda(C)$ 是 C 的增函数。上述设定的依据是，家庭社会网络程度高的居民，生长在一个存在"安全网"体系保护的环境里，拥有更多基于经济支持的社会关系网络的人们，金融决策中会考虑一旦投资失败能得到网络里其他内部成员的经济援助，补损的预期降低了其股市参与的风险厌恶，从而表现出更高的不确定性偏好。

与曹等（Cao et al.，2005）一致，我们假设投资者将依据其投资收益信念集合中最坏情形来计算效用并进行投资决策，这是由于在风险厌恶的假设下，投资者通常选择最为悲观的概率分布来估计其投资收益。设投资者 i 选择持有 M_i 股股票，则其对股票收益的信念期望可设定为[①]：

$$M_i(\mu + \nu_i) = M_i[\mu - sgn(M_i) \varepsilon (1 - 2\lambda(C_i))] \qquad (6-3)$$

---

① 该模型设定了不确定性厌恶者的最坏预期，没有设定不确定性喜好者的最坏预期，而是根据不确定性喜好者的偏好特征，选择代表性概率分布作为股票收益的信念期望。

其中，sgn（M_i）为返回整型函数，如果参数 $M_i > 0$，即投资者选择多头持股，则 sgn（M_i）返回 1；参数 $M_i = 0$，则返回 0；参数 $M_i < 0$，即投资者选择空头持股，则返回 −1。式（6 − 3）的含义为，当持有股票多头时，不确定性厌恶投资者会选择投资收益分布簇中数值最小的那一支（即信念期望的下限 $\mu - \varepsilon$（·））作为决策依据，反映出了这类投资者在面对模型不确定性时极度保守的投资行为。其中，社会网络影响下的不确定偏好差异导致的风险补偿反映在 ε（·）函数中。

设第 i 个投资者选择持有 M_i 股股票，则该投资者关于期末财富水平 W_{1i} 的期望和方差分别为：

$$E^i（W_{1i}）= W_{0i} - M_i P + M_i（\mu + \nu_i） \tag{6-4}$$

$$Var^i（W_{1i}）= M_i^2 \sigma^2 \tag{6-5}$$

将式（6 − 4）和式（6 − 5）代入式（6 − 1），可得投资者 i 的效用函数为：

$$u^i（W_{1i}）= W_{0i} - M_i P + M_i（\mu + \nu_i） - \eta \sigma^2 M_i^2 / 2 \tag{6-6}$$

在悲观决策假设下，投资者 i 的效用函数等价于：

$$u^i（W_{1i}）= \min_{\nu_i}\big[W_{0i} - M_i P + M_i（\mu + \nu_i） - \eta \sigma^2 M_i^2 / 2 \big] \tag{6-7}$$

首先，在信贷约束下，投资者 i 的效用最大化问题可以表述为：

$$\max_{M_i} \min_{\nu_i}\big[W_{0i} - M_i P + M_i（\mu + \nu_i） - \eta \sigma^2 M_i^2 / 2 \big] \tag{6-8}$$

$$s.t.\ W_{1i} = W_{0i} + M_i（P_1 - P） \tag{6-9}$$

通过引入 sgn（M_i）函数，求解内点解。上述最优化问题即可化简为：

$$\max_{M_i}\big\{ W_{0i} - M_i P + M_i\big[\mu - sgn（M_i）\varepsilon（1 - 2\lambda（C_i））\big] - \eta \sigma^2 M_i^2 / 2 \big\}$$

$$\tag{6-10}$$

故投资者 i 效用函数最大化的一阶条件为：

$$\frac{\partial \max u^i（W_{1i}）}{\partial M_i} = \mu - P - sgn（M_i）\varepsilon（1 - 2\lambda（C_i）） - \eta \sigma^2 M_i = 0 \tag{6-11}$$

基于一阶条件式（6 − 11），我们可以讨论家庭的社会关系网络对家庭股票投资行为的影响。

情形 1：若 $\lambda(C_i) < 0.5$，则 $\varepsilon(1 - 2\lambda(C_i)) > 0$，故有：

$$M_i^* = \begin{cases} [\mu - P - \varepsilon(1 - 2\lambda(C_i))] / (\eta\sigma^2), & \mu - P > \varepsilon(1 - 2\lambda(C_i)) \\ 0, & -\varepsilon(1 - 2\lambda(C_i)) \leq \mu - P \leq \varepsilon(1 - 2\lambda(C_i)) \\ [\mu - P + \varepsilon(1 - 2\lambda(C_i))] / (\eta\sigma^2), & \mu - P < -\varepsilon(1 - 2\lambda(C_i)) \end{cases}$$

$$(6-12)$$

即对于不确定性厌恶的投资者，存在"有限参与"现象，仅当股权溢价 $\mu - P$ 在抵补其最大不确定性补偿（或者称不确定性溢价）后严格为正（或者为负，即当 $\mu - P < -\varepsilon(1 - 2\lambda(C_i))$），他们才多头持有（或者空头持有）股票。由于：

$$\partial\varepsilon(1 - 2\lambda(C_i)) / \partial C_i < 0 \qquad (6-13)$$

因此，家庭社会关系网络程度越高，该家庭选择不参与股市区间越小。且有：

$$\partial |M_i^*| / \partial C_i > 0 \qquad (6-14)$$

即家庭在参与市场的情况下，家庭的社会关系网络程度与市场参与程度（包括多头参股和空头参股）正相关。于是我们有下列命题。

命题 1：不确定性厌恶型居民，随着家庭社会关系网络程度提高，风险厌恶程度趋于下降，以致不参与股市的概率区间缩小，且当参与股市时，股市参与程度更为深入。

情形 2：若 $\lambda(C_i) = 0.5$，则 $\varepsilon(1 - 2\lambda(C_i)) = 0$，有：

$$M_i^* = (\mu - P) / \eta\sigma^2 \qquad (6-15)$$

情形 3：若 $\lambda(C_i) > 0.5$，则 $\varepsilon(1 - 2\lambda(C_i)) < 0$，有：

$$M_i^* = \begin{cases} [\mu - P - \varepsilon(1 - 2\lambda(C_i))] / (\eta\sigma^2), & \mu - P \geq 0 \\ [\mu - P + \varepsilon(1 - 2\lambda(C_i))] / (\eta\sigma^2), & \mu - P < 0 \end{cases} \qquad (6-16)$$

情形 2 和情形 3 表明，对于不确定性中性和不确定性喜好的投资者，投资者的最优选择为参与股票市场，其中，当股权溢价 $\mu - P$ 为正时选择多头持股，为负时选择空头持股。与情形 1 类似，$\partial |M_i^*| / \partial C_i > 0$，家庭的社会关系网络程度与市场参与程度正相关。

命题 2：不确定性中性和不确定性喜好型居民，其不参与股市的概率倾向于零，且随着家庭社会关系网络程度的提高，不确定性偏好趋于提高，股市参与程度更为深入。

根据式（6-12）、式（6-15）和式（6-16），对于任何类型家庭而言，多头持股最优持股数量均满足：

$$M_i^* = [\mu - P - \varepsilon(1 - 2\lambda(C_i))] / (\eta\sigma^2) \qquad (6-17)$$

根据式（6-3）、式（6-6）和式（6-17），市场参与者的最大化效用满足：

$$u^{i*}(W_{1i}) = W_{0i} + [\mu - P - \varepsilon(1 - 2\lambda(C_i))]^2 / (2\eta\sigma^2) > u_N(W_{1i}) = W_{0i}$$
$$(6-18)$$

其中，$u^{i*}(W_{1i})$ 代表市场参与者获得的效用水平，$u_N(W_{1i})$ 代表市场不参与者的效用水平。由于：

$$\frac{\partial u^{i*}(W_{1i})}{\partial C_i} = \frac{\mu - P - \varepsilon(1 - 2\lambda(C_i))}{\eta\sigma^2} \times \left[-\frac{\partial\varepsilon(\cdot)}{\partial(1 - 2\lambda(C_i))} \right]$$
$$\times \left[-2\frac{\partial\lambda(\cdot)}{\partial C_i} \right] > 0 \qquad (6-19)$$

故有如下命题。

命题 3：在最优参与决策前提条件下，居民选择参与市场能获得正的福利效用，且该福利效应随着家庭社会网络程度的递增而增加。

6.2　数据和变量说明

本节和后续内容将根据社会网络与居民股市参与的理论框架以及相关命题展开经验研究，本章的数据来自西南财经大学中国家庭金融调查与研究中心 2011 年进行的中国家庭金融调查项目（CHFS），该调查涵盖我国 25 个省份，以家庭为单位，详细调查了中国城镇家庭的金融资产选择、家庭人口特征以及财富收入等状况，并最终获得 3580 户有效家庭样本数据。根据 CHFS

调查项目问卷中的相关问题，本章构造了以下变量。

6.2.1 家庭社会网络

从现有研究看，家庭社会网络是一个相对宽泛的概念，其测度与特定研究领域有关，并随具体情景的变化而变化。针对金融决策的"社会网络论"观点，我们在本章使用的数据中选取了四组家庭社会网络近似指标：Gift_out、Gift_im、Rp_im 和 Rp_out，分别表示"您家去年在红白喜事、做寿庆生等事务中的礼金支出""您家去年在红白喜事、做寿庆生等事务中的礼金收入""您家去年在春节、中秋节等传统节日中从非家庭成员①那里收到的现金或非现金总额""您家去年在春节、中秋节等传统节日中支出给非家庭成员的现金或非现金总额"。在中国，家庭拥有的社会网络通常是基于家庭的亲友关系（Knight & Yueh，2002）。现实中，人们往往比较注重通过红包或礼品（春节、中秋节等传统节日场合下）和礼金（做寿庆生、婚丧嫁娶等场合下）来维系亲友间的情感，在真实人情往来世界里，红包或礼品以及礼金的数据可以在一定程度上反映社会网络所强调的"家庭或个人所拥有的亲戚、朋友、同事或邻居等构成的关系网络"的情况，这也得到了很多相关研究成果的支持（Knight & Yueh，2002；赵剑治、陆铭，2009；章元、陆铭，2009；马光荣、杨恩艳，2011）。

考虑到样本中不同家庭红包或礼金波动性大，呈现尖峰肥尾的统计特征，且使用对数形式可以缓解异方差以及使变量的分布更接近于正态分布，我们采用各样本数据加 1 后取对数值②，分别记为 Lgift_out、Lgift_im、Lrp_im 和 Lrp_out，作为衡量家庭社会网络的代理变量。既有文献通常采用单一样本数据测度家庭的社会关系网络，问题是，现实生活中人们的关系网络是多维变化的，而且实地调查中，我们不排除某个项目的调查结果的随机性可能。据此，本章对家庭社会关系网络的构造采用基于亲友关系的礼金支出、礼金收

---

① CHFS 调查项目界定的非家庭成员包括未共同生活在一起的岳父母/公婆、儿媳/女婿、孙子/孙女、孙媳/孙女婿、侄子/侄女、其他姻亲以及朋友邻居等。

② 在礼金、红包或礼品等金额前加 1 是为了保证取对数后解释变量的值为非负数。

入、红包礼品支出以及红包礼品收入等反映家庭礼尚往来情况的样本数据，并利用主成分分析法处理多元变量可能引致的共线性问题。

　　主成分分析法不仅可以弥补多元变量可能产生的共线性缺陷，而且能充分保留原始数据信息，其构造个体家庭的社会网络指标方法为：将家庭礼金支出、礼金收入、红包礼品支出和红包礼品收入四组原始样本数据标准化变换，构造样本标准阵 Z_{ij}：

$$Z_{ij} = \frac{x_{ij} - \bar{x}_j}{s_j}, \quad i = 1, 2, \cdots, n; \quad j = 1, 2, 3, 4 \qquad (6-20)$$

其中，$\bar{x}_j = \dfrac{\sum_{i=1}^{n} x_{ij}}{n}$，$s_j^2 = \dfrac{\sum_{i=1}^{n} (x_{ij} - \bar{x}_j)^2}{n-1}$

　　依据标准化阵 Z_{ij} 求相关系数矩阵 R，并解样本相关系数矩阵 R 的特征方程 $|R - \lambda I_4| = 0$，求特征根，按方差确定若干主成分，对各主成分进行加权求和，即得最终个体家庭的社会关系网络综合指标评价值，记为 Relanet_all，权重为各主成分的方差贡献率。

6.2.2　其他分析变量

　　本章中，居民的股市参与用指标 Stock_prob 和 Stock_degree 来测量。变量 Stock_prob 表示居民是否拥有股票，包括上市公司股票和非公开市场交易股票，反映了居民参与股市的可能性（Hong et al.，2004）。Stock_prob 是一个虚拟变量，有则取值为 1，无则取值为 0。变量 Stock_degree 测量居民金融资产中拥有的股票资产市值所占比重，反映居民参与股市的程度（Guiso et al.，2004）。

　　根据居民投资决策的财富效应、人力资本、生命周期、房产效应等传统理论解释，本章也构造了相应的解释变量。由于股市参与是有固定成本的（如认知成本等），更多的家庭财富意味着人们有更多的资源和更强的能力来消费金融机构的产品和服务，因此可能与股市参与正相关（Guiso et al.，2004；Devlin，2005）。人力资本水平的提高会使人们更容易理解股票并以更低成本参与股市（Rosen & Wu，2004；Guiso et al.，2008），但是，人力资本的影响可能不是直接的，而是通过人力资本所反映的学习和理解能力，间接影响人们的投资决策。随着年龄增加，人们趋于风险厌恶，但居民金融投资选择的生命周期影响可能还反映认知能力、财富积累等因素的作用（Ameriks & Zeldes，2004）。房产具有很强的不可分性，且转换资产形式时交易成本很高，因而房产投资会挤出股票等金融产品投资（Flavin & Yamashita，2000；吴卫星等，2007），这种效应对于年轻人和穷人更加明显（Cocco，2004）。此外，房产对股票风险有很强的分散作用（Yao & Zhang，2005），还是居民获得金融产品和服务时最理想的抵押品（Cardak & Wilkins，2009），所以房产对股市投资的影响存在不确定性。本章以家庭人均拥有的金融资产（Fi_assets）来测度财富效应；以户主[①]的受教育程度测量人力资本水平，按照户主的学历层次分为四类：小学及以下（Edu_prima）、初中（Edu_secon）、高中或中专（Edu_high）、大专及以上（Edu_colle），按虚拟变量赋值；以户主的年龄（Age）和年龄平方（Agesq，引入平方项是为了捕捉年龄与股票投资之间可能的非线性关系）测量生命周期效应，按户主的实际年龄赋值；以个体的房产持有状况来测度房产效应，记作 Housing，该变量是一个虚拟变量，家庭拥有房产时赋值为 1，反之为 0。

此外，我们还控制了居民的性别、政治面貌、家庭规模以及人口结构等可能影响其股市参与决策的因素。其中，家庭户主性别用 Gender 表示，1 为男性，0 为女性；政治面貌分别用以下的三个虚拟变量来衡量：Politic_ci、Politic_pa、Politic_op，分别表示户主政治身份为群众、中共党员、民主党派或其他党派；家庭规模（Family_scale）以实际调查数据赋值；人口结构以总抚养比（记作 Od_yd，指家庭中 0～14 岁和 60 岁及以上人口占 15～59 岁人口之比）衡量。

---

① "中国家庭金融调查"项目（CHFS）中的户主信息是以家庭中的经济决策者为依据，而不是选择户籍部门登记而界定的户主信息，在家庭金融投资行为的研究中，采用以家庭经济决策者为依据的户主信息更具合理性和科学性。

6.3　社会网络对家庭股市参与影响的实证分析

6.3.1　均值统计

表 6 - 1 给出了本章主要变量的描述性统计分析结果。平均而言，居民是风险规避的。在受调查的 3580 户城镇家庭中，仅有 610 户家庭参与了股票市场，市场参与率平均 17.14%（其中 21 户居民家庭此项数据缺失），家庭金融资产中股票投资占比平均值为 6.74%，如果把农村家庭也考虑进来，该比率会更低。相对而言，美国居民在股票市场要表现得更为活跃，家庭金融财富中，活期存款占比 13.3%，定期存款占比 3.9%，而通过直接持股以及退休基金、共同基金等间接持股，美国家庭金融财富中股票投资占比高达 71.6%，这一比例在英国也达到了 56.7%[①]。中西方家庭的金融资产选择中所表现出的这一异质性特征的原因可能有：第一，中国与西方发达国家股票市场表现迥异，过去 27 年，美国股市每年的平均回报率 12.1%，而中国的股权溢价仅存在于 1997 年前，此后出现了显著的股权贴水（朱世武、郑淳，2003）。第二，当前，欧美等发达国家家庭金融投资已呈现出一些规律性特征：家庭金融资产选择风险化、家庭风险性金融资产持有方式中介化。相对而言，从一开始，中国金融市场就表现出明显的转轨特征和路径依赖特征，尤其是股票市场，呈现出其转轨阶段所固有的制度性缺陷（王聪、张海云，2010）。

---

①　数据来源：美国联邦储备委员会 2007 年消费者金融调查（Survey of Consumer Finance，SCF）数据库；英国 2007 年（Family Resourees Survey，FRS）数据库。

表 6 – 1 主要变量的描述性统计

变量	变量说明	观测值	均值	标准差	最小值	最大值
Stock_prob	是否参与股市	3559	0.1714	0.3769	0	1
Stock_degree	股市参与程度	3500	0.0674	0.1994	0	1
Fi_assets	家庭人均金融资产	3580	3.1595	10.7271	0.1	300.4
Age	户主年龄	3580	49.3492	14.9746	18	99
Edu_prima	小学学历（对照组）	3530	0.1320	0.3386	0	1
Edu_secon	初中学历	3530	0.2762	0.4472	0	1
Edu_high	高中或中专学历	3530	0.2796	0.4489	0	1
Edu_colle	大专及以上学历	3530	0.3122	0.4635	0	1
Lgift_im	礼金收入对数	3580	1.3670	1.2760	0	8.3743
Lgift_out	礼金支出对数	3580	2.5824	2.0385	0	8.6997
Lrp_im	红包及礼品收入对数	3580	1.5251	1.9473	0	8.1120
Lrp_out	红包及礼品支出对数	3580	2.8071	2.006	0	8.8050
Housing	房产持有状况	3578	0.8720	0.3341	0	1
Gender	户主性别	3580	0.5279	0.4993	0	1
Politic_ci	群众（对照组）	3506	0.6923	0.4616	0	1
Politic_pa	中共党员	3506	0.2467	0.4312	0	1
Politic_op	民主党派或其他党派	3506	0.0610	0.2394	0	1
Family_scale	家庭规模	3580	2.9274	1.1705	1	12
Od_yd	总抚养比	3580	0.2479	0.3997	0	3

样本家庭里，户主的平均年龄为 49.35 岁，其受教育程度中小学及以下、初中、高中或中专、大专及以上分别占 13.20%、27.62%、27.96%、31.22%，87.20% 的家庭拥有房产，家庭人均金融资产平均 3.16 万元，家庭经济决策者以男性为多，占 52.79%，大部分家庭户主的政治面貌为群众，占 69.23%，家庭规模最少 1 人，最多 12 人，平均 2.93 人，人口结构中少儿及老年的总抚养比平均 24.79%。

6.3.2 社会网络与股市参与概率

鉴于被解释变量（Stock_prob）的二值虚拟变量属性，我们使用概率单位回归模型（Probit 模型）。针对中国城市家庭是否参与股票投资，表 6 – 2 给出了家庭社会网络变量及其他控制变量的回归结果。依据本章关注变量及以往文献中显著影响居民股市参与的传统解释，本章将包含家庭社会网络、金融财富、家庭户主年龄及其平方项、受教育程度、房产持有状况等变量的回归方程设定为基准模型，反映在模型 I 中。如前所述，居民政治面貌、家庭规模以及性别等因素也会影响其金融决策行为，但考虑到这些因素对家庭社会网络的可能影响（或者说，这些因素可能是产生或维持家庭社会网络的某些环境或机制），比如，更大的家庭规模、非群众的政治身份或男性决策家庭可能带来更强的凝聚力和向心力，所以这些因素对于社会网络对居民金融决策的解释力度会带来可能干扰。因此，本章在模型 II、模型 III 和模型 IV 中，逐步控制了这些变量，以检验家庭的社会网络对居民股票参与影响的稳健性与显著性。

　　按照理论框架中命题 1 的推论，融入在一个社会关系网络密切环境中的居民，能够在一定程度上与网络里其他成员相互援助、相互依赖并且缓冲投资风险，也就是说，基于经济支持的社会关系网络减轻了由于个人金融决策的可能失败而造成的损失，因此表现出更多的风险寻求，更倾向于市场参与。与韦伯和赫西（Weber & Hsee，1999）所提出的理论猜想相符，表 6 - 2 的四组模型显示了高度一致的回归发现，四组模型中 Relanet_all 的回归系数均至少在 0.1% 水平上正向显著，这一发现有力地支持了本章命题 1 中关于家庭社会网络对居民市场参与影响的论断，即随着家庭社会网络程度的提高，居民不参与股市的概率区间趋于缩小，也就是说，家庭社会网络提高了居民市场参与的可能性。

表 6 - 2　　股市参与概率（Stock_prob）的影响因素：Probit 模型回归结果

变量	模型 I	模型 II	模型 III	模型 IV
Relanet_all	0. 1253*** （0. 0368）	0. 1213*** （0. 0370）	0. 1271*** （0. 0373）	0. 1251*** （0. 0373）
Age	0. 0602*** （0. 0133）	0. 0574*** （0. 0135）	0. 0544*** （0. 0139）	0. 0528*** （0. 0140）
Agesq	- 0. 0007*** （0. 0001）	- 0. 0007*** （0. 0001）	- 0. 0006*** （0. 0001）	- 0. 0006*** （0. 0001）
Fi_assets	0. 0208** （0. 0066）	0. 0211** （0. 0067）	0. 0210** （0. 0067）	0. 0211** （0. 0067）

续表

变量	模型 I	模型 II	模型 III	模型 IV
Edu_secon	0.1932 (0.1250)	0.2021 (0.1245)	0.1928 (0.1249)	0.1984 (0.1253)
Edu_high	0.5826*** (0.1216)	0.5970*** (0.1208)	0.5692*** (0.1217)	0.5788*** (0.1224)
Edu_colle	0.9320*** (0.1227)	0.9516*** (0.1215)	0.9139*** (0.1256)	0.9249*** (0.1264)
Od_yd	0.1178* (0.0664)	0.0796 (0.0710)	0.0817 (0.0713)	0.0818 (0.0715)
Housing	0.3539*** (0.0902)	0.3345*** (0.0906)	0.3352*** (0.0908)	0.3344*** (0.0909)
Family_scale		0.0393 (0.0256)	0.0392 (0.0257)	0.0404 (0.0258)
Politic_pa			0.0677 (0.0659)	0.0844 (0.0674)
Politic_op			−0.0210 (0.1151)	−0.0234 (0.1152)
Gender				0.0899 (0.0556)
常数项	−3.1272*** (0.3416)	−3.1815*** (0.3406)	−3.0791*** (0.3512)	−3.1108*** (0.3514)
Pseudo R^2	0.1301	0.1308	0.1320	0.1328
观测值	3508	3508	3484	3484

注：由于二元 Probit 回归模型不易计算边际概率，表中报告均为回归系数，而不是边际概率。考虑到可能存在的异方差问题，此处使用稳健标准误 Probit 回归模型。进一步对影响居民股市参与的各变量进行相关系数检验，结果显示，各解释变量相关系数最高为 −0.4261，低于共线性存在的门槛值 0.7（Lind et al.，2002）。*** 表示在 1% 的水平上显著，** 表示在 5% 的水平上显著，* 表示在 10% 的水平上显著。括号内为稳健标准误。

　　此外，我们还发现了一些支持股市参与传统解释的实证结果。金融财富对居民股市参与具有显著的正向影响，产生这一现象的原因可能有：其一，家庭持有金融资产的多少在一定程度上反映该家庭的财富水平，而财富水平高的家庭具有更强的风险承受能力，更有可能考虑高风险高回报的金融工具，从而也更倾向于投资股市；其二，与持有较少金融资产家庭相比，拥有更多金融资产家庭出于分散化投资的考虑，会将家庭金融资产参与到更多的投资项目，当然也包括股票市场。与王聪、田存志（2012）的发现一致，年龄对其市场参与呈现先升后降的"倒 U 型"驼峰关系，房产对居民市场参与影响是正向的，户主受教育程度越高的家庭拥有更强的市场参与倾向。

6.3.3　社会网络与股市参与程度

下面进一步研究家庭社会关系网络程度上的不同是否会导致居民市场参与程度上的明显差异，即家庭社会网络是否对居民市场参与的程度有着显著积极影响？考虑到因变量股市参与程度 Stock_degree 涉及数据截取问题，故本章采用 Tobit 模型进行估计。Tobit 模型很巧妙地用一个基本的潜变量 y_i^* 来表示所观测到的响应 y_i，模型的设定如下。

令 y_i^* 为一个由：

$$y_i^* = \beta_0 + \beta_1 x_1 + \beta_2 x_2 + \cdots + \beta_i x_i + \varepsilon \tag{6-21}$$

决定的无法观测变量或潜变量。同时，有：

$$y_i = \max\ (0,\ y_i^*) = \begin{cases} y_i^*, & y_i^* \geq 0 \\ 0, & y_i^* < 0 \end{cases} \tag{6-22}$$

即若潜变量 $y_i^* \geq 0$ 时，所观测到的变量 $y_i = y_i^*$，但当 $y_i^* < 0$ 时，则 $y_i = 0$。其中，因变量 y 表示居民持有的股票资产与家庭金融资产的占比，是一个非负实数。x_1，x_2，$\cdots$，x_i 表示影响居民股市参与程度的各种因素，包括家庭的社会网络程度、金融财富、年龄（及平方项）、受教育水平、房产持有状况、性别、家庭规模、人口结构以及政治面貌等变量。

利用极大似然法估计这个模型，根据居民股市参与数据截取的特征，可得联合分布的概率密度函数：

$$f\ (y_i|x) = \left[1 - \varphi(x_i\beta/\sigma)\right]^{1(y_i=0)} \left[\frac{1}{\sigma}\varphi\ ((y_i - x_i\beta)\ /\sigma)\right]^{1(y_i>0)}$$

$$\tag{6-23}$$

其中，1（·）为示性函数，即如果括号里的表达式为真，取值为 1；反之，取值为 0。$\varphi(x_i\beta/\sigma)$ 和 $\varphi(x_i\beta/\sigma)$ 分别表示标准正态分布的密度函数和分布函数。

通过极大似然法，可得到模型（6 - 21）的参数估计 $\hat{\beta}$ 和 $\hat{\sigma}$。表6 - 3 报告了调查数据的居民股市参与程度的 Tobit 模型估计结果。

表6 - 3　股市参与程度（Stock_degree）的影响因素：Tobit 模型回归结果

变量	模型 I	模型 II	模型 III	模型 IV
Relanet_all	0.0760* （0.0305）	0.0713* （0.0306）	0.0736* （0.0310）	0.0728* （0.0310）
Age	0.0428*** （0.0102）	0.0396*** （0.0102）	0.0381*** （0.0109）	0.0376*** （0.0109）
Agesq	- 0.0005*** （0.0001）	- 0.0004*** （0.0001）	- 0.0004*** （0.0001）	- 0.0004*** （0.0001）
Fi_assets	0.0128*** （0.0014）	0.0131*** （0.0014）	0.0130*** （0.0014）	0.0131*** （0.0014）
Edu_secon	0.1439 （0.0986）	0.1535 （0.0989）	0.1504 （0.0993）	0.1521 （0.0992）
Edu_high	0.3746*** （0.0971）	0.3901*** （0.0976）	0.3790*** （0.0988）	0.3817*** （0.0988）
Edu_colle	0.5937*** （0.0984）	0.6149*** （0.0993）	0.5992*** （0.1031）	0.6022*** （0.1031）
Od_yd	0.0480 （0.0542）	0.0024 （0.0587）	0.0051 （0.0590）	0.0051 （0.0590）
Housing	0.2681*** （0.0755）	0.2452*** （0.0759）	0.2469*** （0.0761）	0.2466*** （0.0761）
Family_scale		0.0455* （0.0214）	0.0438* （0.0216）	0.0442* （0.0216）
Politic_pa			0.0266 （0.0516）	0.0316 （0.0522）
Politic_op			0.0023 （0.0901）	0.0016 （0.0901）
Gender				0.0285 （0.0430）
常数项	- 2.3702*** （0.2746）	- 2.4314*** （0.2768）	- 2.3817*** （0.2913）	- 2.3913*** （0.2916）
Pseudo R^2	0.0951	0.0966	0.0965	0.0967
观测值	3451	3451	3427	3427

注：*** 表示在1%的水平上显著，* 表示在10%的水平上显著。括号内为稳健标准误。

与表6 - 2同理，表6 - 3包括的四组回归结果，分别对应除个体的社会

网络、金融财富、户主年龄及其平方项、受教育程度及房产持有状况等因素
之外的不同控制变量选择。对于我们感兴趣的解释变量家庭的社会关系网络，
表 6 – 3 显示了与表 6 – 2 大体一致的回归发现，按照命题 1 以及命题 2 的推
论，不论对于不确定性厌恶型家庭还是不确定性中性或喜好型家庭，随着家
庭社会网络程度的提高，其风险厌恶程度（或不确定偏好）将不同程度降低
（或提高），以致其股市参与更为深入。逐步控制家庭规模、政治面貌类型及
性别等变量后，表 6 – 3 的四组模型回归结果一致表明，社会网络变量 Relan-
et_all 对居民的市场参与程度具有显著的正向效应，即拥有更多社会关系网络
的家庭，在控制其他因素不变的前提下，会将更大比重的金融财富投资于股
票市场；反之，社会关系网络松散的家庭，往往倾向于选择较低程度的市场
参与或干脆不参与，投资策略趋于保守。

其他稳健且显著性的发现还包括：持有较多的金融财富、拥有房产以及
更大的家庭规模都会促进居民的股票投资，户主年龄对家庭股票参与程度的
影响存在驼峰关系。户主的受教育程度对家庭金融财富中股票持有比重的影
响是正向的，随着学历层次的提高，居民的股票参与程度逐步提高，其显著
性逐步增强。

6.3.4　内生性讨论及工具变量回归结果

事实上，上述回归结果可能因不可观测遗漏变量受到内生性问题的干扰。
有关"分类相聚"的研究指出，人们构建亲友关系并不是任意或随机地选
择，往往会形成一定的匹配模式（Shimer & Smith，2000）。所以，当我们观
察到家庭社会关系网络对居民股票投资行为具有影响时，也许只是反映该个
体家庭具有与亲友相似的偏好，比如更有能力、更外向开朗或更具投资冒险
精神的人会拥有更多的关系网络，他们参与股票投资的概率更高，未必是因
为他们拥有更多的亲友，而是由于他们本身能力更强或性格更外向开朗、更
有冒险精神，也就是说，我们无法度量或观察到的这些能力性格特征可能同
时作用于家庭的社会网络和股票投资决策，导致估计的内生性偏误。利用
Wu-Hausman 方法，我们对基于亲友关系间礼尚往来数据的家庭社会网络的

内生性进行检验，结果显示，DWH 检验 F 统计量为 4. 223（p = 0. 0399），拒绝"家庭社会网络变量的外生性"原假设。在引入了工具变量后的 IV Probit 模型和 IV Tobit 模型回归中，Wald 检验结果见表 6 - 4，亦可在至少 1% 的显著性水平上认为 Relanet_all 为内生变量。

表 6 - 4　　　　股市参与概率和股市参与程度的工具变量回归结果

变量	IV Probit		IV Tobit	
	（a）	（b）	（c）	（d）
Relanet_all	0. 9452***	0. 9743***	0. 7557**	0. 7700**
	(0. 1772)	(0. 1757)	(0. 2481)	(0. 2536)
Age	0. 0503***	0. 0491***	0. 0429***	0. 0420***
	(0. 0122)	(0. 0125)	(0. 0106)	(0. 0114)
Agesq	- 0. 0006***	- 0. 0005***	- 0. 0005***	- 0. 0004***
	(0. 0001)	(0. 0001)	(0. 0001)	(0. 0001)
Fi_assets	0. 0145**	0. 0141**	0. 0106***	0. 0107***
	(0. 0052)	(0. 0053)	(0. 0018)	(0. 0019)
Edu_secon	0. 0945	0. 1009	0. 0837	0. 0959
	(0. 1135)	(0. 1129)	(0. 1045)	(0. 1051)
Edu_high	0. 3571**	0. 3504**	0. 2696*	0. 2819*
	(0. 1329)	(0. 1341)	(0. 1073)	(0. 1098)
Edu_colle	0. 5972***	0. 6036***	0. 4521***	0. 4843***
	(0. 1588)	(0. 1586)	(0. 1134)	(0. 1165)
Od_yd	0. 0507	0. 0584	0. 0069	- 0. 0070
	(0. 0635)	(0. 0648)	(0. 0595)	(0. 0629)
家庭特征	否	是	否	是
房产虚拟变量	是	否	是	否
常数项	- 2. 4004***	- 2. 2612***	- 2. 2110***	- 2. 1476 ***
	(0. 4108)	(0. 4086)	(0. 2905)	(0. 3031)
Wald 检验	12. 64***	13. 06***	7. 68 **	7. 60 **
观测值	3508	3485	3451	3428

注：家庭特征包括家庭人数、户主政治面貌以及性别。*** 表示在 1% 的水平上显著，** 表示在 5% 的水平上显著，* 表示在 10% 的水平上显著。括号内为稳健标准误。

为避免因不可观察遗漏变量所导致的内生性问题，我们采用"是否为本地大姓"作为家庭社会关系网络的工具变量。一方面，在中国传统家庭价值观念中，宗族和血缘是人们构建基于亲缘关系的社会网络的主要纽带。事实上，婚丧嫁娶、节庆往来等日常事务时的随礼和互赠礼品或红包是人们维系亲友间感情的重要途径。通常来说，当家庭是当地大姓时，拥有的亲友数量相对小姓家庭要更多，日常事务中与亲友间的礼金、礼品或红包往来金额会更大。所以，"是否为本地大姓"在一定程度上反映了家庭社会关系网络的大小，两者之间正相关。另一方面，"是否为本地大姓"早在父辈就确定了，只会通过血缘关系对其家庭社会网络产生影响，而不会与影响当前个体的股票投资的其他不可观察变量如性格、能力等相关，所以，我们认为这一变量在居民股票投资决定方程中是外生的。

表 6 - 4 是使用社会网络工具变量后的居民股票投资参与决策的 IV Probit 和 IV Tobit 模型回归结果，其中，(a) 列和 (b) 列分别对应包括家庭规模、性别、政治面貌特征以及房产持有状况在内的不同控制变量组合的股市参与概率模型。与表 6 - 2 结论一致，使用"是否为本地大姓"作为工具变量后，β 的估计值仍然正向显著，控制或不控制家庭特征等变量时，家庭社会网络的回归系数和显著性程度没有发生明显变化，表明检验结果是稳健的。利用 IV Tobit 回归模型，使用居民股市参与程度作为被解释变量，重复方程 (a) 和方程 (b) 的回归，结果见表 6 - 4 中 (c) 列和 (d) 列，家庭社会网络的系数依然显著为正，且结论是稳健的。为检验工具变量的有效性，对全样本和有股票投资家庭子样本进行工具变量的 Cragg-Donald 检验，F 统计量分别为 60.97 和 9.98，均大于斯多克和尤苟（Stock & Yogo，2002）提供的期望最大值为 15% 的弱工具变量阈值 8.96，说明不存在弱工具变量问题，这进一步支持了本章的核心结论。

为了进一步检验以上回归结果的稳健性，本章还进行了以下尝试。首先，模型设定偏误在实证研究中经常出现，为了检验设立模型的稳健性，通过对模型中的某些控制变量进行不断剔除或增补，对模型进行敏感度分析，从检验结果来看，本章的基本结论并未发生实质性的变化；其次，我们还采用 IV Logit 二值选择模型代替 IV Probit 模型进行回归分析，回归结果是一致的；最后，与吴卫星、齐天翔（2007）以及王聪、田存志（2012）一致，对金融财富采用总额代替人均额赋值，对家庭户主的受教育程度采用基数赋值，对年龄采用虚拟变量赋值，这些尝试都没有显著改变表 6-4 的实证结论。

6.4 本章小结

　　本章沿袭曹等（Cao et al.，2005）所构建的均衡股票投资理论框架，通过内生化居民不确定性偏好，将家庭的社会网络变量引入居民股票投资最优模型，从理论上研究家庭社会网络对居民股市参与的影响机制。研究结果表明，不论对于不确定性厌恶型家庭还是不确定性中性或喜好型家庭，随着社会网络程度的提高，其风险厌恶程度（或不确定性偏好）将不同程度降低（或提高），居民将表现出更强的市场参与倾向，并且其股市参与也更为深入。同时，在最优参与决策前提条件下，选择参与市场能获得正的福利效用，且居民的效用水平随着社会网络程度的递增而增加。

　　利用西南财经大学中国家庭金融调查与研究中心进行的"中国家庭金融调查"项目（CHFS）的数据，本章对上述理论进行了实证检验。在控制了可能影响居民股市参与的各种变量后，股市参与概率的 Probit 模型以及股市参与程度的 Tobit 模型回归结果显示了与上述理论命题一致的结论，即拥有更多社会关系网络的家庭，股市参与概率更大，而且一旦进入股票资本市场，其持有的股票资产在其金融资产中的占比会更高。考虑到因不可观测遗漏变量对上述回归结果的内生性干扰，本章借助"是否为本地大姓"作为家庭社会关系网络的工具变量，IV Probit 模型和 IV Tobit 模型回归结果显示，基于亲友关系的家庭社会网络对居民股票投资行为影响仍然具有显著的正向效应，结论是稳健的。事实上，家庭社会网络能够帮助个体成员更好地缓冲投资风险，继而降低其对股票投资风险的主观感知程度和降低该个体的绝对风险规避程度，从而使该个体更加倾向股市参与。虽然本章对家庭社会网络影响居民市场参与的作用机制进行了较为全面深入的分析，然而由于 CHFS 调查项目的局限性以及相关数据的可获得性，我们没有能够检验作为家庭社会网络影响机制的风险偏好在推动居民股市参与中的具体作用，但是我们基于个体行为的理论推演和亲友间礼尚往来数据的经验证据揭示了家庭社会网络对股市参与总体积极影响的存在，弥补了文献不足，同时也为后续研究提供了思路。

　　本章的理论研究与实证发现为中国资本市场的发展架设了一个新的政策视角，即社会特征和社会结构视角。家庭是经济社会的基本单元，资本市场的健康发展需要微观居民的积极参与，然而，居民投资决策的形成不是孤立的个体异质性的结果，容易受到其所处制度环境的影响。作为非正式制度的重要组成部分，社会网络促进了股民股票投资参与。相对于个人主义盛行的欧美西方发达国家，中国传统的基于亲友关系的社会网络是中国资本市场的成长和推动的有利契机。可以说，本章在一定程度上解释了为什么中国资本市场具有相比西方国家更高的风险和更低的回报却得以续存和发展的原因。本章的发现也表明，拥有更多社会关系网络的居民有更低的投资风险主观感知程度和更高的抗风险能力，从而表现出更高的风险诉求。股票投资是充满风险的，利率、汇率的变化和金融资本流动对股票市场的冲击所带来的股市风险，对不同群体的影响是有差异的。由于不同家庭社会网络程度上的差异，不同的金融政策和金融创新势必对不同的人群产生不同的影响，仔细分析这些金融政策和金融创新对不同群体的冲击与响应，也是政府在制定和实施政策时需要深入考量的问题。

第 7 章

社会网络与家庭金融资产配置

　　社会网络是否影响家庭金融资产配置？利用中国家庭金融调查（CHFS2011）数据，本章发现，家庭社会网络促进了居民参与股票、基金、外汇等风险资本市场，而对金融资产配置中现金、银行存款等无风险资产参与份额影响负向显著。进一步研究表明，社会网络对居民金融资产持有额有显著的正向效应，但对各分位数家庭呈现出了较明显的异质性，较之贫穷家庭，社会网络对富裕家庭金融投资行为影响更为深入。中国传统文化中的"聚族而居"的大家庭文化在城市化进程中已趋淡化，中国大家族文化所注重的人情往来在城市居民中渐渐淡泊，反映出中国社会关系网络传统文化正在发生蜕变。本章的研究为资本市场的发展架设了一个新的社会结构和社会特征的政策视角：维护和加强日渐消逝的社会网络环境、提高居民社会网络强度，这些都是推动公众参与资本市场以及资本市场的健康发展的系统政策的重要组成部分。

7.1　均值分析

　　在中国家庭金融调查（CHFS2011）项目中，家庭金融资产被分为活期存款、定期存款、股票、债券、基金、衍生品、金融理财产品、非人民币资产、货币黄金、现金、借出款共 11 个类别。借鉴史代敏、宋艳（2005）和吴卫星等（2010），我们依风险程度将居民的金融资产投资选择用五个指标测量：股票份额、基金份额、外币及货币黄金份额、债券及理财产品份额、储蓄存款份额①，分别对应居民对股票、基金、外币及货币黄金、债券及理财产品、储蓄存款的投资占家庭金融资产总额的比重，反映居民对各类金融资产的参与程度。

表 7 - 1 是中国居民家庭金融资产配置结构的一个粗略概括。在样本家庭中，居民金融资产平均市场价值为 111690 元。就居民当前进行的投资项目而言：储蓄存款最为普遍，98.23% 和 86.15% 的家庭持有现金和银行存款；其他参与率超过 10% 的投资项目有股票、基金，参与率分别为 17.14% 和 10.59%。与以往文献显示数据相比，当前居民不仅持有的金融资产更多，而且在股票、基金、外汇等高风险资产投资方面也更为积极。可能的原因包括：其一，随着我国经济持续高速运行，居民家庭资产和收入水平有了明显提高；其二，近年来，我国资本市场不断改革与发展，金融产品日新月异，家庭金融资产选择的空间逐渐扩大，并呈现出资产配置行为复杂化与金融资产选择多样化的趋势。鉴于此，合理引导家庭金融资产投资、营造理性的投资氛围，对于改善居民福利以及资本市场稳定有序发展具有重要意义。

表 7 - 1　　　　　中国城镇家庭金融资产配置分布

项目	户均值（元）	占金融资产比重（%）	参与率（%）	项目	户均值（元）	占金融资产比重（%）	参与率（%）
存款	60446	54.12	86.15	债券	1439	1.29	1.54
现金	6941	6.21	98.23	理财	3627	3.25	2.65
股票	21621	19.36	17.14	外汇	1748	1.57	3.72
基金	5617	5.03	10.59	其他*	10251	9.17	14.81

注：其他项目包括期货、期权、权证等金融衍生品、货币黄金和借出款。

资料来源：西南财经大学中国家庭金融调查与研究中心 2011 年中国家庭金融调查（China House-hold Finance Survey，CHFS）数据。

表 7 - 2 提供了本章主要回归变量的居民社会网络程度分组统计分析结

---

① 储蓄存款包括现金、银行活期存款和银行定期存款三个项目。

果。相对于低社会网络家庭而言，高社会网络家庭在股票、基金、债券以及理财产品投资方面更为积极，而现金、银行存款等无风险资产占比略低。个体层面的调查中，中国城市家庭规模最少 1 人，最多 12 人，平均 2.93 人，在一定程度上反映中国传统文化中的"聚族而居"的大家庭氛围在城市化进程中已趋淡化。在"您家去年是否从非家庭成员那里获得超过 100 元的现金或非现金收入？"调查中，仅有 48.69% 的样本居民回答为是，说明中国大家族氛围所注重的人情往来在居民家庭中渐渐淡泊，也反映中国传统集体主义氛围正在发生蜕变。同时，样本居民家庭一年中收到的包括红白喜事、做寿庆生以及春节、中秋节等传统节日在内的礼金收入对数化平均值为 0.4559。此外，在受调查城市家庭里，户主的平均年龄为 49.34 岁，受教育程度为 4.34，即高中学历以及中专/职高学历阶段，87.20% 的家庭拥有房产，家庭人均年收入平均 2.35 万元，中共党员人数占家庭总人数比率平均为 16.01%。

表 7-2　　　　　　　　　　　主要变量统计性描述

变量	高社会网络家庭组（Relanet_all > 0）				低社会网络家庭组（Relanet_all < 0）			
	Mean	Std. Dev	min	max	Mean	Std. Dev	min	max
储蓄存款份额	0.840	0.291	0	1	0.861	0.278	0	1
股票份额	0.074	0.207	0	1	0.061	0.192	0	1
基金份额	0.027	0.115	0	1	0.021	0.105	0	1
债券/理财份额	0.012	0.084	0	1	0.009	0.071	0	1
外汇/黄金份额	0.006	0.052	0	0.934	0.006	0.063	0	1
家庭人数（人）	3.377	1.262	1	12	2.507	0.892	1	4
红包虚拟变量	0.895	0.306	0	1	0.112	0.315	0	1
礼金对数值	0.923	0.798	0	4.913	0.020	0.094	0	1.099
收入（万元）	1.884	3.797	0.01	67.333	2.911	7.416	0.01	200
年龄（岁）	47.956	14.539	18	93	50.789	15.139	18	99
金融资产（万元）	10.530	23.880	0.23	318.3	11.838	32.923	0.23	600.8
房产持有状况	0.900	0.299	0	1	0.845	0.362	0	1
东部地区	0.540	0.498	0	1	0.589	0.492	0	1
中部地区	0.249	0.433	0	1	0.171	0.376	0	1
中共党员人口比	0.146	0.233	0	1	0.174	0.284	0	1
受教育程度	4.379	1.763	1	9	4.297	1.828	1	9

续表

变量	高社会网络家庭组（Relanet_all > 0）				低社会网络家庭组（Relanet_all < 0）			
	Mean	Std. Dev	min	max	Mean	Std. Dev	min	max
少儿抚养比	0.215	0.268	0	2	0.106	0.227	0	1
老年抚养比	0.134	0.324	0	2	0.110	0.333	0	2

7.2　社会网络对家庭金融资产比重影响的实证分析

考虑到各因变量涉及不同程度的数据截取问题，故本章采用 Tobit 模型进行估计。Tobit 模型很巧妙地用一个基本的潜变量 y^* 来表示所观测到的响应 y，刻画家庭金融资产投资结构的五个 Tobit 模型如下（k = 1，2，3，4，5）。

模型的设定为：令 y_k^* 为一个由：

$$y_k^* = \beta_{k0} + \beta_{k1}x_1 + \beta_{k2}x_2 + \cdots + \beta_{ki}x_i + \varepsilon_k \tag{7-1}$$

决定的无法观测变量或潜变量。同时，有：

$$y_k = \max\ (0,\ y_k^*) = \begin{cases} y_k^*, & y_k^* \geq 0 \\ 0, & y_k^* < 0 \end{cases} \tag{7-2}$$

即若潜变量 $y_k^* \geq 0$ 时，所观测到的变量 $y_k = y_k^*$，但当 $y_k^* < 0$ 时，则 $y_k = 0$。其中，因变量 y_k（k = 1，2，3，4，5）表示各项金融资产占家庭金融资产总额的份额，包括股票份额、基金份额、外币与货币黄金份额、债券与理财产品份额、储蓄存款份额，是一个非负实数。x_1，x_2，…，x_i 表示影响家庭金融资产投资结构的各种因素，包括居民社会网络、年龄、收入、受教育程度、金融资产、房产持有状况、党员人口比、少儿抚养比、老年抚养比以及地域背景变量等。

利用 MLE 估计这个模型，根据家庭金融资产配置数据截取的特征，可得联合分布的概率密度函数：

$$f\ (y_i \mid x) = \left[1 - \varphi(x_i\beta/\sigma)\right]^{1(y_i=0)} \left[\frac{1}{\sigma}\varphi\ (\ (y_i - x_i\beta)\ /\sigma)\right]^{1(y_i>0)} \tag{7-3}$$

其中，1（·）为示性函数，即如果括号里的表达式为真，取值为1；反之，取值为0。$\varphi(x_i\beta/\sigma)$ 和 $\varphi(x_i\beta/\sigma)$ 分别表示标准正态分布的密度函数和分布函数。

通过极大似然法，最大化模型（7-3）的对数似然函数，即可得到模型（7-1）的参数估计 $\hat{\beta}$ 和 $\hat{\sigma}$。表7-3报告了股票份额、基金份额、外币及货币黄金份额、债券及理财产品份额、储蓄存款份额的 Tobit 模型回归估计结果。

表7-3　　股票、基金、外汇、债券以及储蓄存款份额的 Tobit 模型

变量	股票份额	基金份额	外币/黄金份额	债券/理财份额	存款份额
社会网络	0.0775** (2.71)	0.0808** (2.80)	0.0989** (2.79)	0.0862 (1.66)	-0.0158* (-2.01)
年龄	0.0509*** (3.78)	0.0418** (2.85)	-0.0037 (-0.25)	0.0220 (0.91)	-0.0076* (-2.39)
年龄平方	-0.0006*** (-3.96)	-0.0005** (-2.90)	0.0000 (0.11)	-0.0002 (-0.94)	0.0001** (2.95)
收入	0.0267* (2.37)	0.0164* (2.04)	0.0275* (2.22)	0.0169 (1.00)	-0.0049** (-2.70)
收入平方	-0.0008* (-2.14)	-0.0002 (-1.48)	-0.0006 (-1.44)	-0.0004 (-0.81)	0.0000** (2.92)
金融资产	0.0048*** (7.50)	0.0026*** (4.33)	0.0023*** (3.64)	0.0044*** (4.62)	-0.0026*** (-11.60)
房产持有状况	0.2514** (2.93)	0.1531 (1.80)	-0.0146 (-0.15)	0.1872 (1.13)	-0.0400* (-1.99)
东部地区	0.2648*** (4.17)	0.0075 (0.12)	0.1849* (1.97)	0.0984 (0.85)	-0.0524*** (-3.33)
中部地区	0.0347 (0.45)	-0.0087 (-0.12)	0.0831 (0.76)	-0.0779 (-0.53)	-0.0093 (-0.50)
中共党员人口比	0.0935 (0.93)	0.1980* (2.07)	-0.0927 (-0.72)	0.1279 (0.72)	-0.0070 (-0.25)
受教育程度	0.0839*** (5.09)	0.0700*** (4.20)	0.0566** (2.64)	0.0916** (2.96)	-0.0249*** (-5.73)
少儿抚养比	-0.0890 (-0.93)	-0.0620 (-0.64)	-0.0134 (-0.12)	0.1306 (0.80)	-0.0125 (-0.49)

续表

变量	股票份额	基金份额	外币/黄金份额	债券/理财份额	存款份额
老年抚养比	0.0246 (0.30)	-0.0222 (-0.26)	-0.0277 (-0.24)	0.2323 (1.80)	-0.0009 (-0.04)
常数项	-2.6118*** (-7.45)	-2.2585*** (-5.90)	-1.3593*** (-3.35)	-2.7852*** (-4.03)	1.1674*** (14.03)
Pseudo R^2	0.1058	0.0812	0.1254	0.1050	0.3050
LR chi2	238.80	111.02	71.19	71.35	331.40

注：考虑到可能存在的异方差问题，此处使用稳健标准误 Tobit 回归处理。Hausman 检验结果表明，不存在内生性问题。进一步对影响居民各市场参与份额的各变量进行相关关系检验，结果显示，各变量相关系数最高值为 0.2535，均远低于共线性存在的门槛值 0.7（Lind et al.，2002）。*** 表示在 1% 的水平上显著，** 表示在 5% 的水平上显著，* 表示在 10% 的水平上显著。括号内为 z 统计量。

　　表 7-3 显示，家庭社会网络显著促进了居民投资股票、基金、外汇及货币黄金等风险性金融资产，对居民投资债券以及理财产品等低风险类金融产品的影响是正向的，但不显著，而对居民选择储蓄存款等无风险资产有显著的负向效应。这些实证发现都支持了个体投资选择的社会网络效应的理论解释：融入在一个强有力的社会网络中的居民，拥有更加密切的社会关系，能够在一定程度上与家庭成员或姻亲相互援助、相互依赖并且缓冲投资风险，也就是说，基于经济支持的社会网络减轻了由于个人金融决策的失败造成的损失，因此生活在强社会网络环境中的居民，表现出更多的风险诉求，更倾向于风险市场参与。该实证结论与韦伯和赫西（Weber & Hsee，1999）所提出的理论猜想相符，与肖作平等（2012）关于中国民营企业家的经验发现也是一致的。

　　针对居民金融决策行为的传统理论解释，显著且稳健的发现包括：较多的家庭金融资产、较高的受教育水平、拥有房产、东部地域背景都会促进居民的股票投资，居民收入水平及年龄对其股票占比的影响存在驼峰关系。与此类似，显著影响居民基金投资的因素包括家庭收入水平、金融资产额、中共党员人口比、户主受教育水平和户主年龄及其平方项；显著影响外币及货币黄金投资份额的因素包括家庭收入、家庭金融资产额、东部地域背景以及户主受教育水平；显著影响债券及理财产品投资份额的因素包括家庭金融资产额和户主受教育水平。而对于无风险金融资产，居民收入及其平方项、年龄及其平方项、受教育水平、家庭金融资产额、东部地域背景以及房产持有状况对储蓄存款投资份额都表现出了显著的统计特征。

上述实证结果大体与以往文献类似变量研究结论一致，相关理论解释在此不再赘述。与吴卫星等（2010）的实证发现不同，持有房产对居民参与风险性资本市场不存在挤出效应，反而促进了家庭股票、基金、债券等投资。造成结论不一致的原因可能包括：其一，利用数据的不同。吴卫星等（2007）采用的是北京奥尔多中心针对15个城市所进行的"投资者行为调查"数据，虽然涵盖的地域范围较广，但仍主要是一线城市和较发达的省会城市，难以保证其全国代表性。其二，房产对金融资产投资的影响本身存在不确定性。房产具有很强的不可分性，且转换资产形式时交易成本很高，因而房产投资会挤出股票等风险性金融资产投资（Flavin & Yamashita，2000），这种效应对于年轻人和穷人更加明显（Cocco，2004）。但同时，房产对股票风险有很强的分散作用（Yao & Zhang，2005），还是居民获得金融产品和服务时最理想的抵押品（Cardak & Wilkins，2009）。

7.3 社会网络对家庭金融资产额度影响的实证分析

前面研究表明，强社会网络环境下的家庭，家庭金融资产配置倾向于多元化，且对股票、基金、外汇等风险性金融资产参与程度更深入。但哪些因素会影响家庭持有的金融资产额？社会网络环境对居民持有多或少的金融资产，是否有显著影响？在持有不同等级的金融资产额的家庭中，各因素的影响程度会有什么不同的表现？对于各类金融机构、金融监管部门或货币当局来说，这是一个值得研究的问题。因此，我们有必要进一步分析居民的金融资产额的影响因素。

考虑到样本中各家庭金融资产额波动性大，呈现尖峰肥尾的统计特征，且使用对数形式可以缓解异方差以及让被解释变量分布更接近于正态分布，我们以 ln（1 + 家庭金融资产额）作为被解释变量。在金融资产额前加 1 是为了保证取对数后被解释变量的值为非负数。表7－4报告了居民社会网络以及相关控制变量的 OLS 和分位数回归结果。

表7－4　　　　家庭金融资产的决定因素：OLS 和分位数回归结果

变量	OLS	20 分位	50 分位	80 分位	20－50 分位	50－80 分位
社会网络	0.1259*** (3.75)	0.0609*** (4.45)	0.1616*** (3.85)	0.2029*** (3.56)	0.1007* (5.46)	0.0413 (0.56)
年龄	0.0341** (2.64)	0.0065 (1.24)	0.0210 (1.24)	0.0265 (1.16)	0.0145 (0.69)	0.0055 (0.07)
年龄平方	－0.0003* (－2.54)	－0.0001 (－1.24)	－0.0002 (－1.15)	－0.0002 (－0.99)	－0.0001 (0.57)	0.0000 (0.02)
收入	0.0548*** (5.44)	0.0353*** (11.52)	0.0612*** (6.56)	0.0741*** (6.94)	0.0259 (2.24)	0.0129 (0.61)
收入平方	－0.0003*** (－5.40)	－0.0001*** (－9.02)	－0.0003*** (－6.25)	－0.0004*** (－6.90)	－0.0002 (0.17)	－0.0001 (0.15)
房产	0.3147*** (4.15)	0.0633 (1.87)	0.3459** (3.23)	0.4589** (3.23)	0.2826*** (14.01)	0.1130 (0.72)
东部地区	0.4911*** (8.89)	0.0841** (3.16)	0.5063*** (6.06)	0.6661*** (6.03)	0.4222*** (33.70)	0.1598 (3.71)
中部地区	0.1552* (2.45)	0.0328 (1.04)	0.1533 (1.55)	0.1555 (1.19)	0.1205 (2.19)	0.0022 (0.00)
中共党员人口比	0.2563* (2.20)	0.1603** (3.26)	0.4650** (3.08)	0.1176 (0.58)	0.3047 (2.90)	－0.3474 (3.30)
受教育程度	0.1651*** (9.12)	0.0617*** (8.41)	0.1919*** (8.34)	0.2252*** (7.18)	0.1302*** (27.22)	0.0333 (1.37)
少儿抚养比	0.0217 (0.21)	0.0597 (1.50)	0.0590 (0.43)	－0.0856 (－0.47)	－0.0007 (0.00)	－0.1446 (0.82)
老年抚养比	0.2526** (2.78)	0.0737* (2.05)	0.2500* (2.26)	0.1200 (0.78)	0.1763 (1.60)	－0.1300 (0.76)
常数项	－0.9231** (－2.69)	－0.2922* (－2.18)	－1.0472* (－2.37)	－0.3643 (－0.58)	－0.7550 (2.73)	0.6829 (1.70)
Pseudo R²	0.1593	0.0309	0.0958	0.1172	—	—

注：*** 表示在1% 的水平上显著，** 表示在5% 的水平上显著，* 表示在10% 的水平上显著。括号内第二列至第五列的值是 t 统计量，第六列至第七列的值是 F 统计量。

显著且稳健的发现包括：较高的社会网络程度、较高的受教育程度、拥有房产、东部地域背景、中部地域背景、家庭里较高的中共党员人口比以及老年抚养比都会促使家庭持有更多的金融资产。户主年龄对家庭金融资产持有额呈现先升后降的"倒 U 型"显著性影响，但居民收入水平上升的影响对绝大多数家庭而言大致是正向显著的①。具体而言，控制其他因素不变，居民社会网络程度提高 1 个单位、户主受教育程度提高 1 个单位、家庭从不拥有房产变为拥有房产、家庭住所从西部地区变为东部地区（或中部地区）、家庭中共党员人口比和老年抚养比提高 1 个单位，该家庭持有的金融资产大约会分别增加 12.59%、16.51%、31.47%、49.11%（15.52%）、25.63% 和 25.26%，户主年龄达到 56.83 岁时，家庭金融资产处于最大值。家庭社会网络对居民金融资产持有额有显著的正向效应，产生这种现象的原因可能是：与非金融资产相比，金融资产具有更高的流动性，而强社会网络环境下的居民，对预期支出具有更高程度的不确定性（如生老病死、亲朋借贷、礼尚往来等），理应持有更多金融资产以备不时之需。

OLS 回归只能研究各变量对家庭金融资产额的平均影响，却难以讨论这些变量对家庭金融资产额分布的影响。分位数回归方法可以很好地刻画各解释变量对不同家庭的影响可能存在的异质性，表 7-4 第三列至第五列分别报告了居民持有的金融资产的 20、50、80 分位的回归结果。实证结果显示，较高的社会网络程度、较高的收入水平以及受教育程度、东部地域背景，在各分位数上均会对家庭持有的金融资产额产生显著正向影响。中共党员人口比和老年抚养比对家庭金融资产的影响仅在中、低分位数家庭表现显著，房产持有状况的影响仅在中、高分位数家庭表现显著。为进一步考察各变量对不同分位数家庭影响的差异，表 7-4 第六列和第七列分别报告了 20~50 分位、50~80 分位回归系数的差异及其显著性。回归结果表明，相对于 50 分位数的家庭，居民社会网络、房产持有状况、东部地域背景以及受教育程度对持有较少金融资产家庭或贫穷家庭②影响更小，且差异显著，各变量对中、高

---

① 当家庭人均收入水平达到 91.33〔=0.0548/（0.0003×2）〕万元时，家庭金融资产达到最大值，而达到这一收入水平的家庭在整个调查样本中处于 0.059% 的极端高端群体区间。

② 根据史代敏、宋艳（2005）实证研究发现，家庭财富与居民金融资产具有显著的正相关性，家庭金融资产可以在一定程度上反映居民的富裕程度。

分位数家庭金融资产的影响无显著差异。尽管社会网络对各类家庭的金融资产持有额都呈现显著的正向效应，但对各分位数家庭呈现出了较明显的异质性，较之贫穷家庭，社会网络对富裕家庭影响更为深入，这可能是因为富裕家庭在考虑持有多或少的金融资产时具有更大的活动弹性空间，而贫穷家庭却面临资产选择流动性约束。

为了检验以上回归结果的稳健性，我们还进行了多种尝试。首先，针对各金融资产占比的五个回归方程，我们还使用了 Heckman 样本选择模型取代 Tobit 模型，并将各金融资产占比为 0 的样本数据设定为缺失，进行回归分析，回归结果基本保持一致。其次，模型设定偏误在实证研究中经常出现，为了进一步检验设立模型的稳健性，通过对模型中的某些控制变量进行不断剔除或增补，对模型进行敏感度分析，从检验结果来看，本章的基本结论并未发生实质性的变化。最后，与史代敏、宋艳（2005）及陈斌开、李涛（2011）一致，对收入变量使用家庭总收入赋值，对年龄、受教育程度等变量采用虚拟变量方法赋值。这些尝试都没有显著改变表 7 - 3 和表 7 - 4 的实证结论。

7.4　年龄结构与家庭金融资产配置

7.4.1　年龄结构与家庭金融市场参与

家庭的社会网络与其年龄结构之间也存在着必然的联系。家庭的社会网络和年龄结构同属家庭人口学特征变量。其中，社会网络强调家庭或个体与其所拥有的亲属、朋友、同事或邻居等之间互动往来而形成的相对稳定的关系网络，是非正式制度的重要方面，反映家庭人口学外部特征；年龄结构主要以家庭老龄人口比度量，反映家庭人口学内部特征。家庭的年龄结构可能是产生或维持其社会网络规模和强度的某些环境或机制，比如，较之年轻型家庭，老龄型家庭可能拥有更强的凝聚力和向心力，并共同对家庭金融投资决策构成影响。同时，银行储蓄、股票、基金和房产等作为家庭资产中最重要的组成部分,它们受非正规制度、人口老龄化的影响和冲击也备受瞩目。

  针对老龄化是否影响居民参与风险资本市场(包括股票、基金市场),表 7-5 给出了家庭老龄化变量以及其他控制变量的 Logit 回归结果。三组模型的回归发现相当一致,股票市场参与、基金市场参与以及风险市场参与模型中 Old_rate 的回归系数都至少在 1% 的水平上显著。考察三组 Logit 模型的边际概率发现,控制其他因素不变的前提下,当家庭中老年人口比提高 1%,居民对股票、基金、风险资产的投资参与概率相应降低 1.149%、0.496% 和 0.940%。表 7-5 第三列、第五列和第七列分别报告了居民各市场参与的年龄虚拟变量 G60_65、G66_75 和 G75 回归系数及其 z 统计量。回归结果表明,户主的年龄变化也对其风险资本市场参与有着显著的负面影响,较之中青年居民,户主年龄为 60~65 岁时,其风险资本市场(包括股票、基金市场)参与的年龄效应是负向的,随着年龄的递增,老龄居民对风险资产的参与概率逐步降低,其显著性逐步增强。以上发现支持了个体投资决策的生命周期效应解释:可能受预期支出不确定性、财富约束、认知能力等诸多因素影响,老龄居民投资策略趋于保守,更倾向于持有安全资产,而对风险类资产投资避而远之。

表 7-5   **居民家庭金融市场参与概率的 Logit 模型回归结果**

变量	股票市场参与		基金市场参与		风险市场参与	
	模型 I	模型 II	模型 I	模型 II	模型 I	模型 II
Old60_rate	-0.487*** (-4.61)		-0.343** (-2.85)		-0.366*** (-3.79)	
G60_65		-0.173 (-1.61)		-0.096 (-0.75)		-0.136 (-1.35)
G66_75		-0.527*** (-4.22)		-0.313* (-2.31)		-0.431*** (-3.91)
G75		-0.956*** (-4.38)		-1.306** (-2.89)		-0.991*** (-4.70)
Income	0.047*** (3.42)	0.050*** (3.62)	0.027 (1.82)	0.028 (1.93)	0.048*** (3.49)	0.052*** (3.74)
Incomesq	-0.001* (-2.54)	-0.001** (-2.67)	-0.001 (-1.36)	-0.001 (-1.49)	-0.001* (-2.54)	-0.001** (-2.71)

变量	股票市场参与		基金市场参与		风险市场参与	
	模型 I	模型 II	模型 I	模型 II	模型 I	模型 II
Fi_assets	0.017** (2.95)	0.017** (2.83)	0.011*** (3.39)	0.011** (3.25)	0.019** (2.76)	0.019** (2.69)
Housing_prob	0.306** (2.87)	0.314** (2.94)	0.301* (2.28)	0.308* (2.32)	0.352*** (3.43)	0.364*** (3.52)
Education	0.172*** (9.27)	0.166*** (8.62)	0.133*** (6.10)	0.129*** (5.58)	0.165*** (9.12)	0.155*** (8.30)
East_region	0.419*** (4.94)	0.429*** (5.07)	0.079 (0.83)	0.085 (0.89)	0.347*** (4.31)	0.363*** (4.55)
Middl_region	0.139 (1.40)	0.147 (1.48)	0.021 (0.18)	0.019 (0.17)	0.072 (0.77)	0.079 (0.85)
Family_scale	0.101*** (3.85)	0.097*** (3.68)	0.029 (0.93)	0.022 (0.70)	0.097*** (3.83)	0.090*** (3.54)
Party_rate	0.266* (2.19)	0.321* (2.61)	0.171 (1.22)	0.234 (1.62)	0.178 (1.51)	0.263* (2.20)
常数项	−2.675*** (−15.73)	−2.659*** (−15.56)	−2.498*** (−12.91)	−2.473*** (−12.60)	−2.526*** (−15.55)	−2.488*** (−15.22)
样本量	3496	3496	3496	3496	3496	3496
Pseudo R^2	0.1345	0.1430	0.0784	0.0890	0.1256	0.1365
Wald 检验	288.17***	288.67***	114.81***	114.90***	277.62***	282.32***

注：*** 表示在 1% 的水平上显著，** 表示在 5% 的水平上显著，* 表示在 10% 的水平上显著。括号内的是 z 统计量。

在传统解释因素方面，与王聪等（2012）的发现一致，居民财富水平和其风险市场参与（包括股票、基金市场）显著正相关；持有房产对居民市场参与影响是正向的；户主受教育程度越高的家庭拥有更强的风险市场参与倾向。此外，居民收入与风险市场参与存在驼峰关系；家庭规模、中共党员人口比影响是正向的；较之西部地区，生活在东部地区的居民表现出更强的市场参与倾向，但中、西部地区居民之间市场参与没有显著差异，地域差异的影响可能反映的是地区虚拟变量代表的一系列因素（如经济水平、制度、文化、传统、风俗等）对家庭投资决策的作用。上述变量对基金市场参与的影响与传统文献中关于居民风险资产投资偏好的类似变量的理论预期是一致的，之所以在常规置信水平上不显著，我们认为有两个可能的解释：首先，CHFS

调查项目提供的数据中居民的基金投资包括股票型、债券型、货币性和混合型，我们无法将安全性资产或低风险资产从居民基金投资整体数据中分离出来；其次，总体来看，居民基金市场参与率低，基金投资样本量偏小（在3580户整体样本家庭中，仅有282户家庭存在基金投资），解释力度不强，但这至少给出了粗略估计，为今后大样本数据可得的情况下进行准确估计提供了参考。合理区分不同基金项目风险差异进而准确把握居民基金购买决策的影响因素是进一步研究所需要关注的一个问题。

前面研究表明，家庭老龄化水平对居民的风险金融产品购买决策有着显著的负面影响，这支持了居民投资决策的生命周期效应预期。进一步地，家庭老龄化水平是否也影响了居民的风险资本市场参与深度？在考察家庭金融市场参与深度的影响因素时，由于各因变量涉及不同程度的数据截取问题，故本章采用 Tobit 模型进行估计。Tobit 模型很巧妙地用一个基本的潜变量 y^* 来表示所观测到的响应 y，刻画居民金融市场参与深度的 Tobit 模型设定如下。

令 y_k^* 为一个由：

$$y_k^* = \beta_{k0} + \beta_{k1}x_1 + \beta_{k2}x_2 + \cdots + \beta_{ki}x_i + \varepsilon_k \qquad (7-4)$$

决定的无法观测变量或潜变量。同时，有：

$$y_k = \max(0, y_k^*) = \begin{cases} y_k^*, & y_k^* \geq 0 \\ 0, & y_k^* < 0 \end{cases} \qquad (7-5)$$

即若潜变量 $y_k^* \geq 0$ 时，所观测到的变量 $y_k = y_k^*$，但当 $y_k^* < 0$ 时，则 $y_k = 0$。其中，因变量 y_k（k = 1，2，3）表示各项金融资产占家庭金融资产总额的比重，包括股票占比、基金占比、风险资产占比，是一个非负实数。x_1，x_2，…，x_i 表示影响家庭各项金融资产投资的各种因素，包括户主年龄、老年人口比、收入水平、金融财富、房产持有状况、受教育程度、地域背景等变量。

利用 MLE 估计这个模型，根据家庭资产组合数据截取的特征，可得联合分布的概率密度函数：

$$f(y_i|x) = [1 - \varphi(x_i\beta/\sigma)]^{1(y_i=0)} \left[\frac{1}{\sigma}\varphi((y_i - x_i\beta)/\sigma)\right]^{1(y_i>0)} \qquad (7-6)$$

其中，1（·）为示性函数，即如果括号里的表达式为真，取值为 1；反之，取值为 0。$\varphi(x_i\beta/\sigma)$ 和 $\varphi(x_i\beta/\sigma)$ 分别表示标准正态分布的密度函数和分布函数。

通过极大似然法，最大化模型（7－6）的对数似然函数，即可得到模型（7－4）的参数估计 $\hat{\beta}$ 和 $\hat{\sigma}$，表 7－6 给出了相应的回归结果。针对居民市场参与程度的家庭老龄化影响，表 7－6 显示了与表 7－5 高度一致的回归发现，家庭老龄人口比对居民股票、基金、风险市场参与程度具有显著的负面影响；与中青年家庭相比，随着户主年龄的递增，老龄家庭对风险资产投资规避程度及其显著性逐步增强。上述实证发现进一步说明：老龄居民在资产选择行为上表现出明显的风险规避特征，不仅更少可能地涉足风险资本市场，而且即便进入市场，其参与程度也更低。

表 7－6　　　　　　　　居民家庭资产配置份额的 Tobit 模型回归结果

变量	股票份额		基金份额		风险资产份额	
	模型 I	模型 II	模型 I	模型 II	模型 I	模型 II
Old60_rate	−0.237** （−3.16）		−0.228** （−3.08）		−0.231*** （−3.70）	
G60_65		−0.091 （−1.14）		−0.086 （−1.09）		−0.095 （−1.42）
G66_75		−0.305*** （−3.43）		−0.212* （−2.49）		−0.282*** （−3.91）
G75		−0.619*** （−4.28）		−0.810*** （−3.37）		−0.664*** （−5.38）
Income	0.032** （2.76）	0.035** （2.98）	0.014 （1.68）	0.015 （1.81）	0.024** （2.93）	0.026** （3.23）
Incomesq	−0.001** （−2.70）	−0.001** （−2.83）	−0.001 （−1.34）	−0.001 （−1.49）	−0.001** （−2.80）	−0.001** （−3.05）
Fi_assets	0.011*** （7.31）	0.011*** （7.14）	0.006*** （4.43）	0.006*** （4.33）	0.010*** （7.87）	0.010*** （7.68）
Housing_prob	0.213** （2.59）	0.217** （2.64）	0.208* （2.50）	0.212* （2.54）	0.233*** （3.37）	0.238*** （3.46）
Education	0.099*** （6.87）	0.091*** （6.23）	0.077*** （5.46）	0.073*** （5.09）	0.104*** （8.58）	0.095*** （7.79）

续表

变量	股票份额		基金份额		风险资产份额	
	模型 I	模型 II	模型 I	模型 II	模型 I	模型 II
East_region	0.305***	0.313***	0.031	0.034	0.236***	0.245***
	(4.79)	(4.93)	(0.54)	(0.60)	(4.54)	(4.75)
Middl_region	0.055	0.059	0.006	0.007	0.042	0.047
	(0.71)	(0.77)	(0.09)	(0.10)	(0.68)	(0.75)
Family_scale	0.074***	0.068**	0.015	0.010	0.062***	0.055**
	(3.46)	(3.18)	(0.69)	(0.47)	(3.40)	(3.06)
Pary_rate	0.099	0.147	0.143	0.181*	0.137	0.194*
	(1.08)	(1.60)	(1.67)	(2.09)	(1.80)	(2.53)
常数项	− 1.917***	− 1.862***	− 1.507***	− 1.476***	− 1.643***	− 1.586***
	(− 12.55)	(− 12.31)	(9.71)	(− 9.57)	(− 13.37)	(− 13.06)
Pseudo R^2	0.1002	0.1087	0.0782	0.0899	0.1071	0.1180
LR 检验	255.01***	276.55***	117.91***	135.60***	330.00***	363.32***

注：*** 表示在1%的水平上显著，** 表示在5%的水平上显著，* 表示在10%的水平上显著。括号内的是 z 统计量。

其他稳健且显著性的发现还包括：持有较多的金融财富、拥有房产、更高的受教育水平、东部地域背景以及更大的家庭规模都会促进居民的风险资产投资，居民收入对其风险资产投资的影响存在驼峰关系。以上实证结果大体与以往文献类似变量研究结论相符，与表 7 - 5 居民各市场参与的 Logit 模型回归发现也是一致的，相关理论解释在此不再赘述。

7.4.2　年龄结构与家庭资产选择

进一步地，将房产纳入家庭资产配置的决定方程中，我们从更大的范围考察了家庭财富构成的老龄化影响。参考麦卡锡（McCarthy，2004）的做法，我们选取房产、银行储蓄、股票和基金这四类有代表性的资产项目，根据 CHFS 调查数据，计算样本家庭这四类投资项目在家庭财富中的各自比重，以反映家庭在资产配置及财富构成中的风险投资偏好。由于"有限参与"现象的存在，不是每一个家庭都会同时参与所有的投资项目，此时，当家庭参与上述项目时，投资比重是一个可观测变量，而当家庭不持有上述项目时，相应的因变量是不可观测的潜变量。基于此，我们采用 Tobit 模型分析家庭金融决策的生命周期效应和年龄结构效应。

表 7 - 7 和表 7 - 8 分别报告了生命周期、年龄结构对家庭资产配置影响的基准回归结果。从表中可以看出，所有模型 LR 统计量均在 1% 水平上显著，表明相应的模型估计有效。接下来，我们对表 7 - 7 和表 7 - 8 中家庭房产、股票、基金、银行储蓄配置的具体回归结果进行详细分析。生命周期方面，较之中青年家庭，户主年龄在 60 岁及以上的家庭对房产、银行储蓄的持有比重更大，而年龄对家庭股票、基金等风险资产投资的影响负向显著。从家庭财富构成年龄效应的估计参数来看，对于同属安全类资产的房产和银行储蓄，居民资产组合的生命周期影响尽管整体显著为正，但二者之间还是存在细微差别的。随着家长年龄为 60 ~ 65 岁到 66 ~ 75 岁再到 75 岁以上的进程，年龄对家庭房产投资占比影响的边际系数及显著性水平是递减的，相反，对家庭银行储蓄占比的边际系数及显著性水平呈现递增的过程。现实中，这个结果其实不难理解。中国老年人有着比西方人更强的遗赠动机，家庭资产配置中往往不是以一生作为时间跨度来寻求最优化决策，通常到了一定的年龄，房产会是最先过户给子女的资产，继而影响房产和银行储蓄在家庭财富构成中的相对比例。人口年龄结构对家庭资产配置是否具有重要影响，表 7 - 8 列出了居民家庭相应资产项目投资比重的回归结果。与前面的理论预期一致，家庭房产、银行储蓄占比中老龄人口比的估计系数分别为 0.0576 和 0.1621，均至少在 1% 的水平上正向显著，同时，老龄人口比与股票投资、基金投资之间负向相关，估计系数也均至少在 10% 的水平上显著。结合表 7 - 7 中户主年龄分组变量的估计结果来看，家庭老龄程度对家庭安全类资产和风险类资产的配置偏好的结论具有一定的稳健性。

表 7 - 7　　　　　　　　生命周期对家庭资产配置的影响

变量	(1)	(2)	(3)	(4)
	房产投资	股票投资	基金投资	银行储蓄
G60_65	0.0944***	− 0.0025	− 0.0118	0.0577*
	(3.75)	(− 0.11)	(− 0.68)	(2.04)
G66_75	0.0478*	− 0.0523*	− 0.0374*	0.1427***
	(1.96)	(− 2.13)	(− 2.16)	(5.57)

续表

变量	（1）房产投资	（2）股票投资	（3）基金投资	（4）银行储蓄
G75	0.0183 (0.59)	−0.1451*** (−3.57)	−0.1541** (−3.25)	0.2044*** (6.37)
Gender	−0.0103 (−0.74)	0.0076 (0.62)	0.0099 (1.15)	−0.0396* (−2.51)
Education	−0.0062 (−1.38)	0.0341*** (8.29)	0.0176*** (6.12)	−0.0243*** (−4.90)
Wealth	0.0186*** (5.49)	0.0106*** (4.83)	0.0034* (2.41)	0.0014 (0.37)
Income	−0.0298 (−1.73)	0.0543*** (4.02)	0.0317*** (3.60)	0.0244 (1.79)
Income_sq	0.0002 (0.47)	−0.0053* (−2.49)	−0.0025 (−1.95)	−0.0014 (−1.49)
Family_scale	0.0256*** (4.09)	0.0052 (0.90)	−0.0045 (−1.06)	−0.0099 (−1.37)
Politic_pa	0.0282 (1.62)	0.0023 (0.16)	0.0119 (1.17)	0.0314 (1.68)
Politic_op	0.0351 (1.16)	−0.0068 (−0.27)	−0.0002 (−0.01)	−0.0710 (−1.90)
Unmarried	−0.2016*** (−6.40)	0.0317 (1.21)	0.0250 (1.37)	−0.0277 (−1.77)
Divorce	−0.0588* (−2.10)	0.0371 (1.13)	0.0230 (1.04)	−0.1879*** (−3.89)
Death_spouse	−0.0562 (−1.90)	0.0122 (0.37)	0.0156 (0.63)	−0.0811* (−2.43)
常数项	0.6409*** (21.19)	−0.4382*** (−13.10)	−0.2608*** (−10.54)	−0.3434*** (−9.50)
Pseudo R^2	0.0350	0.1371	0.1616	0.0501
LR 统计量	151.24***	225.15***	148.44***	137.18***

注：表格内是相应变量的回归系数，括号内为 z 统计量。*** 表示在1%的水平上显著，** 表示在5%的水平上显著，* 表示在10%的水平上显著。

114

表 7 – 8			年龄结构对家庭资产配置的影响	
变量	（1）	（2）	（3）	（4）
	房产投资	股票投资	基金投资	银行储蓄
Old60_rate	0.0576**	− 0.0380	− 0.0386**	0.1621***
	(2.69)	(− 1.85)	(− 2.63)	(7.01)
Gender	− 0.0090	0.0112	0.0125	− 0.0324*
	(− 0.65)	(0.91)	(1.46)	(− 2.06)
Education	− 0.0074	0.0353***	0.0180***	− 0.0237***
	(− 1.68)	(8.71)	(6.34)	(− 4.80)
Wealth	0.0183***	0.0107***	0.0035*	0.0009
	(5.39)	(4.88)	(2.48)	(0.22)
Income	− 0.0290	0.0520***	0.0312***	0.0260
	(− 1.66)	(3.85)	(3.54)	(1.89)
Income_sq	0.0002	− 0.0050*	− 0.0024	− 0.0016
	(0.42)	(− 2.36)	(− 1.90)	(− 1.66)
Family_scale	0.0284***	0.0072	− 0.0032	− 0.0060
	(4.45)	(1.23)	(− 0.76)	(− 0.81)
Politic_pa	0.0284	− 0.0022	0.0095	0.0365
	(1.64)	(− 0.15)	(0.94)	(1.95)
Politic_op	0.0355	− 0.0102	− 0.0021	− 0.0647
	(1.18)	(− 0.40)	(− 0.12)	(− 1.80)
Unmarried	− 0.2015***	0.0274	0.0225	− 0.0301
	(− 6.39)	(1.04)	(1.23)	(− 1.84)
Divorce	− 0.0586*	0.0326	0.0206	− 0.1875***
	(− 2.11)	(0.99)	(0.92)	(− 3.86)
Death_spouse	− 0.0572*	0.0320	0.0298	− 0.0463*
	(− 1.99)	(0.99)	(1.25)	(− 2.13)
常数项	0.6388***	− 0.4486***	− 0.2656***	− 0.3639***
	(20.60)	(− 13.34)	(− 10.68)	(− 9.70)
样本量	3496	3496	3496	3496
Pseudo R^2	0.0330	0.1280	0.1437	0.0474
LR 统计量	142.61***	210.22***	131.99***	129.99***

注：表格内是相应变量的回归系数，括号内为 z 统计量，*** 表示在 1% 的水平上显著，** 表示在 5% 的水平上显著，* 表示在 10% 的水平上显著。

人口学特征方面，从表 7 - 7 可以看出，户主为男性的家庭其银行储蓄倾向明显更低，户主受教育程度高的家庭更偏好投资股票和基金，同时其银行储蓄比重也更低，对房产投资比重的影响是负向的，但不显著。这说明人力资本在家庭资产配置中发挥了重要作用，由于信息辨别、操作技能等方面的原因，受过良好教育的家庭更愿意参与股票、基金等风险资本市场。较之户主已婚家庭，户主未婚、离婚、丧偶的家庭其房产、银行储蓄项目在家庭财富构成中有着明显更低的占比，这逆向反映了婚姻状况稳定的家庭，其资产组合偏好也倾向于配置安全的无风险或低风险资产。家庭规模对家庭房产投资的影响是正向显著的，说明规模大的家庭其财富构成中房产占比明显更高。另外，财富水平高的家庭在房产、股票、基金资产中配置了更高的比重，家庭收入对股票、基金等风险资产投资的影响呈现先递增再递减的非线性动态变化，这可能是因为中间收入人群在资产配置中有更大的支配弹性，两端群体或表现为没有过多闲钱，或转投实业等。表 7 - 8 控制变量估计结果与表 7 - 7 基本一致，这一定程度说明实证检验的结论是稳健的。

7.4.3　家庭年龄结构区域间影响差异

为了考察家庭资产选择行为的年龄结构效应在不同区域间的影响差异，我们在第 6 章模型基础上加入了中、西部地区哑变量与不同年龄段的户主年龄哑变量、家庭老龄人口比的交叉项。本章具体构建交互作用的 Tobit 计量模型为：

$$DE_i^* = \alpha + \beta_1 G60\_65 + \beta_2 G66\_75 + \beta_3 G75 + \beta_4 G60\_65 \times MW + \beta_5 G66\_75$$
$$\times MW + \beta_6 G75 \times MW + \beta_7 MW + \psi Control + \varepsilon \qquad (7-7)$$

$$DE_i^* = \alpha + \beta_1 Old60\_rate + \beta_2 Old60\_rate \times Middle + \beta_3 Old60\_rate \times West$$
$$+ \beta_4 Middle + \beta_5 West + \psi Control + \varepsilon \qquad (7-8)$$

$$DE_i = \max(0, DE_i^*) = \begin{cases} DE_i^*, & DE_i^* \geq 0 \\ 0, & DE_i^* < 0 \end{cases} \qquad (7-9)$$

其中，DE_i（i = 1, 2, 3, 4）表示家庭持有的房产、银行储蓄、股票和基金在家庭财富中所占的比例，因变量 DE_i^* 为可观测变量 DE_i 所对应的潜变量，其赋值原理如上所示。同时，老年组年龄变量与年龄结构变量分别从不同维度表征家庭老龄程度，两者之间存在较强的相关性，为避免多重共线性，我们将影响家庭投资决策的生命周期变量（G60_65，G66_75，G75）和年龄结构变量（Old60_rate）分别纳入不同的计量模型。Middle 表示居民家庭位于东部地区，West 表示居民家庭位于西部地区，MW 表示居民家庭是否位于中、西部地区的哑变量[①]。ψ 为控制变量的系数向量。Control 代表模型控制变量组合，包括家长性别、受教育程度、婚姻状况、政治面貌、家庭财富及收入水平、家庭规模等特征变量。ε 是模型残差。

　　表 7 – 9 中第（1）列至第（4）列给出的是家长年龄区域间影响差异的估计结果，表 7 – 10 中第（1）列至第（4）列给出的是人口结构区域间影响差异的估计结果。家庭资产选择年龄效应影响区域间差异估计中，年龄分段与中青年对照组（家长年龄在 60 周岁以内）相比，66 ~ 75 岁组、75 岁以上组和中、西部地区的交叉项对家庭房产、股票、基金投资比重的影响显著为负，60 ~ 65 岁组和中、西部地区的交叉项在上述三个投资项目中估计系数的符号与 66 ~ 75 岁组、75 岁以上组保持一致，但不显著。

表 7 – 9　　　　　　　　　　　　家长年龄区域间影响差异

变量	（1）	（2）	（3）	（4）
	房产投资	股票投资	基金投资	银行储蓄
G60_65	0.1678**	− 0.0079*	− 0.0012	0.0201
	(2.19)	(− 1.66)	(− 1.49)	(1.57)
G65_75	0.0839*	− 0.0006**	− 8.44E − 4	0.0046*
	(1.94)	(− 2.09)	(− 1.48)	(1.84)
G75	0.2182***	− 0.0085*	− 0.0041***	0.0029**
	(3.03)	(− 1.89)	(− 6.08)	(2.18)
G60_65 × Midwest	− 0.0024	− 0.0003	− 2.16E − 5	− 0.0012
	(− 1.06)	(− 1.22)	(− 0.22)	(− 1.08)

---

　　① CHFS 调查项目中涉及的东部地区包括北京、天津、河北、辽宁、山东、上海、江苏、浙江、广东；中部地区包括山西、黑龙江、吉林、安徽、江西、河南、湖北、湖南；西部地区包括广西、重庆、四川、云南、贵州、陕西、甘肃以及青海。

续表

变量	（1）	（2）	（3）	（4）
	房产投资	股票投资	基金投资	银行储蓄
G65_75 × Midwest	− 0.0012*	− 0.0002**	− 4.56E − 5*	− 9.01E − 4
	（− 1.70）	（− 2.08）	（− 1.72）	（− 1.27）
G75 × Midwest	− 0.0069***	− 0.0001**	1.49E − 4*	− 0.0014
	（− 3.06）	（− 2.40）	（− 1.85）	（− 1.51）
Midwest	0.0014***	− 0.0001	− 1.08E − 5	7.06E − 4***
	（2.61）	（− 1.02）	（− 0.60）	（4.99）
Gender	− 0.0106	0.0080	0.0101	− 0.0370**
	（− 0.76）	（0.65）	（1.17）	（− 2.34）
Education	− 0.0066	0.0341***	0.0176***	− 0.0245***
	（− 1.47）	（8.24）	（6.07）	（− 4.91）
Wealth	0.0187***	0.0105***	0.0034**	0.0010
	（5.49）	（4.79）	（2.41）	（0.25）
Income	− 0.0307***	0.0527***	0.0313***	0.0274**
	（− 2.81）	（3.90）	（3.56）	（2.00）
Income_sq	0.0002	− 0.0051**	− 0.0025*	− 0.0015
	（0.52）	（− 2.44）	（− 1.93）	（− 1.62）
Family_scale	0.0234***	0.0044	− 0.0048	− 0.0061
	（3.71）	（0.76）	（− 1.13）	（− 0.83）
Politic_pa	0.0272	0.0033	0.0123	0.0280
	（1.57）	（0.22）	（1.21）	（1.49）
Politic_op	0.0318	− 0.0068	− 0.0004	− 0.0694*
	（1.06）	（− 0.27）	（− 0.02）	（− 1.93）
Unmarried	− 0.1983***	0.0306	0.0247	− 0.0351
	（− 6.30）	（1.17）	（1.35）	（− 0.98）
Divorce	− 0.0588*	0.0383	0.0240	− 0.1871***
	（− 1.71）	（1.16）	（1.08）	（− 3.87）
Death_spouse	− 0.0592**	0.0130	0.0162	− 0.0747**
	（− 2.00）	（0.39）	（0.65）	（− 2.25）
常数项	0.6041***	− 0.4493***	− 0.2652***	− 0.2581***
	（17.76）	（− 12.42）	（− 10.09）	（− 6.55）
样本量	3496	3496	3496	3496
Pseudo R^2	0.0381	0.1395	0.1630	0.0605
LR 统计量	164.57***	229.11***	149.65***	165.87***

注：*** 表示在1%的水平上显著，** 表示在5%的水平上显著，* 表示在10%的水平上显著。括号内的是 z 统计量。

表 7 - 10　　　　　　　　　　年龄结构区域间影响差异

变量	（1）房产投资	（2）股票投资	（3）基金投资	（4）银行储蓄
Old60_rate	0.0634** (2.40)	-0.0172* (-1.74)	-0.0184** (-2.10)	0.1604*** (5.81)
Old60_rate × Middle	-0.0082** (-2.21)	-0.0852* (-1.76)	-0.0898** (-2.34)	-0.0099 (-0.23)
Old60_rate × West	-0.2974*** (-3.27)	-0.5325* (-1.75)	-0.0010 (-1.52)	-0.0226 (-0.24)
Middle	0.0347** (2.03)	-0.0578*** (-3.62)	-0.0019 (-1.18)	0.0659*** (3.21)
West	0.0273* (1.94)	-0.0082 (-1.47)	-0.0301* (-1.93)	0.0476 (1.37)
Gender	-0.0097 (-0.70)	0.0117 (0.95)	0.0128 (1.48)	-0.0292* (-1.86)
Education	-0.0075* (-1.69)	0.0353*** (8.66)	0.0181*** (6.31)	-0.0233*** (-4.69)
Wealth	0.0185*** (5.43)	0.0107*** (4.90)	0.0036** (2.49)	0.0004 (0.11)
Income	-0.0307*** (-2.81)	0.0509*** (3.77)	0.0310*** (3.52)	0.0300** (2.18)
Income_sq	0.0002 (0.53)	-0.0049** (-2.33)	-0.0024* (-1.90)	-0.0018* (-1.85)
Family_scale	0.0268*** (4.18)	0.0065 (1.11)	-0.0035 (-0.82)	-0.0028 (-0.38)
Politic_pa	0.0292* (1.69)	0.0015 (0.10)	0.0097 (0.96)	0.0324* (1.73)
Politic_op	0.0339 (1.13)	-0.0105 (-0.41)	-0.0024 (-0.14)	-0.0647* (-1.80)
Unmarried	-0.1981*** (-6.28)	0.0256 (0.97)	0.0220 (1.20)	-0.0371 (-1.03)
Divorce	-0.0592* (-1.72)	0.0335 (1.01)	0.0207 (0.93)	-0.1873*** (-3.85)
Death_spouse	-0.0590** (-2.05)	0.0343 (1.05)	0.0300 (1.25)	-0.0433 (-1.34)
常数项	0.5977*** (17.00)	-0.4688*** (-12.69)	-0.2711*** (-10.16)	-0.2819*** (-6.85)

变量	(1)	(2)	(3)	(4)
	房产投资	股票投资	基金投资	银行储蓄
N	3496	3496	3496	3496
pseudo R²	0.0378	0.1494	0.1585	0.0535

注：表格内是相应变量的回归系数，括号内为 z 统计量。*** 表示在 1% 的水平上显著，** 表示在 5% 的水平上显著，* 表示在 10% 的水平上显著。

从反映家庭老龄化程度的另一个维度——人口年龄结构的角度来看，家庭老龄人口比的回归系数在四组投资决定方程中符号与表 7-9 大体一致，且均在 10% 水平上显著。同时，家庭资产选择的年龄结构影响区域间差异估计中，中部、西部地区与老龄人口比的交叉项对家庭房产、股票投资比重的影响显著为负，基金投资的地区交互项影响与股票投资保持一致，但西部地区交互项的影响不显著。结合老龄人口比在房产、股票、基金投资决定方程中自身估计参数的符号来看，表 7-10 第（1）列至第（3）列的回归结果表明，老龄程度提高对中部、西部地区家庭在股票、基金投资项目中的边际影响更大，而对中部、西部地区家庭房产投资的边际影响更小。这可能与中国金融市场在区域间的非对称发展有很大关系，较之中、西部地区，东部地区风险金融市场相对活跃，股票、基金市场更为成熟，从而弱化了老龄化对家庭风险资产投资的抑制效应。

同时，从地区变量自身估计系数来看，中部、西部地区哑变量对家庭房产投资影响显著为正，对股票、基金投资影响显著为负，说明房产在中、西部地区家庭财富中占有更大的比例，而股票、基金在中、西部地区家庭财富中占有更小的比例。这在一定程度进一步证实了上述推论，基于此，老龄程度对这种家庭资产配置中安全资产与风险资产之间的交替作用在中、西部地区影响更小，从而房产投资决定方程中地区交互项的影响显著为负。表 7-10 第（4）列交叉项的估计系数符号为负，但均不显著，表明老龄程度的提高对家庭资产配置中银行储蓄行为的影响在东部地区和中、西部地区间并不存在显著差异。采用家庭老龄人口比和中、西部地区变量的交叉项重新估计，回归参数仍然不显著，这在一定程度上进一步证实了表 7-10 第（4）列的结论。

7.4.4　家庭年龄结构影响机制分析

家庭年龄及年龄结构影响家庭金融投资决策的一个重要渠道是它可以改变居民的风险态度。一般而言，随着年龄增长，人们趋于厌恶风险（McCarthy，2004），那么，家庭老龄程度的提高能否通过降低个体风险偏好而影响金融投资决策呢？为检验这种机制的存在性，表 7 - 11 对此进行了进一步考察。CHFS 调查问卷询问了家庭对待投资风险的态度——"如果您有一笔资产，您愿意选择哪种投资项目？1. 高风险、高回报的项目；2. 略高风险、略高回报的项目；3. 平均风险、平均回报的项目；4. 略低风险、略低回报的项目；5. 不愿意承担任何风险"。简化起见，我们将风险态度变量以 3 分制赋值，将回答居中者赋值为 2，两端分别赋值为 1 和 3，并采用多元 Probit 模型考察户主年龄分组变量、老龄人口比变量对风险态度的影响，如表 7 - 11 第（1）列至第（3）列所示。结果表明，与中青年对照组（家长年龄在 60 周岁以内）相比，66 ~ 75 岁段和 75 岁以上年龄段的家长，风险爱好和风险中性的可能性明显更低，而风险厌恶的可能性明显更高，60 ~ 65 岁段在风险态度的三种情形中估计系数的符号与 66 ~ 75 岁段、75 岁以上年龄段保持一致，同时，60 ~ 65 岁段变量对家长风险厌恶概率的影响也是正向显著的。从反映家庭老龄程度的另一个维度——老龄人口比的角度来看，表 7 - 11 中 Panel B 采用家庭 60 周岁及以上人口比对风险态度决定方程重新估计，老龄人口比越高，个体风险厌恶的可能性越大，而风险爱好和风险中性的可能性都会越小，估计系数均至少在 5% 的水平上显著，与理论预期一致。

表 7 - 11　家庭财富构成影响的机制分析

变量	(1)	(2)	(3)	(4)
	风险态度			预防性储蓄
	1 = 风险爱好	2 = 风险中性	3 = 风险厌恶	
Panel A				
G60_65	- 0.0939 (- 1.53)	- 0.1286 (- 1.21)	0.2104*** (2.82)	0.0884* (1.65)

续表

变量	（1）	（2）	（3）	（4）
	风险态度			预防性储蓄
	1 = 风险爱好	2 = 风险中性	3 = 风险厌恶	
G66_75	− 0. 1594***	− 0. 1281**	0. 2759***	0. 1487**
	（ − 2. 68）	（ − 2. 41）	（2. 99）	（2. 49）
G75	− 0. 1556**	− 0. 1604**	0. 3176**	0. 0846
	（ − 2. 34）	（ − 2. 12）	（2. 37）	（1. 40）
N	3498	3498	3498	3498
pseudo R^2	0. 0791	0. 0455	0. 1313	0. 1390
Panel B				
Old60_rate	− 0. 1647**	− 0. 1497**	0. 2986***	0. 1081**
	（ − 2. 26）	（ − 2. 01）	（2. 68）	（2. 10）
N	3498	3498	3498	3498
pseudo R^2	0. 0785	0. 0438	0. 1273	0. 1407

注：限于篇幅，我们省略了其他控制变量的回归结果，这些控制变量包括户主的受教育程度、性别、政治面貌、婚姻状况和家庭财富、家庭收入及其平方项、家庭规模等。表格内是相应变量的回归系数，括号内为 z 统计量。*** 表示在 1% 的水平上显著，** 表示在 5% 的水平上显著，* 表示在 10% 的水平上显著。

家庭老龄程度还可通过预防性储蓄降低居民的风险投资意愿。老龄居民面临更大程度的健康风险，同时，在缺乏劳动收入弹性和未来收入预期等约束下（Jagannathan et al. , 1996），老年人有着更强的预防性储蓄动机，进而导致投资者放弃风险资产投资而更倾向于资产使用的便捷性和安全性。CHFS 调查问卷询问了家庭各种储蓄动机，类似李涛、陈斌开（2014）的做法，当家庭储蓄的主要目的是看病、为养老做准备、婚丧嫁娶时，我们将预防性储蓄赋值为 1，反之为 0，并采用 Probit 模型检验家庭老龄人口比和户主老龄分段变量对预防性储蓄的影响，回归结果见表 7 - 11 第（4）列。可以看出，与理论预期一致，家庭老龄人口比的估计系数为 0. 1081，在 5% 的水平上显著，同时，与中青年家长相比，老龄家长拥有更高概率的预防性储蓄动机。

综上可知，家庭年龄结构在中部、西部地区对城镇居民家庭股票、基金投资行为的抑制效应要高于东部地区，对家庭房产投资的边际影响要低于东部地区，而在银行储蓄方面，年龄结构的影响在区域间不存在显著差异。同时，年龄及年龄结构可以通过降低家庭风险偏好和提高预防性储蓄进而影响家庭金融投资决策。

7.4.5　稳健性检验

近年来，随着社会老龄化水平在全国范围内的动态运行，家庭年龄结构往往呈偶然性变化。在具有这样特征的人口结构的社会环境中，如果设置更严格的年龄标准，是否会得到同样的结论？为了检验结果的稳健性，我们尝试使用家庭中 65 周岁及以上老龄人口比对家庭资产选择模型重新估计，控制变量组合与表 7 - 8 相同，回归结果见表 7 - 12。可以看出，提高年龄标准后家庭投资决策行为的年龄结构效应变化不大，老龄人口比的提高显著降低了家庭财富构成中股票、基金资产的占比，同时显著提高了房产、银行储蓄在家庭财富中的比例，估计系数与显著性水平的回归结果与表 7 - 8 基本保持一致。这意味着城镇居民家庭在资产配置中的群体性差异具有一定的稳定性。

表 7 - 12　　　　　　　　稳健性检验：家庭年龄结构的不同度量

变量	（1）	（2）	（3）	（4）
	房产投资	股票投资	基金投资	银行储蓄
Old65_rate	0.0289*	- 0.0566**	- 0.0639***	0.1837***
	(1.79)	(- 2.27)	(- 3.39)	(7.17)
Gender	- 0.0071	0.0108	0.0122	- 0.0317**
	(- 0.51)	(0.88)	(1.41)	(- 2.02)
Education	- 0.0096**	0.0354***	0.0181***	- 0.0220***
	(- 2.20)	(8.80)	(6.45)	(- 4.54)
Wealth	0.0184***	0.0107***	0.0036**	0.0010
	(5.41)	(4.88)	(2.50)	(0.25)
Income	- 0.0272**	0.0522***	0.0316***	0.0260*
	(- 2.50)	(3.87)	(3.59)	(1.91)
Income_sq	0.0002	- 0.0050**	- 0.0025*	- 0.0014
	(0.32)	(- 2.37)	(- 1.94)	(- 1.52)
Family_scale	0.0254***	0.0069	- 0.0034	- 0.0071
	(4.02)	(1.19)	(- 0.82)	(- 0.97)
Politic_pa	0.0334*	0.0023	0.0096	0.0408**
	(1.94)	(0.16)	(0.95)	(2.19)

变量	（1）房产投资	（2）股票投资	（3）基金投资	（4）银行储蓄
Politic_op	0.0365 （1.21）	−0.0104 （−0.41）	−0.0022 （−0.13）	−0.0630* （−1.76）
Unmarried	−0.2064*** （−6.55）	0.0274 （1.04）	0.0229 （1.25）	−0.0343 （−0.95）
Divorce	−0.0648* （−1.89）	0.0319 （0.96）	0.0191 （0.86）	−0.1938*** （−4.00）
Death_spouse	−0.0517* （−1.79）	0.0301 （0.92）	0.0261 （1.08）	−0.0560* （−1.71）
常数项	0.6619*** （22.04）	−0.4488*** （−13.54）	−0.2659*** （−10.90）	−0.3456*** （−9.53）
样本量	3496	3496	3496	3496
pseudo R^2	0.0317	0.1292	0.1500	0.0481
LR 统计量	136.78***	212.12***	137.75***	131.87***

注：表格内是相应变量的回归系数，括号内为 z 统计量。*** 表示在1%的水平上显著，** 表示在5%的水平上显著，* 表示在10%的水平上显著。

对于实证模型的选择，在因变量面临截断数据的情况下，通常采用 Tobit 模型来处理，但也有学者认为 Heckman 模型在处理样本选择偶然截断时具有更好的效果。基于此，本章采用 Heckman 两步法修正模型取代 Tobit 模型，并将居民家庭股票占比、基金占比、房产占比以及银行储蓄占比为 0 的样本数据设定为缺失，以参与投资决策方程作为选择方程①，进一步检验家庭 65 周岁及以上老龄人口比对居民金融投资决策的影响。表 7 − 13 报告了各资产占比的 Heckman 模型估计结果，由表 7 − 13 的回归结果可以看出，除基金投资占比外，其他三项金融投资的逆 Mills 统计量均至少在 10% 水平上显著，说明受限因变量确实存在样本选择问题。家庭老龄人口比对风险资产（股票、基金）的估计系数均显著为负，对安全资产（房产、银行储蓄）的估计系数显著为正，从检验结果来看，本章的基本结论未发生实质性的变化。

---

① Heckman 参与决策方程在回归方程原有控制变量组合的基础上，进一步控制了户主职业类型、风险态度、所在省份虚拟变量。

表 7 – 13 稳健性检验：Heckman 两步法回归

变量	（1）房产投资	（2）股票投资	（3）基金投资	（4）银行储蓄
Old65_rate	0.0466*** (3.72)	– 0.0625* （– 1.94）	– 0.0365** （– 2.46）	0.1365*** (5.54)
逆 Mills 率（p 值）	1.86* [0.063]	1.98** [0.048]	1.48 [0.139]	1.73* [0.084]
总样本数	3498	3498	3498	3498
未删样本	2987	498	273	2659

注：限于篇幅，表中省略了其他控制变量的回归结果，控制变量组合同上。表格内是相应变量的回归系数，括号内为 z 统计量；*** 表示在 1% 的水平上显著，** 表示在 5% 的水平上显著，* 表示在 10% 的水平上显著。

7.5 本章小结

本章利用中国家庭金融调查（CHFS2011）数据，较系统地分析了中国居民家庭金融资产配置的现状及成因。描述性统计表明，储蓄存款在中国城市家庭金融资产配置中仍占据重要地位，居民股票投资有回升趋势，但与欧美等发达国家的资本市场相比，仍相差甚远，特别是间接股票投资项目，还属于起步阶段，同时也预示着蕴含较大的发展空间。

居民社会网络是否影响家庭金融资产配置？本章实证结果显示，家庭社会网络对股票、基金、外汇等风险资产在家庭金融资产中的份额影响正向显著，而对储蓄存款份额影响负向显著。这一实证发现基本可以印证引言中给出的理论解释：由于血缘或姻亲等形成的大家庭可以为参与金融市场的成员提供更好的风险分担，较强社会网络环境下的居民，更倾向于投资股票、基金、外汇等风险性金融资产，而在选择现金、银行活期存款、银行定期存款等无风险资产时则正好相反。通过对家庭金融资产额的 OLS 以及分位数回归的进一步研究表明，社会网络对居民金融资产持有额有显著的正向效应，但对各分位数家庭呈现出了较明显的异质性，各解释变量的影响程度因家庭金融资产额的不同而不同，相对于贫穷家庭，社会网络对富裕家庭影响更为深入。

年龄结构与居民资产选择的关系一直是学术界关心的重要话题。银行储蓄、股票、基金和房产分别作为家庭金融资产和家庭非金融资产中最重要的组成部分，它们受人口老龄化的影响和冲击也备受瞩目。针对家庭年龄结构对家庭金融市场参与的影响，本章的实证研究有三组主要发现：首先，更高程度的老龄人口比显著减弱了家庭对风险资本市场（包括股票、基金市场）的参与倾向；其次，随着年龄的递增，老龄居民对股票、基金以及风险资产的参与概率逐步降低，其显著性逐步增强；最后，以老龄人口比和老龄居民年龄阶段虚拟变量反映的家庭老龄化水平，对居民风险资产投资深度有着显著的负面影响，老龄居民不仅更少可能涉足风险资本市场，而且即使进入市场，其参与程度也更低。以上发现支持了个体投资决策的生命周期效应解释：可能受预期支出不确定性、财富约束、认知能力等诸多因素影响，老龄居民投资策略趋于保守，更倾向于持有安全资产，而对风险类资产投资避而远之。

进一步地，将房产纳入家庭资产配置的决定方程中，我们从更大的范围考察了家庭资产选择的年龄结构影响。研究发现，老龄家庭对房产、银行储蓄的持有比重更大，而对股票、基金等风险资产的持有比重更小；家庭老龄人口比的提高，会促进家庭银行储蓄和房产的投资，同时，会抑制家庭股市、基金等金融市场的参与程度。研究还发现，男性家长的家庭其银行储蓄倾向明显更低，户主受教育程度高的家庭更偏好投资股票和基金，同时，其银行储蓄比重也更低，对房产投资比重的影响是负向的，但不显著。较之户主已婚家庭，户主未婚、离婚、丧偶的家庭，其房产、银行储蓄项目在家庭财富构成中有着明显更低的占比。另外，财富水平高的家庭在房产、股票、基金资产中配置了更高的比重，家庭收入对股票、基金等风险资产投资的影响呈现先递增再递减的非线性动态分布。

本章在前面的基础上进一步考察了家庭年龄结构对家庭投资偏好影响的区域差异，并检验了风险偏好和预防性储蓄动机在家庭资产选择中年龄结构影响的具体作用机制。研究发现，家庭年龄结构在中部、西部地区对城镇居民家庭股票、基金投资行为的抑制效应要高于东部地区，对家庭房产投资的边际影响要低于东部地区，而在银行储蓄方面，年龄结构的影响在区域间不存在显著差异。同时，年龄及年龄结构可以通过降低家庭风险偏好和提高预防性储蓄进而影响家庭金融投资决策。

本章的实证发现有着重要的政策含义。家庭是经济社会的基本单元，资本市场的健康发展需要微观居民的积极参与，然而，居民的投资决策不是孤立的个体异质性的结果，容易受到周围所处环境的影响，生活在集体主义氛围里的居民，表现出更多的风险诉求，更倾向于风险市场参与。相对于个人主义盛行的欧美西方发达国家，中国悠久的集体主义传统文化是中国资本市场的成长和发展的有利契机，韦伯和赫西（Weber & Hsee，1999）也说，集体主义盛行的中国拥有比西方国家更为有利的发展资本市场的先决条件。然而，正如描述性统计中所言，中国传统文化中的"聚族而居"的大家庭文化在城市化进程中已趋淡化，中国大家族文化所注重的人情往来在城市居民中渐渐淡泊，反映出中国集体主义传统文化正在发生蜕变。

因此，维护和加强日渐消逝的集体主义环境、提高居民集体主义氛围，这些都是推动公众参与资本市场以及资本市场的健康发展的系统政策的重要组成部分。除此之外，综合来看，我国金融结构在人口老龄化背景下面临着较大的不确定性，总体而言，人口老龄化通过居民储蓄、金融工具选择以及房地产投资等途径，影响它们的资产配置和财富构成，并进一步影响我国金融体系的整体资产结构的稳定。人口年龄结构变化对中国金融市场，尤其是对风险资本市场的不利影响和冲击，在将来相当长的时期内是可预见的趋势。据此，政府应该大力规范资本市场，增加信息的透明度，降低股票等风险市场的参与门槛，减缓信息成本和参与成本约束，避免由于老龄居民认知能力缺陷导致的"有限参与"现象。同时，借鉴国外成功经验，完善我国社会养老保险机制，这可以部分地减轻老龄居民预期支出的不确定性对其资本市场参与的抑制效应，帮助老龄居民无后顾之忧地利用各种金融工具来构造"近理性"的投资组合，减少福利损失。

第 8 章

社会网络与非正规金融市场参与

家庭在金融市场上的金融行为可以分为正规和非正规金融两个市场，其中，家庭正规金融行为主要包括家庭参与股票、基金、银行存款、理财产品、金融债券、外汇以及衍生品等市场，而非正规金融行为主要是指家庭参与民间借贷市场。第 7 章的分析显示，股票作为正规金融市场风险资产的典型代表，社会网络在推动家庭参与股票投资决策中具有显著的正向效应，基于亲友关系的社会网络不仅提高了家庭股市参与的可能性，而且家庭一旦进入股票市场，其持有的股票资产在其金融财富中的比重会更高。目前，人们对家庭金融资产的配置除了正规金融市场外，还存在一个不可忽视的非正规金融市场。接下来，我们进一步探讨社会网络对家庭在非正规金融市场行为的影响。

本章运用中国家庭金融调查（CHFS2011）数据系统研究了社会网络对家庭民间借贷行为的影响、作用机制及其城乡差异。结果发现，社会网络对家庭是否参与民间借出、借出金额以及借出占比均有显著的正向影响，同时，拥有更多关系网络的家庭，获得民间借入的可能性和借入金额也明显更高。分城乡来看，社会网络对城市家庭民间借贷行为的边际影响要高于农村家庭社会网络在金融发达程度更高的城镇地区对家庭民间借贷行为的边际影响要高于农村地区。进一步地，社会网络可以通过拓宽信息渠道、改善风险偏好和降低预防性储蓄动机影响家庭民间借贷决策。社会网络这种非正式制度随正规金融体系的市场化发展在民间借贷市场中的影响逐渐减弱。换言之，社会网络在一定程度上弥补了正规金融制度的缺陷。本章的结论不仅有助于更全面理解中国当前民间借贷市场供给/需求模式和金融决策机制，而且对政府设计和制定非正规金融政策、深化金融体制改革都有着重要意义。

8.1　概述

信贷约束是制约发展中国家经济持续健康发展的重要因素之一（Beck & Levine，2002；Akoten et al.，2006），尤其是在发展落后的农村地区，正规金融机构缺位以及农村家庭金融抑制的问题非常普遍（Stiglitz et al.，1981；Tsai，2004；Barslund & Tarp，2008）。这种问题的持续存在会对居民个体从事生产性活动、平滑消费、提高收入与福利水平等造成严重的影响。作为世界上人口最多的发展中国家，中国的居民家庭也面临着严重的金融抑制问题。虽然自改革开放以来，中国的金融体系有了一定程度的改善，但人们的正规信贷需求仍然远远不能得到满足。与此同时，以社会网络为载体的民间借贷市场由于地域、人际关系、形式灵活等优势，往往成为相当一部分家庭寻求信贷支持的现实选择（童馨乐等，2011；胡枫、陈玉宇，2012；杨汝岱等，2012；胡金焱、张博，2014）。

社会网络是一个源自社会学的概念，是衡量社会资本的重要指标，强调家庭或个体与其所拥有的亲属、朋友、同事或邻居等之间互动而形成的相对稳定的关系网络（Putnam et al.，1993）。中国作为一个传统的关系型社会（Bian，1997），社会网络在中国乡土社会拥有广泛的土壤，在人们经济事务决定中发挥着重要作用。对于非正规渠道的借贷活动而言，社会网络可以为借贷双方提供信息传递、信任以及情感支持，从而提高家庭民间借贷市场的参与概率。在金融交易中，社会网络具有类似抵押品的功能（Biggart et al.，2001），非正规金融的合约执行主要是依靠某种民间的约束机制，其信息获取也依赖于与借款人之间的地缘及人缘关系（林毅夫，2005）。因此，绝大

129

多数的私人借贷发生在亲朋好友之间，依托亲友关系的社会网络是民间借贷市场的重要载体（张改清，2008）。

理论上，社会网络可以在一定程度上降低民间借贷市场由于信息不对称带来的逆向选择、道德风险等问题的发生概率，进而促进家庭参与民间借贷。首先，处于同一社会网络内部的成员往往是基于血缘、地缘和亲缘关系建立联系，成员彼此非常了解，拥有更多的事前信息，缺乏信用的借款人易于识别并被排除在民间金融市场之外，从而可以减少借款人的逆向选择和机会主义行为（Ghatak，1999）。其次，网络中成员之间交往频繁，搜寻信息和监督借款人事后行为的成本很低，甚至可能借助社会网络组织内部的信号传递机制将单一的外部监督转化为内外双重监督并重，这可以有效缓解借贷市场中的隐藏行动问题并提高借款人的还款率（Karlan，2007）。最后，从行为特征来看，社会网络内部存在的非正规履约机制能够实施一定程度的社会惩罚，群体的压力会使借款者一旦违约将导致其社会声誉的丧失，并受到网络里其他成员的孤立和排斥（Karlan & Morduch，2010）。因此，在人们生活的特定区域及关系网络中，个体成员对其口碑、名声、社会评价、家族声誉等高度关注，能严格遵守借贷合约。

另外，社会网络可以通过影响居民的风险偏好和预防性储蓄对其民间借贷决策模式产生作用。有研究表明，社会网络具有分担风险的功能，其典型规模和密度是决定人们风险认知差异以及建构决策模式的重要因素（Pitt et al.，1998；Weber & Morris，2010）。韦伯和赫西（Weber & Hsee，1999）认为，社会网络扮演了"软垫"的角色，个体在进行投资决策时会考虑一旦遭遇重大损失会得到网络里其他内部成员的援助，缓冲可能的损失，即社会网络分散了风险。拥有更多社会关系网络的个体，生长在一个存在"安全网"体系保护的环境里，补损的预期降低了其风险厌恶（Tanaka et al.，2010）。因此，社会网络可能通过改善家庭风险态度进而促使家庭参与风险较高的民间借贷市场。此外，作为社会资本的一种类型，社会网络还可以通过降低家庭预防性储蓄行为进而提高其民间借出意愿。根据预防性储蓄理论，居民储蓄的一种方式是"缓冲-存货"储蓄（Carroll，1997），即持有部分财富存货以缓冲不时之需。家庭拥有的社会网络本身是一种重要资源和隐形财富存量，而且基于亲友关系的社会网络有助于家庭之间结成借贷互助团体（Bastelaer，2000），社会网络的这种非正式保险机制在一定程度上降低了居民的预防性储蓄，并激励了家庭在非正规金融市场中的借出动机。

不过，从现有研究来看，不论是有关决定因素的考察（童馨乐等，2011；马光荣、杨恩艳，2011；胡枫、陈玉宇，2012；胡金焱、张博，2014），还是福利效果的讨论（Binswanger et al. ，1995；李锐、李宁辉，2004），大多从借贷需求角度展开研究，而先验假设民间借贷供给是无限的，这至少是不全面的。那么，已经在我国得到验证的社会网络影响家庭民间借贷需求行为的作用机制是否在其借贷供给决策中同样存在？更为重要的是，城乡二元经济结构和金融发展差异是改革开放后中国经济发展的主要特征之一，城乡二元格局使城镇和农村家庭面临的金融约束不尽相同，那么社会网络对于我国城乡家庭民间借贷选择的影响是否有所不同？而且，依托亲友关系的社会网络对民间金融的作用是否在经济发展水平更高、正规金融体系更加完善的地区同样重要？社会网络作为家庭拥有的重要资源，是维系我国民间金融的核心机制，考虑到非正规渠道的民间借贷网络对不同家庭生产经营的影响后果可能不一样，这种区分是非常必要的。为了回答上述问题，本章将借鉴现有文献的研究思路，利用中国家庭金融调查（CHFS）25 个省份专项入户调查数据，系统研究社会网络对家庭民间借贷行为（包括民间借入和民间借出）的影响、作用机制及其城乡差异。

本章的主要贡献在于：首先，系统考察社会网络对中国家庭在民间金融市场的借贷需求和借贷供给行为的影响，进一步丰富了相关研究的内容，尤其对家庭民间借贷供给决策的研究不仅有助于更全面理解中国民间金融供给模式和民间借贷市场的运行机制，而且对于政府设计和制定非正规金融政策，降低资金借贷双方的信息不对称程度并激励家庭民间借出动机提供经验参考。其次，有关社会网络与家庭民间借贷决策，现有文献往往忽视了由于反向因果和遗漏变量导致的社会网络内生性干扰以及可能引起的估计偏误，利用"是否为当地大姓"和"是否拥有本市户口"作为工具变量，本章仔细处理了家庭民间借贷行为中社会网络影响的内生性问题，结论更为稳健，并弥补了文献的不足。最后，本章在实证检验社会网络促进家庭民间金融参与的基础上，进一步考察了社会网络的这种贡献在二元结构的城乡之间以及正规金融非均匀分布的地区之间的影响差异，并发现社会网络在金融发达程度更高的城镇地区对家庭民间借贷行为的边际影响要高于农村地区，而且随着正规金融的发展，社会网络这种非正式制度在转型的市场机制下对家庭参与非正规金融市场发挥的促进效应更大。在我国目前的金融市场中，正规金融体系与非正规金融体系长期并存所形成的二元结构，导致两个体系均未能发挥应有的作用，急需寻找切入点，打破这种二元结构，实现融合，而社会网络是一个可行的载体。本章进行的社会网络对中国居民家庭民间借贷供求双方影响的系统性差异检验，以及社会网络效应在不同区域之间和城乡之间的实证区分，有助于探索将非正规金融纳入金融监管体系的基本条件与可行路径，规范和培育本土化金融力量，并更好地为居民家庭提供信贷支持。

本章接下来的各节安排如下：8.2 节为数据与变量说明，并提供初步的统计结果；8.3 节至 8.7 节为实证结果分析，包括社会网络对家庭民间借入和民间借出行为的影响、内生性讨论与工具变量回归结果、影响机制及其城乡差异；8.8 节为结论与启示。

8.2 数据来源与分析变量

8.2.1 数据说明

本章的数据来自西南财经大学联合中国人民银行在全国范围开展的"中国家庭金融调查"（CHFS）项目。该调查采取入户调查、分层分阶段的抽样方法，样本覆盖我国 25 个省份、80 个县（区、市），以家庭为抽样单元，并最终获得 8438 户家庭样本数据，包括 4858 户农村家庭和 3580 户城市家庭。家庭问卷包含家庭的资产负债构成、收入与消费、人情往来、民间借贷情况以及人口统计特征等详细信息。中国家庭金融调查（CHFS）涵盖范围广、拒访率低，采集的信息全面地反映了中国居民家庭的基本状况，具有很好的全国代表性。

8.2.2　分析变量

（1）民间借贷。本章分别从民间借入和民间借出两个方面来研究社会网络对家庭参与民间借贷行为的影响。其中，家庭的民间借入行为从"家庭是否有除银行贷款外的其他渠道借款"和"除银行贷款外其他渠道借款金额"两个维度来度量，以检验家庭民间借入行为的社会网络影响的稳定性。在民间借出方面，以"家庭是否参与民间借出""家庭民间借出金额""家庭民间借出金额占家庭流动性资产的比重"三个指标作为民间借出的代理变量。需要说明的是，家庭流动性资产包括银行存款、现金、民间放贷、股票、基金、债券、理财产品、外汇和金融衍生品等，作为流动性资产的一种，家庭民间借出金额在流动性资产中的占比能够一定程度地反映家庭民间借出的参与程度。

（2）社会网络。关于社会网络的界定与度量，学界普遍接受来自帕特南等（Putnam et al.，1993）的观点：社会网络是家庭或个体与其所拥有的亲属、朋友、同事或邻居等之间互动而形成的相对稳定的关系网络。实证研究中，社会网络的具体量化指标非常宽泛且测度差别很大，但已逐步形成相对收敛的共识，即突出在社会网络中亲友关系的主导地位，并视之为社会网络的一个重要维度（陈劲等，2001；陈爽英等，2010；Khanh，2011）。基于这种认识，本章选取家庭在红白喜事（包括做寿庆生等）方面的现金或非现金支出再除以该家庭日常支出①的比值作为家庭社会网络的代理变量。在中国乡土社会，家庭社会网络主要是以血缘、亲缘和地缘为基础的亲友关系网络，现实中，互赠礼金或礼品往往成为维系亲友间情感的重要纽带。更为重要的

---

① 日常支出包括伙食费、水电煤气费、日用品、交通费、文化娱乐支出、人情支出等，不包含住房扩建、装修、耐用品等偶然性大额支出项目。

是，考虑到礼金支出差异与家庭贫富水平相关①，在我们的样本中以礼金支出占家庭日常总支出的比例来衡量社会网络情况，在穷人家庭和富人家庭都很适用。另外，现实生活中，人们的关系网络通常是多维变化的，而且，我们不排除某一年度家庭的礼金往来可能是存在一定的随机性，为了检验实证结果的稳健性，在后面的分析中，我们也使用"家庭在中秋节、春节等节假日与非家庭成员②之间的现金或非现金支出/日常总支出"作为家庭社会网络的补充衡量指标。

（3）控制变量。参照现有文献，我们选取的控制变量包括三类：家庭特征变量（包括家庭财富水平、家庭收入和家庭规模）、户主特征变量（包括户主性别、年龄、受教育程度、婚姻状况、政治面貌和户主的风险态度）以及地域特征变量（主要指家庭所在省份，后面还进一步控制了家庭所在省份GDP）。其中，考虑到财产性收入对家庭金融决策的内生性影响，我们在家庭收入统计中剔除了利息、租金、股市红利及资本利得等收入项目；家庭财富水平以家庭总资产扣除家庭总负债后得到的家庭净资产来度量。家庭规模以与户主共同生活的人数而不是户口簿上的家庭人口数进行度量。由于外迁、就业等诸多原因，在户籍部门登记的家庭人数与家庭实际人数之间可能存在偏差。我们认为，与户主共同生活的人数与家庭金融决策有更加直接的关系。户主的受教育程度变量赋值从 1~9，分别对应：未上过学、小学、初中、高中、中专/职高、大专/高职、大学本科、硕士研究生、博士研究生。此外，户主的政治面貌分为群众、中共党员、民主党派或其他党派人士三种类型；婚姻状况包括未婚、已婚、离婚、丧偶，并按照虚拟变量赋值；风险态度依风险厌恶程度从低至高按 5 分制赋值。相关变量的定义与描述性统计结果见表 8-1。

---

① 家庭礼金支出可能部分反映了家庭的富裕程度，比如穷人比富人可能投入更少的礼金支出，却拥有更广泛的社会网络，即礼金支出本身并不完全反映家庭社会网络的广泛程度。

② CHFS 调查项目界定的非家庭成员包括未共同生活在一起的岳父母/公婆、儿媳/女婿、孙子/孙女、孙媳/孙女婿、侄子/侄女、其他姻亲以及朋友邻居等。

表 8 - 1 主要变量描述性统计

变量	变量定义	观测值	均值	标准差	最大值	最小值
Inforfi_pro	是否有民间借入	8438	0.3586	0.4796	0	1
Inforfi_size	民间借入金额（万元）	8438	2.7990	55.4703	0	5000
Inforle_pro	是否有民间借出	8121	0.1204	0.3255	0	1
Inforle_size	民间借出金额（万元）	8121	0.5422	7.0038	0	500
Inforle_de	借出款占流动性资产比重	8121	0.0485	0.1664	0	1
Gift	礼金支出（万元）	8438	0.1532	0.5058	0	19
Gift_de	礼金支出/家庭日常支出	8427	0.1822	0.7476	0	0.7655
Gender	户主性别（1 为男性，0 为女性）	8438	0.5392	0.4985	0	1
Age	户主年龄	8438	48.9278	14.4873	18	87
Incomx	家庭收入（万元）	8438	5.3448	8.4936	0	353.45
Assetx	家庭净资产（万元）	8438	54.9150	147.8828	0	9012.75
Education	户主的受教育程度	8359	4.3792	1.7630	1	9
Risk_aver	风险厌恶程度	8433	3.9305	1.3868	1	5
Family_size	家庭规模	8438	3.4752	1.5476	1	18
Married	户主是否已婚（对照组）	8342	0.8641	0.3427	0	1
Unmarried	户主是否未婚	8342	0.0532	0.2245	0	1
Divorce	户主是否离婚或分居	8342	0.0270	0.1620	0	1
Spouse_de	户主是否丧偶	8342	0.0557	0.2294	0	1
Civilian	户主是否为群众（对照组）	8313	0.7973	0.4020	0	1
Party_com	户主是否为中共党员	8313	0.1486	0.3557	0	1
Party_dem	户主是否为其他党派	8313	0.0541	0.2263	0	1

从表 8 - 1 可以看出，样本中有 35.86% 的家庭参与了民间借入，而民间借出参与率仅为 12.04%，而且家庭借出款占流动性资产的比重也较低，仅为 4.85%。这说明在民间借贷市场，资金需求方远多于资金供给方，同时也反映家庭之间的相互拆借仅能满足部分信贷需求，中国相当一部分民间融资可能还须依赖于 P2P 金融、合会和地下钱庄等其他金融组织。此外，样本家庭中户主的平均年龄为 48.93 岁，其受教育程度平均值为 4.38，介于高中与中专/职高之间，他们对自己风险态度的平均评价为 3.93，介于风险中性和比较厌恶之间，并更接近于比较厌恶。家庭净资产平均值为 549150 元；过去一年家庭收入排除财产性收入后平均值为 53448 元；家庭经济决策者以男性为主，占 53.92%；大部分家庭户主的政治面貌为群众，占样本总数

的 79.73%。

8.3　社会网络对家庭民间借出行为的影响

为了考察社会网络对家庭民间借出行为的影响及其城乡差异，本章设定如下回归方程：

$$\text{Infor\_lending}_{iv} = \beta \text{Gift\_de}_{iv} + \gamma X_{iv} + \lambda_v + \varepsilon_{iv} \qquad (8-1)$$

其中，被解释变量 $\text{Infor\_lending}_{iv}$ 为民间借出变量，包括家庭是否参与民间借出、家庭民间借出金额以及家庭民间借出金额占家庭流动性资产的比重。Gift_de_{iv} 是家庭礼金支出占家庭日常总支出的比值，X_{iv} 是家庭及户主的特征变量的向量，λ_v 是省级虚拟变量，ε_{iv} 是扰动项。需要说明的是，家庭民间借出选择是一个二值虚拟变量，若家庭参与民间借出则赋值为 1，反之则为 0，我们用 Probit 模型对回归方程进行估计。当被解释变量为家庭民间借出金额或家庭民间借出金额占家庭流动性资产的比重时，我们使用 Tobit 模型对回归方程进行估计。

表 8-2 中第（1）列至第（3）列给出了社会网络对家庭民间借出行为影响的基本结果。从参与决策方程来看，三组模型显示了高度一致的回归发现，礼金支出占比变量的估计结果均在 1% 的水平上显著为正，其平均边际效应（average partial effect，APE）分别为 0.0120、0.1046 和 0.0049，即家庭礼金支出占比增加 1%，其参与民间借出的概率、借出金额和家庭流动性资产中民间借出金额占比相应提高 0.012%、0.105% 和 0.005%。这说明在中国人情社会里，社会网络对家庭民间借出行为具有显著的促进作用，拥有更多社会关系网络的家庭，不仅参与民间借出的可能性更高，而且参与的金额和参与程度也倾向于更高。进一步地，为了考察社会网络影响家庭民间借出决策的城乡差异，我们将全样本分为农村和城镇家庭分别进行回归。从表 8-2 中第（4）列至第（6）列农村家庭分样本的回归结果可以发现，社会网络变量的估计系数在 1% 的水平下显著为正，这意味着社会网络有助于推

动农户的民间借出参与活动，其平均边际效应分别为 0.0078、0.0681 和 0.0033，表明家庭在红白喜事（包括做寿庆生等）方面礼金支出占日常总支出的比值增加 1%，从事民间借出的概率、借出金额和借出占比相应提高 0.008%、0.068% 和 0.003%。第（7）列至第（9）列城镇家庭分样本的回归结果显示，广泛的社会网络同样有助于家庭参与民间借出，其对参与概率、参与金额和参与程度的边际影响分别为 0.014%、0.120% 和 0.005%，这意味着社会网络对家庭民间借出行为的影响城市更大。

表 8 – 2　　　社会网络对家庭民间借出参与、借出金额、借出占比的影响

变量	全样本			农村			城市		
	Inforle_pro	Linforle_size	Inforle_de	Inforle_pro	Linforle_size	Inforle_de	Inforle_pro	Linforle_size	Inforle_de
	（1）Probit	（2）Tobit	（3）Tobit	（4）Probit	（5）Tobit	（6）Tobit	（7）Probit	（8）Tobit	（9）Tobit
Gift_de	0.0649***	0.9714***	0.0468***	0.0406***	0.5947***	0.0299***	0.0813***	1.2472***	0.0560***
	(0.0080)	(0.1228)	(0.0061)	(0.0072)	(0.1042)	(0.0055)	(0.0139)	(0.2238)	(0.0100)
Age	−0.0190***	−0.2791***	−0.0141***	−0.0185***	−0.2636***	−0.0144***	−0.0153***	−0.2319***	−0.0103***
	(0.0018)	(0.0271)	(0.0013)	(0.0023)	(0.0351)	(0.0019)	(0.0029)	(0.0447)	(0.0020)
Incomx	0.1890***	2.8369***	0.1315***	0.1835***	2.5876**	0.1370**	0.1955***	3.0633***	0.1253***
	(0.0448)	(0.6913)	(0.0349)	(0.0734)	(1.0537)	(0.0565)	(0.0610)	(0.9704)	(0.0423)
Incomxsq	−0.0155***	−0.2431**	−0.0119**	−0.0163*	−0.2492*	−0.0149*	−0.0158**	−0.2516*	−0.0101*
	(0.0057)	(0.0977)	(0.0050)	(0.0096)	(0.1476)	(0.0081)	(0.0079)	(0.1383)	(0.0059)
Education	0.0124	0.2118	0.0024	0.0533**	0.7239**	0.0317*	0.0329	0.5375*	0.0176
	(0.0143)	(0.2031)	(0.0101)	(0.0232)	(0.3281)	(0.0174)	(0.0220)	(0.3226)	(0.0145)
Risk_aver	−0.0628***	−0.9212***	−0.0479***	−0.0590***	−0.8175***	−0.0465***	−0.0682***	−1.0602***	−0.0488***
	(0.0150)	(0.2248)	(0.0111)	(0.0188)	(0.2733)	(0.0145)	(0.0249)	(0.3865)	(0.0173)
Family_size	0.0118	0.2177	0.0112	−0.0045	−0.0273	−0.0015	−0.0028	0.0529	0.0021
	(0.0139)	(0.2015)	(0.0100)	(0.0164)	(0.2282)	(0.0121)	(0.0295)	(0.4462)	(0.0200)
Unmarried	0.0609	0.3978	0.0088	−0.0281	−0.9066	−0.0671	0.1508	1.8322	0.0831
	(0.0828)	(1.1828)	(0.0587)	(0.1135)	(1.5312)	(0.0811)	(0.1240)	(1.8834)	(0.0846)
Divorce	0.1327	2.1436	0.1290	0.1562	2.4484	0.1193	0.1638	2.6813	0.1644*
	(0.1096)	(1.6563)	(0.0814)	(0.1873)	(2.6867)	(0.1425)	(0.1376)	(2.2157)	(0.0978)
Spouse_de	−0.1424	−2.3197	−0.0797	0.0038	−0.1397	0.0379	−0.3695*	−5.9429*	−0.2556*
	(0.1263)	(1.8245)	(0.0888)	(0.1580)	(2.1875)	(0.1135)	(0.2203)	(3.3126)	(0.1474)
Gender	0.1139***	1.6147***	0.0849***	0.1048**	1.4397*	0.0866**	0.0606	0.9040	0.0342
	(0.0396)	(0.5764)	(0.0286)	(0.0526)	(0.7412)	(0.0392)	(0.0623)	(0.9505)	(0.0427)

续表

变量	全样本			农村			城市		
	Inforle_ pro	Linforle_ size	Inforle_ de	Inforle_ pro	Linforle_ size	Inforle_ de	Inforle_ pro	Linforle_ size	Inforle_ de
	（1）Probit	（2）Tobit	（3）Tobit	（4）Probit	（5）Tobit	（6）Tobit	（7）Probit	（8）Tobit	（9）Tobit
Assetx	0.0261*	0.4617***	0.0195***	0.0911***	1.4633***	0.0675***	0.0208	0.3773**	0.0148*
	(0.0141)	(0.1479)	(0.0075)	(0.0318)	(0.3763)	(0.0200)	(0.0129)	(0.1762)	(0.0081)
Party_com	0.0494	0.7527	0.0345	0.1162	1.7225	0.0927	0.0232	0.3251	0.0091
	(0.0601)	(0.8628)	(0.0429)	(0.0970)	(1.3193)	(0.0698)	(0.0777)	(1.1815)	(0.0532)
Party_dem	0.1228	1.6161	0.0609	0.1014	1.3298	0.0393	0.1050	1.4000	0.0558
	(0.0797)	(1.1234)	(0.0559)	(0.1105)	(1.4372)	(0.0764)	(0.1165)	(1.8027)	(0.0810)
省级虚 拟变量	控制	控制	控制	控制	控制	控制	控制	控制	控制
N	7978	7978	7978	4559	4559	4559	3419	3419	3419
pseudo R²	0.1776	0.1394	0.1730	0.1821	0.1422	0.1778	0.1858	0.1431	0.1808

注：由于 Probit 模型和 Tobit 模型难以准确估计变量的偏效应，本表中汇报的是变量的估计系数，仅在实证结果分析中提供主要解释变量的平均边际效应以供参考。*** 表示在 1% 的水平上显著，** 表示在 5% 的水平上显著，* 表示在 10% 的水平上显著。括号内为稳健标准误。

需要说明的是，上述回归中社会网络变量可能因为遗漏变量和反向因果关系而出现内生性估计偏误。一方面，社会网络和家庭民间借出参与可能同时受到其他不可观测变量的影响，如家长的能力、性格特征或所在地区的文化习俗。另一方面，人们结交和维持亲友的数量是内生决定的，亲友间的互赠礼金在某种程度上可能是一种对关系的投资，人们希望通过对社会关系网络有目的的行为产生一系列经济的或非经济的收益流。一种情形是借贷需求方通过赠送礼金而获得借贷投资方的资金支持，另一种情形是有放贷需求的人希望通过构建关系网络拓展更大的投资渠道。因而，家庭是否参与民间借出以及参与程度，可能反向影响其礼金支出占比。

为了有效规避内生性问题，我们使用"是否为当地大姓"作为礼金支出占比的工具变量（记为 Surname_pop）进行估计。在中国人情社会，家庭在构建社会关系网络时通常以宗族和亲缘为主要纽带。现实中，家户之间互赠礼金是维系亲友间情感的重要手段，婚丧嫁娶等日常事务中的礼金往来大多围绕宗族关系展开。通常来说，当家庭是当地大姓时，拥有的亲友数量较小姓家庭要更多，日常事务中与亲友间的礼金往来金额会更大，所以，"是否为当地大姓"在一定程度上反映了家庭社会网络的大小,两者之间具有较强的相关关系。另外,"是否为当地大姓"早在祖辈就确定了,与家庭当前是否从事民间借出以及借出程度之间没有直接的关系,因而我们认为这一变量在家庭民间借出选择的决定方程中是外生的。另外,在家庭民间借出行为的城乡分样本估计中,考虑到中国城镇地区在制度、文化、传统以及风俗等方面与农村地区存在明显的差异,城市家庭的历史渊源和居住习惯不同于农村家庭,"是否为当地大姓"可能不是一个理想的工具变量,因此本章在城镇家庭分样本估计中选取"是否拥有本市户口"作为家庭社会网络的工具变量(记为 Residence_pro)。"是否拥有本市户口"在一定程度上能够作为老市民与外来人员的识别变量,并影响城市家庭拥有的亲友数量以及礼金支出占比,但不直接影响家庭民间借贷。同时,"是否拥有本市户口"也与家庭不可观察的传统、性格、能力等变量无关,是一个衡量城市家庭社会网络的合适的工具变量。

表 8-3 报告了利用"是否为当地大姓"和"是否拥有本市户口"作为工具变量后家庭礼金支出占比的内生性检验结果,九组回归方程中最小 Wald 统计量为 2.18(相应 p 值为 0.1398),其余均在 10% 的水平上拒绝了不存在内生性的原假设"H_0:$\rho = 0$"。在 IV Probit 和 IV Tobit 模型两阶段工具变量估计中,第一阶段估计的 F 值和工具变量 t 值在全样本、农村子样本和城市子样本中分别为 38.49、30.60、13.88 和 14.09、14.93、6.33。进一步地,参考斯达克和约戈(Stock & Yogo,2005)的做法,对全样本、农村子样本和城市子样本进行工具变量 Cragg - Donald 检验的 F 值分别为 190.83、211.58 和 26.91,均远大于 10% 水平上的临界值 16.38,说明不存在弱工具变量问题。

表 8-3 中第(1)列至第(3)列给出了家庭民间借出行为中社会网络影响的工具变量估计结果。与表 8-2 的结论一致,社会网络对家庭参与民间借出概率、借出金额以及借出金额占家庭流动性资产比重的影响仍然是正向显著的,尽管在三组模型中显著性水平(z 统计量)相对收敛。家庭礼金支出占比的平均边际效应分别为 0.0405、0.3687 和 0.0182,即家庭在红白喜事(包括做寿庆生等)方面礼金支出占家庭日常总支出的比值增加 1%,从事民

间借出的概率、借出金额和借出占比相应提高 0.0405%、0.3687% 和 0.0182%，相比而言，边际影响的工具变量估计结果在直观上与现实更为接近。这说明社会网络促进家庭参与民间借出的结论是稳健的，显著性水平弱化在一定程度上反映了简单 Probit 和 Tobit 回归中礼金支出占比与家庭民间借出之间互为因果或测量误差等原因导致的内生性估计偏误。上述发现支持了家庭民间借出行为的社会网络效应解释：一方面，社会网络可以在一定程度上降低民间借贷市场由于信息不对称带来的逆向选择、道德风险等问题的发生概率，从而激励家庭民间借出的参与动机；另一方面，基于经济支持的社会网络能够缓冲个体投资决策的可能失败而造成的损失，因而在家庭民间借出活动中发挥积极作用。

接着考察社会网络影响家庭民间借出决策的城乡差异，我们分城乡样本对家庭民间借出决策的 IV Probit 和 IV Tobit 模型重新进行估计，回归结果见表 8 - 3 第（4）列至第（9）列。前三列为农村家庭的估计结果，社会网络变量均在 1% 的置信水平上显著为正，家庭礼金支出占比增加 1%，从事民间借出概率、借出金额和借出占比会相应提高 0.0294%、0.2680% 和 0.0115%，表明社会网络对农村家庭民间借出具有显著的正向作用。表 8 - 3 第（7）列至第（9）列城镇家庭分样本的回归结果显示，家庭从事民间借出概率、借出金额和借出占比的社会网络变量的估计系数至少在 10% 的置信水平上显著为正。同时，从全样本和农村家庭分样本下礼金支出占比的边际影响的对比可以间接看出①，社会网络在金融发达程度更高的城镇地区对家庭民间借出的边际影响要高于农村地区。其可能的原因是，城市家庭通常拥有更多的财富存量，与家庭民间借出高度相关，同时，财富本身可能是产生或构建家庭社会网络的某些环境或机制，更多的家庭财富意味着人们有更多的资源和更强的能力来投资民间借贷市场，因此，城市家庭民间借出行为中社会网络这种非正式机制所发挥的作用也更大。

---

① 由于在城市家庭分样本和农村家庭分样本估计中分别采用了不同的工具变量，因此我们不能直接通过计算家庭礼金支出占比的平均边际效应来比较社会网络边际影响的城乡差异。

表 8 - 3　家庭民间借出行为中社会网络影响的工具变量回归结果

变量	全样本			农村			城市		
	Inforle_pro	Linforle_size	Inforle_de	Inforle_pro	Linforle_size	Inforle_de	Inforle_pro	Linforle_size	Inforle_de
	（1）	（2）	（3）	（4）	（5）	（6）	（7）	（8）	（9）
	IV Probit	IV Tobit	IV Tobit	IV Probit	IV Tobit	IV Tobit	IV Probit	IV Tobit	IV Tobit
Gift_de	0.1976***	3.0759***	0.1555***	0.1870***	2.8594***	0.1356***	0.2210**	3.9424*	0.1941**
	（0.0428）	（0.7908）	（0.0393）	（0.0399）	（0.7192）	（0.0377）	（0.1064）	（2.0677）	（0.0944）
Age	- 0.0171***	- 0.2652***	- 0.0134***	- 0.0172***	- 0.2600***	- 0.0142***	- 0.0137***	- 0.2170***	- 0.0096***
	（0.0019）	（0.0279）	（0.0014）	（0.0023）	（0.0358）	（0.0019）	（0.0034）	（0.0470）	（0.0021）
Incomx	0.1316***	2.1119***	0.0941**	0.0739	1.0883	0.0673	0.1659**	2.6936***	0.1063**
	（0.0485）	（0.7483）	（0.0378）	（0.0770）	（1.1787）	（0.0628）	（0.0666）	（1.0268）	（0.0453）
Incomxsq	- 0.0123**	- 0.2066**	- 0.0100**	- 0.0101	- 0.1697	- 0.0111	- 0.0141*	- 0.2353*	- 0.0093
	（0.0055）	（0.0983）	（0.0051）	（0.0092）	（0.1499）	（0.0082）	（0.0078）	（0.1396）	（0.0059）
Education	0.0040	0.0936	- 0.0037	0.0376	0.5404	0.0233	0.0234	0.3916	0.0101
	（0.0142）	（0.2121）	（0.0106）	（0.0235）	（0.3442）	（0.0181）	（0.0229）	（0.3484）	（0.0158）
Risk_aver	- 0.0472***	- 0.7336***	- 0.0382***	- 0.0435**	- 0.6370**	- 0.0382**	- 0.0524*	- 0.8314*	- 0.0371*
	（0.0158）	（0.2389）	（0.0119）	（0.0191）	（0.2860）	（0.0151）	（0.0288）	（0.4317）	（0.0195）
Family_size	0.0092	0.1878	0.0097	- 0.0033	- 0.0095	- 0.0006	0.0041	0.0284	0.0009
	（0.0134）	（0.2057）	（0.0102）	（0.0157）	（0.2334）	（0.0123）	（0.0285）	（0.4570）	（0.0206）
Unmarried	0.1688*	2.1128	0.0974	0.0919	0.8771	0.0153	0.2451*	3.7523	0.1816
	（0.0874）	（1.3716）	（0.0682）	（0.1168）	（1.6976）	（0.0893）	（0.1349）	（2.4346）	（0.1106）
Divorce	0.2206**	3.6169**	0.2052**	0.2458	3.9468	0.1889	0.2517*	4.4932*	0.2571**
	（0.1072）	（1.7797）	（0.0878）	（0.1822）	（2.8079）	（0.1481）	（0.1415）	（2.6629）	（0.1193）
Spouse_de	- 0.0641	- 1.2308	- 0.0233	0.0482	0.5378	0.0696	- 0.2426	- 3.9249	- 0.1521
	（0.1255）	（1.8883）	（0.0921）	（0.1541）	（2.2413）	（0.1160）	（0.2381）	（3.6664）	（0.1642）
Gender	0.1123***	1.6891***	0.0887***	0.1060**	1.5551**	0.0920**	0.0682	1.1009	0.0443
	（0.0384）	（0.5893）	（0.0292）	（0.0507）	（0.7614）	（0.0401）	（0.0602）	（0.9855）	（0.0446）
Assetx	0.0311**	0.5601***	0.0246***	0.0860***	1.4695***	0.0678***	0.0274*	0.5194**	0.0221**
	（0.0146）	（0.1580）	（0.0080）	（0.0301）	（0.3912）	（0.0207）	（0.0149）	（0.2143）	（0.0099）
Party_com	0.0244	0.4150	0.0171	0.1056	1.6767	0.0908	- 0.0169	- 0.4044	- 0.0283
	（0.0585）	（0.8891）	（0.0443）	（0.0925）	（1.3517）	（0.0712）	（0.0809）	（1.3316）	（0.0604）
Party_dem	0.1115	1.5529	0.0578	0.0865	1.1905	0.0328	0.1018	1.4420	0.0580
	（0.0776）	（1.1540）	（0.0575）	（0.1058）	（1.4863）	（0.0785）	（0.1152）	（1.8604）	（0.0844）
省级虚拟变量	控制	控制	控制	控制	控制	控制	控制	控制	控制
N	7978	7978	7978	4559	4559	4559	3419	3419	3419

续表

变量	全样本			农村			城市		
	Inforle_ pro	Linforle_ size	Inforle_ de	Inforle_ pro	Linforle_ size	Inforle_ de	Inforle_ pro	Linforle_ size	Inforle_ de
	(1) IV Probit	(2) IV Tobit	(3) IV Tobit	(4) IV Probit	(5) IV Tobit	(6) IV Tobit	(7) IV Probit	(8) IV Tobit	(9) IV Tobit
一阶段 估计 F 值	38.49	38.49	38.49	30.60	30.60	30.60	13.88	13.88	13.88
Surname_ pop	0.7779*** (0.0552)	0.7779*** (0.0563)	0.7779*** (0.0563)	1.2768*** (0.0855)	1.2768*** (0.0876)	1.2768*** (0.0876)			
Residence_ pro							0.9885*** (0.1561)	0.9885*** (0.1684)	0.9885*** (0.1684)
Wald 内生 性检验 (p 值)	8.02 (0.0046)	7.32 (0.0068)	7.90 (0.0049)	9.32 (0.0023)	8.67 (0.0032)	6.57 (0.0094)	3.74 (0.0531)	3.07 (0.0799)	2.18 (0.1398)

注：由于 Probit 模型和 Tobit 模型难以准确估计变量的偏效应，本表中汇报的是变量的估计系数，仅在实证结果分析中提供主要解释变量的平均边际效应以供参考。*** 表示在 1% 的水平上显著，** 表示在 5% 的水平上显著，* 表示在 10% 的水平上显著。括号内为稳健标准误。

8.4 社会网络对家庭民间借入行为的影响

在这部分，我们将分别研究社会网络对家庭获得民间借入可能性与借入金额的影响。具体地，我们将首先利用 Probit 模型和 Tobit 模型分析社会网络对家庭是否获得民间借入与借入金额的影响。然后借助"是否为当地大姓"作为家庭社会网络的工具变量，进一步考察社会网络对家庭民间借入的贡献以及这种贡献在金融发展程度迥异的城乡之间有何差异。相应的计量模型设定为：

$$\text{Infor\_financing}_{iv} = \beta \text{Gift\_de}_{iv} + \gamma X_{iv} + \lambda_v + \varepsilon_{iv} \qquad (8-2)$$

其中，$\text{Infor\_financing}_{iv}$ 包括"家庭是否有除银行贷款外的其他渠道借款"和"除银行贷款外其他渠道借款金额"两个变量，其他变量的定义与方程（8-1）相同。表 8-4 中第（1）列报告了社会网络对家庭民间借入行为的全样本估计结果。回归发现，与亲友间的礼金支出占家庭日常总支出比值增加

1%，获得民间借入的概率增加 0.005%。第（2）列是社会网络对家庭民间借入金额的影响，礼金支出占比增加 1%，民间借入金额相应提高 0.0568%。分城乡子样本回归也有类似发现。进一步地，表 8-5 第（1）列和第（2）列汇报了使用工具变量后社会网络对家庭获得民间借入的可能性及借入金额的 IV Probit 和 IV Tobit 回归结果，两组计量方程中 β 的估计值仍然是显著的，而且边际影响更大，其平均边际效应分别为 0.0272 和 0.2566，即家庭在红白喜事（包括做寿庆生等）方面礼金支出占家庭日常总支出比值提高 1%，能够获得民间借入的概率、借入金额相应提高 0.0272% 和 0.2566%。这意味着社会网络越多的家庭，其获得民间借入的可能性越高，同时，广泛的社会网络也有助于家庭获得更多的借贷资金。可见，社会网络促进家庭获得民间借入的结论是稳健的。

接着比较社会网络影响家庭民间借入的城乡差异，我们分城乡样本对方程（8-2）进行估计，回归结果见表 8-5 第（3）列至第（6）列。第（3）列和第（4）列为农村家庭使用工具变量后的估计结果，社会网络变量均在 10% 的置信水平上显著为正，利用 IV Probit 模型及 IV Tobit 模型的 APE（平均偏效应）方法检验发现，其他条件相同，礼金支出占比增加 1%，家庭获得民间借入的可能性、借入金额相应增加 0.0223% 和 0.1588%。这意味着广泛的社会网络可以有效缓解农村家庭民间借贷中的信贷约束，社会网络越发达的农户，不仅其获得民间借入的概率越高，而且所获借入金额也越大。由于我国城乡经济金融发展水平的系统性差异，相比于农村，我国城镇地区经济发展水平较高，正规金融体系发展更加完善，而且城市家庭通常受金融机构融资限制相对较小，因而人们生活或生产经营中更倾向于正规金融机构的信贷支持，从而对以社会网络为载体的民间借贷的依赖性较弱。因此，在民间借贷市场中，社会网络在正规金融发达程度更高的城镇地区对家庭民间借贷所起的作用会更小。但是，本章的实证结果并不支持上述推断。

表 8-5 第（5）列和第（6）列汇报了城镇家庭民间借入行为中社会网络影响的工具变量回归结果，礼金支出占比变量的系数估计值在 1% 的水平

上正向显著，而且从全样本和农村家庭分样本下礼金支出占比的边际影响的比较可以间接看出，社会网络在正规金融更发达的城镇地区对家庭民间借入的影响要高于农村地区。现实中，这个结果其实不难理解。如果人们认为从亲友那里获得借款比从银行更容易、成本更低、期限更自由，那么他们将不会选择银行借款而是仍然依赖亲友借款，正规金融发达的地方不一定民间借贷网络的作用就会更弱。另外，从中国居民家庭民间融资统计情况来看，城市家庭在创业、购房、购车以及教育等方面对借贷资金的需求动机都远远高于农村地区，因此可能反而更依赖于以社会网络为载体的民间借贷，其社会网络的边际影响也更大。

控制变量方面，户主年龄对家庭民间借贷市场参与概率、借贷金额以及参与程度存在显著的负向影响。一般来说，随着年龄增长，人们趋于风险厌恶（Ameriks & Zeldes，2004），因此户主年龄越大，家庭越不愿意参与民间借出和民间借入。家庭财富水平高的家庭，其民间借出参与概率、借出金额及借出占比均明显高于金融财富水平低的家庭。一方面，家庭的金融财富水平越高，其借出能力可能会越强；另一方面，借贷需求方也更倾向于向金融财富水平高的家庭诉求资金支持。与此相反，财富对家庭民间借入的影响是负向显著的，财富越多，家庭民间借入将越少。户主风险规避程度越高，参与风险较高的民间借贷市场的概率越低。较之已婚家庭，户主为未婚的家庭参与民间借出越多，而参与民间借入更少，这可能与已婚家庭在子女抚养、教育、住房和耐用消费品方面的支出更高有关。收入水平对家庭民间借入的影响存在先减后增的"U型"关系，相反，其对家庭民间借出的影响存在"倒U型"的驼峰关系。可能的原因是，人们收入越高，意味着越有能力参与民间借出，但是拥有最高收入的那一部分群体通常从事自主创业的概率更大，因此，其可能反而存在更强的民间借贷需求动机。此外，户主的受教育程度对家庭民间借入存在显著的负向影响，家庭规模越大，家庭获得民间借入的概率和借入金额越多，户主为男性的家庭更愿意参与民间借出。

表 8 - 4   社会网络与民间借入

变量	Full sample		Rural		Urban	
	Inforfi_pro	Linforfi_size	Inforfi_pro	Linforfi_size	Inforfi_pro	Linforfi_size
	（1）Probit	（2）Tobit	（3）Probit	（4）Tobit	（5）Probit	（6）Tobit
Gift_de	0. 0145 ***	0. 1486 ***	0. 0094 ***	0. 0712 **	0. 0196 *	0. 2674 *
	(0. 0042)	(0. 0413)	(0. 0025)	(0. 0296)	(0. 0107)	(0. 1389)
Age	− 0. 0150 ***	− 0. 1604 ***	− 0. 0103 ***	− 0. 0994 ***	− 0. 0173 ***	− 0. 2300 ***
	(0. 0013)	(0. 0134)	(0. 0017)	(0. 0149)	(0. 0022)	(0. 0303)
Incomx	− 0. 0690 **	− 0. 5737 *	− 0. 1118 **	− 0. 7184 *	− 0. 0382	0. 3373
	(0. 0334)	(0. 3127)	(0. 0540)	(0. 3904)	(0. 0474)	(0. 5768)
Incomxsq	0. 0025 *	0. 0201	0. 0095 **	0. 0547 *	0. 0007	0. 0025
	(0. 0014)	(0. 0152)	(0. 0041)	(0. 03198)	(0. 0015)	(0. 0368)
Education	− 0. 1209 ***	− 1. 1767 ***	− 0. 0862 ***	− 0. 6824 ***	− 0. 0676 ***	− 0. 8552 ***
	(0. 0118)	(0. 1158)	(0. 0190)	(0. 1622)	(0. 0176)	(0. 2313)
Risk_aver	− 0. 0233 **	− 0. 2413 **	− 0. 0306 **	− 0. 2754 **	− 0. 0079 *	− 0. 1132 *
	(0. 0115)	(0. 1106)	(0. 0140)	(0. 1181)	(0. 0046)	(0. 0609)
Family_size	0. 1531 ***	1. 4982 ***	0. 1308 ***	1. 1295 ***	0. 1529 ***	2. 0379 ***
	(0. 0106)	(0. 0984)	(0. 0123)	(0. 0988)	(0. 0221)	(0. 2903)
Unmarried	− 0. 3714 ***	− 3. 9970 ***	− 0. 4624 ***	− 4. 4974 ***	− 0. 3226 ***	− 4. 2370 ***
	(0. 0795)	(0. 7693)	(0. 1017)	(0. 8737)	(0. 1233)	(1. 5764)
Divorce	0. 0561	0. 3486	0. 0487	0. 0134	0. 1378	1. 8170
	(0. 0920)	(0. 9192)	(0. 1448)	(1. 2756)	(0. 1221)	(1. 5534)
Spouse_de	− 0. 0311	− 0. 4459	0. 0012	− 0. 1598	− 0. 0399	− 0. 5293
	(0. 0709)	(0. 7176)	(0. 0929)	(0. 8128)	(0. 1146)	(1. 5041)
Gender	0. 0625	0. 6765	− 0. 0013	0. 0026	0. 0443	0. 6955
	(0. 0505)	(0. 4991)	(0. 0398)	(0. 3359)	(0. 0505)	(0. 6538)
Assetx	− 0. 1036 ***	− 0. 8528 ***	− 0. 0063 *	− 0. 3066 *	− 0. 1651 ***	− 2. 0273 ***
	(0. 0198)	(0. 1693)	(0. 034)	(0. 1605)	(0. 0277)	(0. 3320)
Party_com	0. 0369	0. 4172	− 0. 0673	− 0. 4871	0. 1413 **	1. 7970 **
	(0. 0476)	(0. 4772)	(0. 0747)	(0. 6449)	(0. 0637)	(0. 8304)
Party_dem	0. 0406	0. 2847	0. 0722	0. 5275	− 0. 0486	− 0. 8131
	(0. 0704)	(0. 6822)	(0. 0933)	(0. 7775)	(0. 1111)	(1. 4069)
Provivincial dummies	Controlled	Controlled	Controlled	Controlled	Controlled	Controlled
N	8281	8281	4785	4785	3496	3496
pseudo R^2	0. 1730	0. 1268	0. 1412	0. 1148	0. 1583	0. 1247

注：由于 Probit 模型和 Tobit 模型难以准确估计变量的偏效应，本表中汇报的是变量的估计系数，仅在实证结果分析中提供主要解释变量的平均边际效应以供参考。 *** 表示在1%的水平上显著， ** 表示在5%的水平上显著， * 表示在10%的水平上显著。括号内为稳健标准误。

表 8 – 5 社会网络与民间借入—IV Probit and IV Tobit estimates

变量	Full sample		Rural		Urban	
	Inforfi_pro	Linforfi_size	Inforfi_pro	Linforfi_size	Inforfi_pro	Linforfi_size
	(1) IV Probit	(2) IV Tobit	(3) IV Probit	(4) IV Tobit	(5) IV Probit	(6) IV Tobit
Gift_de	0.0799 **	0.6705 *	0.0596 *	0.5181 *	0.3295 ***	0.8277 ***
	(0.0399)	(0.4073)	(0.0333)	(0.2885)	(0.0417)	(0.2265)
Age	− 0.0144 ***	− 0.1571 ***	− 0.0102 ***	− 0.0987 ***	− 0.0094 ***	− 0.1813 ***
	(0.0014)	(0.0138)	(0.0017)	(0.0150)	(0.0027)	(0.0395)
Incomx	− 0.0810 **	− 0.6727 **	− 0.1331 **	− 0.9045 *	− 0.0387 *	− 0.5918 **
	(0.0343)	(0.3239)	(0.0570)	(0.4930)	(0.0208)	(0.2815)
Incomxsq	0.0028 *	0.0227	0.0106 **	0.0644 *	0.0003 *	0.0011
	(0.0015)	(0.0153)	(0.0041)	(0.0358)	(0.0002)	(0.0428)
Education	− 0.1211 ***	− 1.1862 ***	− 0.0879 ***	− 0.6993 ***	− 0.0567 ***	− 1.0620 ***
	(0.0117)	(0.1169)	(0.0191)	(0.1641)	(0.0158)	(0.2938)
Risk_aver	− 0.0164 *	− 0.1902 *	− 0.0268 *	− 0.2431 **	− 0.0286	− 0.5439
	(0.0098)	(0.1098)	(0.0145)	(0.1228)	(0.0179)	(0.3716)
Family_size	0.1497 ***	1.4840 ***	0.1295 ***	1.1228 ***	0.1004 ***	1.9634 ***
	(0.0112)	(0.0996)	(0.0125)	(0.0994)	(0.0253)	(0.3689)
Unmarried	− 0.3100 ***	− 3.5495 ***	− 0.4256 ***	− 4.1957 ***	− 0.0386 *	− 0.7963 *
	(0.0900)	(0.8633)	(0.1080)	(0.9264)	(0.0205)	(0.4346)
Divorce	0.0961	0.6656	0.0686	0.1853	0.3128 ***	1.0836 ***
	(0.0947)	(0.9619)	(0.1462)	(1.2901)	(0.1036)	(0.3161)
Spouse_de	− 0.0007	− 0.2153	− 0.0120	− 0.0708	0.1968 *	0.8287 *
	(0.0740)	(0.7482)	(0.0939)	(0.8197)	(0.1082)	(0.4408)
Gender	0.0626 **	0.6810 **	0.0003	0.0124	0.1532	1.1393
	(0.0304)	(0.3003)	(0.0398)	(0.3369)	(0.1431)	(0.8374)
Assetx	− 0.0972 ***	− 0.8105 ***	− 0.0126 *	− 0.3377 *	− 0.0859 ***	− 1.5005 ***
	(0.0202)	(0.1726)	(0.0071)	(0.1876)	(0.0286)	(0.3793)
Party_com	0.0241	0.3225	− 0.0704	− 0.5136	0.0033	− 0.0189
	(0.0482)	(0.4861)	(0.0749)	(0.6468)	(0.0590)	(1.1578)
Party_dem	0.0355	0.2454	0.0687	0.4974	− 0.0388	− 0.9256
	(0.0698)	(0.6851)	(0.0928)	(0.7798)	(0.0936)	(1.7814)
Provincial dummies	Controlled	Controlled	Controlled	Controlled	Controlled	Controlled
N	8281	8281	4785	4785	3496	3496
First stage F statistics	28.04	28.04	25.92	25.92	11.44	11.44
Surname_pop	0.7547***	0.7547***	1.3138***	1.3138***		
	(0.0551)	(0.0563)	(0.0835)	(0.0869)		

变量	Full sample		Rural		Urban	
	Inforfi_pro	Linforfi_size	Inforfi_pro	Linforfi_size	Inforfi_pro	Linforfi_size
	（1）IV Probit	（2）IV Tobit	（3）IV Probit	（4）IV Tobit	（5）IV Probit	（6）IV Tobit
Residence_pro					1. 1118***	1. 1118***
					(0. 1523)	(0. 1661)
Wald tests （p values）	2. 11	2. 63	7. 57	8. 24	21. 25	13. 05
	(0. 1460)	(0. 1051)	(0. 0060)	(0. 0041)	(0. 0000)	(0. 0003)

注：由于 Probit 模型和 Tobit 模型难以准确估计变量的偏效应，本表中汇报的是变量的估计系数，仅在实证结果分析中提供主要解释变量的平均边际效应以供参考。*** 表示在 1% 的水平上显著，** 表示在 5% 的水平上显著，* 表示在 10% 的水平上显著。括号内为稳健标准误。

8.5　社会网络的作用随正规金融的发展减弱还是加强

社会网络作为亲友借贷网络的载体，是一种非正式的金融制度，它能够一定程度地替代正规金融制度的职能（马光荣、杨恩艳，2011）。理论上讲，正规金融组织越发达的地方，居民家庭越有可能从银行或信用社那里获得贷款，从而对民间借贷网络的依赖性会越弱，即社会网络的作用可能随正规金融体系的完善而逐渐减弱（杨汝岱等，2011）。换言之，正规金融越不发达的地方，社会网络在家庭民间非正规金融中发挥的作用越大，即依托亲友关系的社会网络对正规金融制度产生替代效应。要证明这一假说可以选择适当的指标来衡量不同地区的正规金融组织发达程度，如果假说成立，那么处于正规金融发达程度高的地区的家庭，社会网络对民间借贷所起的作用更小。遗憾的是，由于 CHFS 对外公布的数据中并未包含家庭所在社区或城镇的名称或代码，从而无法找到相应的社区或城镇层面的指标加以验证。参考赵剑治、陆铭（2009）的做法，本章在回归方程（8－1）和方程（8－2）中引入省级市场化指数及其与社会网络的交互项，相应的计量模型设定为：

$$\text{Informal\_financial}_{iv} = \beta_1 \text{Gift\_de}_{iv} + \beta_2 \text{Gift\_de}_{iv} \times \text{Market\_index}$$
$$+ \beta_3 \text{Market\_index} + \gamma X_{iv} + \lambda_v + \varepsilon_{iv} \quad (8-3)$$

其中，$\text{Informal\_financial}_{iv}$ 表示家庭参与民间借贷市场变量，包括家庭是否参与民间借入、借入金额，是否参与民间借出、借出金额及借出金额占家庭流动性资产的比重。Gift_de$_{iv}$为家庭礼金支出占家庭日常总支出的比值，Market_index为家庭所在省份市场化指数①，其他变量的定义与方程（8 – 1）相同。在方程（8 – 3）中，我们将家庭礼金支出占比、市场化指数以及它们的交互项作为考察重点，并利用工具变量法得到了对于模型中解释变量的回归系数和标准差的估计，结果见表 8 – 6。我们发现，在引入市场化指数及其与家庭礼金支出占比的交互项后，家庭礼金支出占比的估计系数和显著性都发生了显著变化，这说明控制市场化水平后对模型的结果产生了显著影响，或者说，市场化的发展在社会网络对家庭民间借贷参与影响中发挥了很大作用。市场化指数变量对家庭是否参与民间借入、借入金额影响的符号为正，对家庭是否参与民间借出、借出金额以及借出占比的影响均正向显著，反映家庭所在地市场化水平越高，经济市场越活跃，家庭越有可能参与民间借贷。

表 8 – 6　　**正规金融发展在社会网络对家庭民间借贷参与影响中的作用：促进效应还是替代效应**

变量	Inforfi_pro	Linforfi_size	Inforle_pro	Linforle_size	Inforle_de
	（1）IV Probit	（2）IV Tobit	（3）IV Probit	（4）IV Tobit	（5）IV Tobit
Gift_de	0.4004* (0.2058)	2.9157 (2.5037)	0.7342*** (0.1377)	4.5007** (2.1933)	0.7465*** (0.2600)
Gift_de × Market_index	− 0.0784* (0.0422)	− 0.5550 (0.5101)	− 0.1385*** (0.0296)	− 2.7324*** (1.0502)	− 0.1413*** (0.0526)
Market_index	0.1707 (0.1197)	0.9561 (1.3959)	0.3487*** (0.0877)	6.8680** (2.8890)	0.3542** (0.1446)
控制变量	控制	控制	控制	控制	控制
N	8281	8281	7978	7978	7978
一阶段估计 F 值	27.84	28.25	39.85	39.85	39.85

---

① 本章对市场化水平的度量采用文献中通行的樊纲等构造的"中国各省份市场化指数"评价标准。该标准系统评价了中国各地区市场化相对进程，并从 1997 ~ 2009 年共发布了 13 期数据，本书选用市场化指数中与本研究直接相关的"市场中介组织发育度"数据，计算各省份各期数据的平均值分别对所属省份样本家庭对应的市场化水平赋值。

续表

变量	Inforfi_pro	Linforfi_size	Inforle_pro	Linforle_size	Inforle_de
	（1）IV Probit	（2）IV Tobit	（3）IV Probit	（4）IV Tobit	（5）IV Tobit
Surname_pop	0.1261***	0.1258***	0.1322***	0.1322***	0.1322***
	(0.0227)	(0.0228)	(0.0230)	(0.0231)	(0.0231)
Wald 内生性检验（p 值）	3.13	1.43	10.47	7.01	7.50
	(0.0768)	(0.2318)	(0.0012)	(0.0081)	(0.0062)

注：控制变量选取与前表一致，估计结果未予列出。*** 表示在 1% 的水平上显著，** 表示在 5% 的水平上显著，* 表示在 10% 的水平上显著。括号内为稳健标准误。

对于本章所关心的家庭民间借贷行为中市场化指数与礼金支出占比交互项的影响，我们能够从表 8-6 中交互项的符号和显著性来发现市场化的发展是如何影响社会网络对于民间借贷的作用的。交互项对家庭是否参与借贷、借出金额以及借出占比的影响均负向显著，对家庭借入金额的影响虽然没有通过显著性检验，但估计系数的符号与其他四组模型保持一致。这说明家庭所在地市场化水平越高，社会网络对家庭民间借贷参与行为的作用越小，与理论预期一致。事实上，市场转型改变了资源配置的方式，市场真正成为资源配置的主体（张爽等，2007）。在旧的经济体制下，依靠拥有更广泛社会网络而在借贷市场享有更多优势的群体（比如，拥有更多社会关系网络的群体可能借助其网络信息获得民间借贷资金或参与民间借出），在正规金融体系的市场化进程中将逐渐失去他们的优势。换言之，社会网络在正规金融市场不发达的地区对家庭非正规金融活动所发挥的作用更大。从这个角度来看，依托亲友关系的社会网络作为一种非正式金融制度，扮演了与正规金融互替的角色。

8.6　社会网络对家庭民间借贷的作用机制

前面实证研究表明，社会网络确实对家庭民间借入和借出行为具有积极影响，且对城市家庭的促进作用更大，同时，随着正规金融的发展，社会网络这种非正式制度在转型的市场机制下对家庭参与非正规金融市场发挥了更大的效应。进一步的问题是，社会网络是如何影响家庭民间借贷选择的？其具体的作用机制是什么？理论上，拥有广泛社会网络的家庭能够借助社交活动等形式加强网络成员之间的交流和沟通，帮助借贷双方接触并获取丰富的信息和知识，从而有助于提升其对民间借贷活动和市场动态的深入认识和理解（Ardichvili et al.，2003）。特别地，以朋友、同事为主的家庭社会网络能够以较低的成本提供极具时效性和价值性的信息，具有知识和信息分享功能，从而促进家庭参与民间借贷。

为了检验社会网络对家庭民间借贷行为中信息获取机制的存在性，本章构建"信息渠道"来衡量家庭信息获取情况（记为 Informa_channel）。CHFS调查问卷中将家庭获取信息的主要来源方式分为6类（多选项）：1. 报纸、杂志；2. 电视；3. 收音机；4. 互联网；5. 手机短信；6. 亲戚、朋友、同事。其中，信息来源于报纸、杂志、电视、收音机、网联网和手机短信为公共信息渠道外，信息来源于亲戚、朋友和同事为私人信息渠道。本章将家庭除有公共信息渠道外，还有私人信息渠道时赋值为1，仅存在公共信息渠道时取值为0①。信息渠道变量刻画了家庭信息获取渠道的广泛性，更为重要的是，较之公共信息渠道，私人信息渠道在民间借贷市场中发挥了更为直接的效用。比如，借助亲朋好友信息渠道知道哪里可以借到钱、哪里偿付的利息低、哪些人需要钱、哪些借款人比较可靠等。相应回归结果见表8-7，礼金支出占家庭日常总支出比值的估计系数在5%的水平上显著为正，说明社会网络越广泛的家庭，其拥有私人信息渠道的概率越大。接下来考察信息渠道对家庭参与民间借贷行为的影响，控制变量选取与前表一致。

表8-7第（2）列至第（6）列报告了信息渠道对家庭民间借贷参与影响的估计结果。其中，前三列为信息渠道影响家庭参与民间借出的估计结果，三组方程中信息渠道变量估计系数的符号为正，但不显著。后两列为信息渠道影响家庭参与民间借入的估计结果，可以发现，家庭信息渠道与其民间借

①　对于信息的主要来源方式仅限于亲戚、朋友、同事，而没有任何公共信息渠道的样本，由于丧失了表征"信息渠道广泛性"中与前两者的可比性，数据处理中设为缺失。但从CHFS2011问卷结果来看，这种情况并不多见（仅117户，占样本数的1.39%），样本损失量不大。

入之间存在显著的正向关系，计算得到其平均边际效应分别为 0.0327 和
0.3573，说明较之仅拥有公共信息渠道的家庭，同时还拥有私人信息渠道的
家庭获得民间借贷的概率、借入资金相应提高 3.27% 和 35.73%。这些结果
表明，社会网络影响民间借贷的信息渠道机制在借出市场并不成立，信息获
取在非正规金融市场中对借入方发挥了重要的作用，一定程度上是社会网络
影响家庭参与民间借贷的一个重要渠道。

表 8-7　　　　　　　社会网络对家庭民间借贷的影响机制：信息获取

变量	Informa_num	Inforle_pro	Linforle_size	Inforle_de	Inforfi_pro	Linforfi_size
	（1）Probit	（2）Probit	（3）Tobit	（4）Probit	（5）Tobit	（6）Tobit
Gift_de	0.0133**					
	(0.0060)					
Informa_channel		0.0276	0.3379	0.0168	0.0951***	0.9217***
		(0.0402)	(0.5928)	(0.0293)	(0.0312)	(0.3039)
控制变量	控制	控制	控制	控制	控制	控制
N	8171	7873	7873	7873	8177	8177
pseudo R^2	0.1131	0.1669	0.1338	0.1625	0.1725	0.1266

注：由于 Probit 模型和 Tobit 模型难以准确估计变量的偏效应，本表中汇报的是变量的估计系数，仅在实证结果分析中提供主要解释变量的平均边际效应以供参考。*** 表示在 1% 的水平上显著，** 表示在 5% 的水平上显著，* 表示在 10% 的水平上显著。括号内为稳健标准误。

　　在中国这样注重"人情关系"的传统社会，社会网络促进家庭民间借贷
的另一个重要渠道是它可以改善居民的风险态度。有研究表明，社会网络具
有分担风险的功能，其典型规模和密度是决定人们风险认知差异以及建构决
策模式的重要因素（Pitt et al.，1998；Weber & Morris，2010），拥有更多社
会关系网络的个体，生长在一个存在"安全网"体系保护的环境里，补损的
预期降低了其风险厌恶（Tanaka et al.，2010）。那么，社会网络是否能够通
过提高家庭风险偏好进而促进家庭参与风险较高的民间借贷呢？为检验这种
机制的存在性，表 8-8 对此进行了进一步考察。CHFS 调查问卷询问了家庭
对待投资风险的态度——"如果您有一笔资产，您愿意选择哪种投资项目？
1. 高风险、高回报的项目；2. 略高风险、略高回报的项目；3. 平均风险、
平均回报的项目；4. 略低风险、略低回报的项目；5. 不愿意承担任何风
险"。简化起见，本章将选项 1 和选项 2 界定为风险偏好，将选项 3 界定为风

险中性,将选项4和选项5界定为风险厌恶,分别赋值为1、2、3,并采用多元 Probit 模型检验了家庭社会网络对风险态度(记为 Risk_aver)的影响,如表 8 - 8 第(1)列至第(3)列所示。结果表明,社会网络虽然不能显著提高家庭风险爱好和风险中性的可能性,但风险厌恶的概率明显降低,其估计系数在 1% 的水平上显著为负,与理论预期一致。结合前面风险规避对家庭参与民间借贷的显著负向影响来看,广泛的社会网络有利于改善家庭的风险态度,进而降低风险厌恶对民间借贷活动的抑制作用并促进借贷参与。至此,"社会网络→风险态度→民间借贷"的作用机制得到了很好的验证。

表 8 - 8   社会网络对家庭民间借贷的影响机制:风险态度和预防性储蓄

变量	Risk_aver			Pcau_sav	Inforle_pro	Linforle_size	Inforle_de
	Risk_aver = 1	Risk_aver = 2	Risk_aver = 3				
	(1) ~ (3) Multinomial Probit			(4) Probit	(5) Probit	(6) Tobit	(7) Tobit
Gift_de	0.0075 (0.0066)	0.0013 (0.0062)	− 0.0160*** (0.0061)	− 0.0085* (0.0047)			
Pcau_sav					− 0.1188*** (0.0459)	− 1.0522* (0.5394)	− 0.0444* (0.0237)
控制变量	控制	控制	控制	控制	控制	控制	控制
N	8281	8281	8281	4300	4195	4195	4195
pseudo R^2	0.1575	0.1445	0.1269	0.1151	0.1825	0.1370	0.1751

注:控制变量选取同前表,但表中第(1)列至第(3)列未包含户主风险厌恶程度,限于篇幅,控制变量估计结果未予列出。*** 表示在 1% 的水平上显著,* 表示在 1% 的水平上显著。括号内为稳健标准误。

作为社会资本的一种类型,社会网络还可以通过降低家庭预防性储蓄行为进而促进其民间借出。根据预防性储蓄理论,居民储蓄的一种方式是"缓冲-存货"储蓄(Carroll,1997),即持有部分财富存货以缓冲不时之需。家庭拥有的社会网络本身是一种隐形财富存量,而且基于亲友关系的社会网络有助于家庭之间结成借贷互助团体(Bastelaer,2000),社会网络的这种非正式保险机制在一定程度上降低了居民的预防性储蓄,并激励了家庭在民间借贷市场中的借出动机。要对这种可能性进行实证检验,首先需要构建预防性储蓄动机的度量指标(记为 Pcau_sav)。CHFS 调查问卷询问了家庭各种储蓄动机,类似李涛、陈斌开(2014)的做法,当家庭储蓄的主要目的调查的选项中存在防意外（问卷中主要是防病）、为养老做准备、支付教育或培训费、买房或建房（包括装修）、婚丧嫁娶时，我们将 Pcau_sav 赋值为 1，反之为 0，并将预防性储蓄动机引入家庭民间借出决策方程，控制变量组合的选择与回归方程（8-1）相同，回归结果见表 8-8 第（4）列至第（7）列。可以看出，社会网络显著降低了家庭的预防性储蓄动机，同时，预防性储蓄对家庭是否参与民间借出、借出金额以及借出金额占家庭流动性资产的比重的影响均显著为负，预防性储蓄的平均边际效应分别为 -0.0317、-0.2217 和 -0.0088，即当存在预防性储蓄动机时，家庭从事民间借出的概率、借出金额和借出占比相应减少 3.17%、22.17% 和 0.88%。这说明，社会网络通过降低家庭的预防性储蓄进而激励其民间借出的影响机制是成立的。

8.7　稳健性检验

以"礼金支出占家庭日常总支出的比值"作为社会网络的代理变量更多的是考虑家庭社会网络的广度而非社会网络强度，因为亲属之间在红白喜事（包括做寿庆生等）方面的礼金往来可能是一种必要的礼仪，并不一定能说明该家庭社会关系的强弱，即使亲戚之间关系不是特别好，按照礼尚往来也可能必须相互馈赠。相比于社会网络广度对家庭民间借入和借出的促进作用，社会网络的强度可能是影响家庭民间借贷行为更为关键的因素。为了检验是否存在这种可能性，我们使用"家庭在中秋节、春节等节假日与非家庭成员之间的现金或非现金支出占家庭日常总支出的比值"作为衡量家庭社会网络强度的代理变量重复上述回归，因为在中国传统文化中，亲朋好友在春节、中秋节期间相互拜访及其人情往来通常是亲友之间交流沟通的重要途径之一，更为重要的是，相比于红白喜事等方面的礼金往来，春节、中秋节期间的人情往来往往在关系更好而且数量更小的亲友范围之间进行，"节庆支出占比"能够在一定程度上反映家庭社会网络的强度。我们将"节庆支出占比"记为 Festival_de，控制变量选择与回归方程（8-1）和方程（8-2）相同，回归结果见表 8 - 9 中 Panel A。可以看出，五组模型中社会网络变量均至少在 5% 水平上显著为正。以"是否为当地大姓"作为家庭社会网络的工具变量，我们对相应的 IV Probit 模型和 IV Tobit 模型重新估计，回归结果见表 8 - 9 中 Panel B。从结果可知，社会网络的强度显著推动了家庭民间借入及借出行为，其估计系数的方向与置信水平与前面的结论基本一致。换言之，前面的估计结果是稳健和可靠的。

表 8 - 9　　　　　　　　稳健性检验：家庭社会网络的不同度量

变量	(1) Inforfi_pro	(2) Linforfi_size	(3) Inforle_pro	(4) Linforle_size	(5) Inforle_de
Panel A					
Festival_de	0. 0121** (0. 0059)	0. 1284** (0. 0569)	0. 0476*** (0. 0073)	0. 6766*** (0. 1091)	0. 0325*** (0. 0054)
控制变量	控制	控制	控制	控制	控制
N	8281	8281	7978	7978	7978
pseudo R^2	0. 1819	0. 1305	0. 1702	0. 1370	0. 1686
Panel B					
Festival_de	0. 1051** (0. 0465)	0. 9155* (0. 4947)	0. 2246*** (0. 0444)	3. 7289*** (0. 9986)	0. 1885*** (0. 0496)
控制变量	控制	控制	控制	控制	控制
N	8281	8281	7978	7978	7978
一阶段估计 F 值	24. 77	24. 77	23. 87	23. 87	23. 87
Surname_pop	0. 6232*** (0. 0562)	0. 6232*** (0. 0579)	0. 6316*** (0. 0574)	0. 6316*** (0. 0591)	0. 6316*** (0. 0591)
Wald 内生性检验 （p 值）	3. 77 (0. 0521)	2. 57 (0. 1090)	11. 21 (0. 0008)	9. 51 (0. 0020)	10. 07 (0. 0015)

注：控制变量选取与表 8 - 4、表 8 - 5 和表 8 - 6 一致，限于篇幅，控制变量估计结果未予列出。*** 表示在 1% 的水平上显著，** 表示在 5% 的水平上显著，* 表示在 10% 的水平上显著。括号内为稳健标准误。

8.8　本章小结

以转型经济背景下我国城乡经济金融发展的系统性差异为切入点，本章借助中国家庭金融调查（CHFS）25 个省份专项入户调查数据，在统一的框架下验证了社会网络对家庭民间借贷行为的影响、作用机制及其城乡差异。实证发现：社会网络对家庭是否参与民间借出、借出金额以及借出占比均有显著的正向影响，同时，拥有更多关系网络的家庭，获得民间借入的可能性和借入金额也明显更高。当我们分样本考察社会网络影响家庭民间借贷行为的城乡差异时发现，社会网络对城市家庭民间借贷行为的边际影响要高于农村家庭。进一步地，社会网络可以通过拓宽信息渠道、改善风险偏好和降低预防性储蓄动机影响家庭民间借贷决策，其在正规金融市场越不发达的地区对家庭非正规金融活动所发挥的作用越大，这说明作为一种非正式金融制度，社会网络在一定程度上弥补了正规金融制度的缺陷。

本章的研究结论具有重要的政策启示。在我国现有金融体系仍然不够健全的情况下，以亲缘关系为基础的社会网络作为传统乡土社会的重要特征，对于改善居民风险偏好、降低预防性储蓄动机，并进一步促进家庭借贷供求双方民间金融参与作用显著。尤其是当代农村残缺产权形式和正规金融组织缺位的现实约束条件下，以亲友借贷网络为主要表现形式的民间金融在农村金融市场和农村社会经济发展过程中充当了非常重要的角色。因此，在当前正规金融机制欠完善的社会转轨条件下，如何鼓励居民家庭之间的互动往来并有效提升其关系网络、如何实现金融创新与社会网络的匹配、如何在长期内引导有利于促进民间金融的亲友借贷网络的形成，这些都是更加系统的政府政策需要深入考虑的问题。同时，政府还需要根据社会网络不同类型设计和构建对应的信息传输渠道，逐步形成稳定、有序、高效的信息沟通机制，降低民间金融市场供求双方的信息不对称程度，进而提高资金供给方的放贷意愿并有效缓解资金需求方的信贷约束困境。

最后，本章还存在一些不足之处。大量研究表明，信息不对称是导致民间信贷约束的关键因素之一。社会网络之所以能够对家庭借贷行为产生上述影响，在某种程度上是因为，家庭所拥有的社会网络起着重要的信号传递作用。然而，受 CHFS 调查数据的限制，我们没有能够检验出社会网络的这种信号传递机制在推动家庭民间金融参与中的具体作用。此外，民间借贷的影响因素可能是多方面的，比如借贷利率也会影响家庭的借贷行为。但限于数据、篇幅以及问题的侧重点，本章并未进行深入研究，期待更多的学者进行补充和完善。

第 9 章

社会网络对家庭投资
组合效率的影响

本章利用中国家庭金融调查（CHFS）数据，系统地检验了家庭拥有的社会网络对居民资产配置效率的影响以及社会网络效应在不同区域之间和城乡之间的影响差异。研究发现，基于亲友关系的社会网络，显著提高了家庭资产配置的效率，采用工具变量的估计结果也进一步证实，拥有更多社会网络的家庭，投资组合更为有效；分城乡和区域来看，较之农村家庭，城镇家庭投资更为有效，但资产配置效率在中、西部地区家庭与东部地区家庭间并不存在显著差异，同时，社会网络水平的提高对中、西部地区和农村家庭投资组合有效性的边际影响更大。

9.1 概述

优化家庭资产配置对增加居民财产性收入和福利水平有着重要影响，居民家庭能够通过参与市场投资并有效转化为家庭收入而减缓财富初次分配不公导致的社会贫富差距（陈志武，2003），但不同家庭资产组合的优化程度是非均匀动态变化的，金融市场有时会被一部分拥有更多社会资源并擅长资本运作的投资者作为工具用来掠夺另一部分人的财富，金融市场发展反而会加剧贫富差距的进程（Campbell，2006）。本章的目的是试图找出家庭拥有的社会网络与其资产配置效率间的关系，相应的结论对更全面地理解中国居民的资产选择特征以及合理引导居民投资行为是有帮助的，对深化资本市场改革、金融产品创新以及非正式制度完善等方面也都有指导意义。

近年来，有关家庭投资组合及其影响因素这一研究主题，受到了国内外学者的广泛关注，相关理论和实证文献主要涉及居民投资决策的人力资本、财富效应、健康风险、流动性约束和生命周期效应等方面。扎戈斯基（Zagorsky，2007）研究发现，高人力资本投资者认知模式与其他人群存在差异，个体的受教育水平对其风险资产持有比重具有显著的正向影响；卡达克和威尔金斯（Cardak & Wilkins，2009）运用澳大利亚家庭金融动态调查（HILDA）数据研究家庭持股情况，发现风险偏好与流动性约束对个体参与股市的影响非常大，同时，健康风险与收入不确定性对家庭持有风险资产的抑制效应也十分显著。吉索等（Guiso et al.，2000）比较包括英国、德国、意大利在内的欧洲诸国家庭资产组合的研究也表明，随着年龄的递增，居民家庭风险资本市场与无风险资本市场的参与比例分别呈现"钟型"和"U型"的分布特征。舒梅和费格（Shume & Faig，2006）运用美国消费者金融调查（SCF）数据，发现年龄、财富以及退休储蓄金等对家庭投资组合具有显著影响。国内方面也有研究家庭的人口学特征，如生命周期、人力资本（吴卫星、齐天翔，2007；肖作平等，2011）以及家庭的社会网络、社会互动、背景风险等（李涛，2006；何兴强等，2009；王聪等，2015）对家庭资产组合决策的影响。

与家庭投资组合研究的快速推进相比，对于家庭投资组合有效性的研究相对较少，关注的焦点也仅限于建立在宏观总量数据基础上经验观察或影响因素的全景式实证检验（Pelizzon & Weber，2008；Grinblatt et al.，2011；吴卫星等，2015），从社会网络的角度对此进行研究的文献还非常少见。本章正是从这一视角出发，运用来自中国的微观调查数据对家庭资产配置效率问题展开深入研究。理论上，家庭拥有的社会网络可以通过信息获得机制：利用社会关系获取更多的市场信息，或者通过与关系群体成员的直接交流和讨论以改善居民的投资决策。赫什利弗和缇奥（Hirshleifer & Teoh，2003）详细探讨了社会网络在金融领域中的信息传递机制；洪等（Hong et al.，2004）提供了个体通过社会网络从其他成员处获得金融市场完善知识从而降低市场参与成本及提高投资收益概率等方面的经验证据。另外，社会网络在一定程度上能够缓解家庭投资中面临的信贷约束，使个体投资者能以更低的成本获得投资信贷，从而有助于家庭实现资产组合的优化配置。卡兰（Karlan，2007）指出，以情感连带为基础而建立起来的社会网络，能有效降低信贷市场由于信息不对称引起的逆向选择和道德风险问题的发生概率；马光荣和杨恩艳（2011）的实证研究发现，亲友关系对其是否获得民间借贷有着显著影响，社会网络在信贷市场扮演了重要角色；杨汝岱等（2011）使用中国农村调查数据验证了社会网络有助于家庭平衡现金流、缓解流动性约束。

借助中国家庭金融调查（CHFS）的微观数据，本章基于社会网络视角，系统地检验了家庭拥有的社会网络对居民投资组合有效性的影响以及社会网络效应在不同区域之间和城乡之间的影响差异。本章的发现对于中国居民收入分配机制改革，尤其是提高财产性收入方面，有着重要参考价值。在广泛拓展金融市场投资渠道的同时，不仅需要考虑行政干预、制度维护、市场规范，还需要从社会结构的调整以及社会关系的改善方面入手。

本章剩余部分安排如下：9.2 节为数据样本和研究变量；9.3 节为实证结果及分析，包括计量模型设定、社会网络对家庭投资组合有效性的影响以及社会网络效应在城乡和区域间的影响差异；9.4 节为结论性评述。

9.2　投资组合有效性的测度

本章使用的数据来自西南财经大学联合中国人民银行进行的中国家庭金融调查项目（CHFS2011）。该项目详细调查了包括浙江、江苏、上海、山东、北京、河南、湖北、湖南、四川、重庆、山西、青海等 25 个省份的 8438 户居民家庭，样本涵盖中国东部、中部、西部各省份，调查通过入户访问的方式，采集了受访家庭持有的房产、股票、银行储蓄、基金等资产配置状况，以及家庭的人情往来、社会关系、人口结构、家庭成员的工作及收入状况等各方面信息，具有很好的全国代表性。

9.2.1 投资组合有效性

投资组合有效性通常表现为居民所持资产组合承担投资风险与获得超额回报之间的匹配程度，单位风险下超额回报越大，投资组合有效性水平越高。借鉴格林布拉特等（Grinblatt et al.，2011）的做法，本章采用夏普率来测度居民家庭资产组合的有效性。我们利用 CHFS 调查项目中样本家庭资产配置状况及所持各类资产的风险和收益情况，计算不同家庭资产组合各自的夏普率，方法如下：

$$Sharpe\_Ratio_i = \frac{E\ (R_{p_i}) - R_f}{\sigma_{p_i}}, \ i = 1, \ 2, \ \cdots, \ n \qquad (9-1)$$

$$E(R_{p_i}) = \sum_{j=1}^{m} w_j R_j; \ \sigma_{p_i} = \sqrt{\sigma_{p_i}^{\ 2}} = \sqrt{\sum_{j=1}^{m} w_j^{\ 2} \sigma\ (R_j)^2 + \sum_{l=1}^{m} \sum_{k=1}^{m} w_l w_k \sigma\ (R_l, \ R_k)}$$

$$(9-2)$$

其中，$j = 1, \ 2, \ \cdots, \ m$；$l \neq k$。$w_i$ 表示家庭投资组合中每一种资产在投资总额中所占比重，m 为样本家庭投资组合中包含的资产种类，n 为样本家庭个数。CHFS 的调查问卷中居民家庭资产组合包括 16 种资产项目，分别是股票、债券、银行定期存款、活期存款、基金、现金、金融理财产品、金融衍生品、货币黄金、借出款、房产、自主工商业资产、耐用消费品、汽车、收藏品、其他资产。为简化问题，参考麦卡锡（McCarthy，2004）的做法，本章所考虑的家庭投资组合包括四种主要投资：股票、基金、债券和房产。R_p 和 σ_p 表示家庭投资组合的收益率和标准差，$\sigma\ (R_l, \ R_k)$ 为各资产收益率之间的协方差。由于缺乏样本家庭资产配置的详细账户数据，我们只有家庭资产构成的数据，没有家庭具体资产类别及其回报的数据。比如说，我们知道样本家庭持有的股票和基金总额，但并不知道持有哪只股票和基金，更无法统计不同类别资产的收益率、标准差及相互之间的协方差，因此，要在 CHFS 横截面调查数据中测度家庭投资组合夏普率是非常困难的。

佩利佐和韦伯（Pelizzon & Weber，2008）的经典文献为这种数据约束下研究家庭投资组合有效性问题提供了思路。佩利佐和韦伯的核心思想是，通过指数替代，以一种平均化的方式来反映家庭持有的各类资产收益率，据此计算不同家庭的投资组合夏普率。具体做法是，我们以上证指数、深成指数和创业板综合指数月波动率按各自成交额加权来反映居民持有股票的收益率和风险，考虑到金融市场呈现明显的周期性运行特征（绕为民、王三兴，2010），本章截取的时间区间为 2003 年 2 月至 2015 年 9 月，因为这段区间内，以股市为代表的中国金融市场经历了一个相对完整的周期，由于中国创业板市场从 2010 年 6 月才开始运行，因此创业板综合指数的纳入区间为 2010 年 6 月到 2015 年 9 月。类似的，家庭持有基金的收益，我们以上证基金指数和深圳基金指数加权的月收益率来反映。同时，我们以时间区间内中国每一单位商品房销售面积的平均销售额的月房价序列，计算家庭持有房产的收益率；以能够综合反映银行间拆借市场和沪深交易所二级债券市场的中证全债指数月波动率替代家庭持有债券的收益率。家庭投资组合中各类资产的标准差及相互之间的协方差以各自资产的月收益率序列数据计算。

9.2.2　社会网络及其他分析变量

关于社会网络的界定与衡量，学界普遍接受来自杜尔劳夫等（Durlauf et al.，2004）的观点：社会网络是个体通过社会关系获取稀缺资源并能够因此产生一系列收益流的能力。实证研究中，社会网络的具体量化指标非常宽泛且测度差别很大，但已逐步形成相对收敛的共识，即突出在社会网络中社会关系的主导地位，并视之为社会网络的一个重要维度（陈劲等，2001；陈爽英等，2010；Khanh，2011）。基于这种认识，本章以家庭"礼金收支"的数量作为居民社会网络的代理变量。在中国乡土社会，亲友关系是人们拥有的社会关系的主要形式，而现实中，互赠礼金往往成为维系亲友间情感的重要纽带。从相关文献的综合对比来看，"礼金收支"可以一定程度地反映家庭的社会关系真实状况，是家庭社会网络相对合适的度量指标。

控制变量方面，我们控制了家庭户主的性别、受教育程度、婚姻状况、政治面貌以及家庭所持有的总财富、家庭收入和家庭规模。家庭收入方面，考虑到财产性收入对家庭金融投资决策的内生性影响，我们在家庭收入统计中剔除了租金、利息以及股市资本利得等收入项目。家庭规模以与户主共同生活的人数而不是户口簿上的家庭人口数进行度量。由于外迁、就业等诸多原因，在户籍部门登记的家庭人数与家庭实际人数之间可能存在偏差。我们认为，与户主共同生活的人数与家庭投资决策有更加直接的关系。家庭财富水平以家庭总资产扣除家庭总负债后得到的家庭净资产来度量，家长的政治面貌包括群众、中共党员、民主党派或其他党派人士，婚姻状况包括未婚、已婚、离婚、丧偶，按照虚拟变量赋值。相关变量的定义与描述性统计结果见表 9 – 1。

表 9 – 1　　　　　　　　　　　主要变量的统计描述

变量	观测值	均值	标准差	最大值	最小值	变量含义
Sharpe_Ratio	7993	0.954	0.247	0.216	0	家庭投资组合夏普率
LnGift	8438	2.691	3.664	12.346	0	礼金收支对数
Wealth	7993	66.519	192.688	2394.30	−119.03	家庭财富净值（万元）
Age	8416	49.015	14.403	86	18	家长年龄
Income	7496	5.206	8.837	353.450	0.001	家庭年收入（万元）
Gender	8438	0.539	0.498	1	0	男性 =1，女性 =0
Education	8359	3.396	1.699	9	1	户主受教育程度
Old_foster	8438	0.344	0.647	3	0	老人抚养比
Young_foster	8438	0.110	0.155	0.75	0	少儿抚养比
Family_scale	8438	3.475	1.548	18	1	家庭规模
Politic_pa	8313	0.149	0.356	1	0	户主是否中共党员
Politic_op	8313	0.054	0.226	1	0	户主是否其他党派
Unmarried	8342	0.050	0.217	1	0	户主是否未婚
Divorce	8342	0.027	0.162	1	0	户主是否离婚或分居
Death_spouse	8342	0.056	0.229	1	0	户主是否丧偶
Midwest	8438	0.528	0.499	1	0	家庭是否位于中、西部
Rural	8438	0.576	0.494	1	0	家庭是否为农村居民

9.3　社会网络对家庭投资组合有效性影响的实证分析

9.3.1　研究设计

现实中，金融市场有限参与现象广泛存在。我们在对家庭投资股票、基金、债券和房产的行为进行考察时，由于不是所有的家庭参与了所有的投资项目，样本家庭涉及不同程度的数据截取问题，因此，本章采用 Tobit 模型来考察家庭的社会网络对其投资组合有效性的影响。当家庭参与投资上述项目时，投资组合夏普率是一个可观测变量，而当家庭不持有上述项目时，相应的因变量是不可观测的潜变量，Tobit 模型利用潜变量 y^* 来代表观测变量 y 的方法能有效解决这种数据截取问题。本章具体构建的检验模型设定如下：

$$\text{Sharpe\_Ratio}^* = \alpha + \beta \text{LnGift} + \psi \text{Control} + u \tag{9-3}$$

$$\text{Sharpe\_Ratio} = \max\ (0,\ \text{Sharpe\_Ratio}^*) \tag{9-4}$$

其中，Sharpe_Ratio^* 是由回归方程决定的不可观测的潜变量，LnGift 是我们关注的家庭社会网络变量，Control 表示可能影响家庭投资组合有效性的控制变量组合，主要包括家庭人口学特征、财富、收入、政治面貌和婚姻状况等，u 是模型残差。为进一步考察社会网络对家庭投资组合有效性影响的区域间差异和城乡差异，本章构建以下交互作用的检验模型：

$$\text{Sharpe\_Ratio}^* = \alpha + \beta_1 \text{LnGift} + \beta_2 \text{LnGift} \times \text{Midwest}$$
$$+ \beta_3 \text{Midwest} + \psi \text{Control} + u \tag{9-5}$$

$$\text{Sharpe\_Ratio}^* = \alpha + \beta_1 \text{LnGift} + \beta_2 \text{LnGift} \times \text{Rural}$$
$$+ \beta_3 \text{Rural} + \psi \text{Control} + u \tag{9-6}$$

其中，Midwest 表示样本家庭是否位于中、西部地区哑变量，Rural 表示样本家庭是否为农村家庭哑变量，其他变量的定义与式（9-3）和式（9-4）相同。

163

9.3.2 回归结果及分析

表9－2给出了社会网络对家庭投资组合夏普率影响的估计结果。由于家庭规模、家长的政治面貌和婚姻状况在影响家庭投资行为的同时也可能对家庭金融决策效率的社会网络效应产生干扰，比如，非群众的政治身份、稳定的婚姻状况或更大规模的家庭可能拥有更多的亲友数和更强的社会网络，因此，本章在家庭投资组合夏普率决定方程中逐步控制了这些变量，相应的回归结果如第（1）列和第（2）列所示。第（3）列和第（4）列考虑到礼金往来数可能会存在的内生性问题，本章引入工具变量"是否为当地大姓"对决定方程重新进行了估计。

关于家庭投资组合有效性的社会网络效应，在第（1）列的估计中，关注变量亲友间礼金往来金额的作用在1%的置信水平上显著为正，其 Tobit 模型的平均偏效应（average partial effect，APE）为 0.2378，即家庭礼金往来金额增加1倍，该家庭投资组合夏普率能提高 0.2378。这表明，基于亲友关系的社会网络越多，家庭资产配置越有效率。第（2）列额外控制了家庭规模、家长的政治面貌和婚姻状况变量，从回归结果来看，亲友间礼金往来金额的边际影响和显著性水平相对收敛，但依然在5%的水平上显著为正，说明实证检验的结果具有一定的稳健性。虽然礼金往来数额更多地受家庭外部环境和亲友数量的影响，在家庭投资效率决定方程中相对外生，但礼金往来数额和家庭投资组合效率可能同时受其他因素的影响，比如，本身能力更强的人或性格更开朗外向的人，更有可能有效配置资产和投资，同时拥有的亲友数量以及互赠礼金数额也倾向于更大，而能力及性格特征是不可观测变量，因此，本章的关注变量礼金往来金额可能是内生的。

接下来，寻找适合的工具变量是本章要处理的一个关键问题。经过反复检验，本章将"是否为当地大姓家庭"作为"礼金往来金额"的工具变量进行估计。"是否为当地大姓家庭"是一个虚拟变量，是则赋值为1，反之为0。由于大姓家庭通常拥有更庞大基于宗族和亲缘关系的亲友数量，礼金往来金额可能越多，因此大姓家庭变量与礼金往来金额非常相关。另外，"是否为当地大姓家庭"早在父辈或祖辈就确定了,不会与家长的能力、性格特征等相关,即大姓家庭变量和家庭投资组合效率之间没有直接的关系。因此,我们认为大姓家庭变量作为礼金往来金额的工具变量是合适的。第（3）列和第（4）列报告了 Durbin – Wu – Hausman 内生性检验结果,在家庭投资效率决定方程的不同控制变量组合中,礼金往来变量均至少在 5% 的置信水平上拒绝不存在内生性假设。在两阶段工具变量 IV Tobit 模型的估计中,大姓变量第一阶段的 t 值分别为 11.03 和 10.62,说明大姓变量与礼金往来金额显著正相关;同时,F 统计量分别为 37.185 和 34.207,大于斯达克和约戈（Stock & Yogo,2002）提供的 10% 偏误下的弱工具变量阈值 16.38,说明不存在弱工具变量问题。因此,以"是否为当地大姓家庭"作为工具变量是合适的。

第（3）列和第（4）列给出了工具变量的回归结果,在第（3）列的估计中,礼金往来金额对家庭投资组合夏普率的平均偏效应（APE）为 1.6978,在 1% 的置信水平上显著。第（4）列与第（3）列的结果类似,增加控制家庭规模、家长的政治面貌和婚姻状况等变量后,家庭金融决策效率的社会网络效应依然在 5% 的水平上是正向显著的。因此,工具变量"是否为当地大姓家庭"估计的结果进一步表明,广泛的社会网络有效促进了家庭投资组合效率。

控制变量方面,财富水平对家庭投资组合夏普率的影响是正向的,在四组回归方程中均在 0.1% 的置信水平上显著,这意味着财富水平高的家庭在资产配置方面相对更优。事实上,富裕家庭通常较少受流动性约束的制约,相对于贫穷家庭来说能够更为有效地配置资产。在其他条件不变的前提下,家庭人口数越大,投资决策效率越高,这一结果可能由于更高程度的集体决策更为理性或者获得的信息渠道更宽泛,大家庭往往拥有更强的资产配置能力,投资组合更为有效。除此之外,家长为女性和受教育程度高的家庭所持投资组合的夏普率明显更高;同时,较之已婚家庭,未婚、离婚、丧偶家庭在资产配置方面效率更低,这说明稳定的婚姻状况能够有效改善家庭财务决策,使投资组合更为有效;民主党派家庭所持投资组合的夏普率明显高于群众家庭；分年龄来看，中年家庭投资组合有效性程度最高，夏普率随家长年龄的增长呈先升后降的"倒 U 型"分布。

表 9 – 2　　　　　　社会网络对家庭投资组合有效性的影响

变量	被解释变量：Sharpe_Ratio			
	（1）Tobit	（2）Tobit	（3）IV Tobit	（4）IV Tobit
LnGift	0. 2378**	0. 1930*	1. 6978**	1. 4340*
	（3. 04）	（2. 46）	（2. 76）	（2. 26）
Wealth	0. 0168***	0. 0169***	0. 0167***	0. 0168***
	（10. 14）	（10. 13）	（9. 81）	（9. 88）
Age	1. 3392***	1. 1438***	1. 3610***	1. 2195***
	（9. 58）	（7. 25）	（9. 49）	（7. 39）
Age_sq	− 0. 0121***	− 0. 0104***	− 0. 0119***	− 0. 0107***
	（− 8. 43）	（− 6. 55）	（− 8. 11）	（− 6. 62）
Income	− 0. 0037	− 0. 0018	− 0. 0305	− 0. 0252
	（− 0. 11）	（− 0. 05）	（− 0. 83）	（− 0. 68）
Gender	− 1. 2964*	− 1. 0379*	− 1. 3720*	− 1. 1059*
	（− 2. 20）	（− 2. 01）	（− 2. 27）	（− 2. 09）
Education	0. 0875***	0. 1076***	0. 1568***	0. 0970***
	（5. 44）	（5. 49）	（4. 69）	（4. 39）
Old_foster	− 1. 5456	− 1. 1072	− 1. 8768	− 1. 4013
	（− 0. 99）	（− 0. 70）	（− 1. 17）	（− 0. 86）
Young_foster	5. 8776	0. 7294	2. 6164	1. 0791
	（1. 64）	（0. 32）	（1. 06）	（0. 44）
Family_scale		0. 9292***		0. 8095***
		（4. 27）		（3. 52）
Politic_pa		1. 1593		1. 0094
		（1. 27）		（1. 08）
Politic_op		3. 4562*		2. 9919*
		（2. 46）		（2. 07）
Unmarried		− 5. 7205***		− 4. 1447*
		（− 3. 31）		（− 2. 15）
Divorce		− 3. 7543		− 3. 0379
		（− 1. 94）		（− 1. 52）
Death_spouse		− 1. 0764		− 0. 8737
		（− 0. 79）		（− 0. 62）

续表

变量	被解释变量：Sharpe_Ratio			
	（1）Tobit	（2）Tobit	（3）IV Tobit	（4）IV Tobit
常数项	60.4670*** (16.12)	62.5138*** (14.44)	55.9512*** (13.08)	57.4417*** (11.26)
样本量	7054	6997	7049	6993
LR 统计量	255.17***	296.91***		
一阶段估计 F 值			37.185	34.207
工具变量 t 值			11.03***	10.62***
DWH 检验 χ^2 （p 值）			5.73 (0.017)	3.88 (0.048)

注：*** 表示在 1% 的水平上显著，** 表示在 5% 的水平上显著，* 表示在 10% 的水平上显著。括号内为 z 统计量。

9.3.3　城乡和区域间影响差异

接下来，本章分区域和城乡，利用模型（9-5）和模型（9-6）进一步研究社会网络对家庭投资组合有效性影响的区域间差异和城乡间差异。表 9-3 的第（1）列和第（2）列给出了家庭社会网络在区域间的影响差异，第（3）列和第（4）列给出了家庭社会网络在城乡间的影响差异。

（1）区域间影响差异。为了研究家庭资产配置效率的社会网络效应在不同区域间影响的异质性，我们在估计中加入了家庭礼金往来金额与中、西部地区虚拟变量的交叉项。第（1）列的估计中，家庭礼金往来金额与中、西部地区虚拟变量交叉项的边际系数为 0.0051，并在 5% 的置信水平上显著。这说明社会网络在中、西部地区对家庭资产配置效率的影响更大。通常来说，中、西部地区市场化程度低于东部地区，已有文献发现，作为非正式制度的一个重要方面，社会网络的作用随市场化进程趋于减弱（张爽等，2007）。一个合理的推测是，在旧的制度下，依靠拥有更多社会关系在资产配置中享有更多优势的人，将在市场转型中逐渐失去他们的优势，即市场力量削弱了其社会网络对家庭资产组合效率的影响。第（2）列采用"是否为当地大姓"作为家庭社会网络工具变量对模型（9-5）重新估计，交叉项的边际系数为

0.0499，并在5%的水平上显著，估计结果进一步证实了第（1）列的结论，说明家庭社会网络对中、西部家庭投资组合效率的促进效应更为明显。

（2）城乡间影响差异。为了研究家庭资产配置效率的社会网络效应在农村家庭和城镇家庭的影响差异，我们在估计中加入了家庭礼金往来金额与农村哑变量的交叉项，表9-3的第（3）列和第（4）列报告了相应的回归结果。第（3）列的估计中，农村哑变量的估计系数并不显著，但边际效应为负，且第（4）列采用工具变量方法的估计结果在5%的置信水平上负向显著，这在一定程度上反映可能在正规金融市场受到更多的信贷约束（如购房限贷），农村家庭投资组合效率更低。但是基于第（3）列和第（4）列关于社会网络与农村哑变量交叉项的回归结果，我们发现，在人们的资产配置过程中，家庭社会网络在农村发挥了更大的作用。这说明依托亲友关系，社会网络在某种程度上弥补了农村正规金融制度的缺陷并在农村家庭资产配置中扮演了更重要的角色，也进一步印证了社会网络更多地表现为穷人的资本。

表9-3　　　　　　　　　　社会网络影响的城乡差异与区域差异

变量	区域间差异		城乡间差异	
	（1）Tobit	（2）IV Tobit	（3）Tobit	（4）IV Tobit
LnGift	0.1994* (2.49)	1.5192* (2.26)	0.2279** (2.88)	3.8969* (2.47)
LnGift × Midwest	0.0051* (2.17)	0.0499* (2.03)		
Midwest	−0.0868 (−1.35)	−0.1992 (−1.30)		
LnGift × Rural			0.0529* (2.34)	3.6662* (2.20)
Rural			−1.5238 (−1.71)	−3.3240* (−2.16)
Wealth	0.0170*** (10.18)	0.0168*** (9.89)	0.0172*** (10.28)	0.0179*** (9.74)
Age	1.1385*** (7.22)	1.2063*** (7.34)	1.1577*** (7.33)	1.1365*** (6.74)
Age_sq	−0.0103*** (−6.52)	−0.0106*** (−6.54)	−0.0104*** (−6.57)	−0.0096*** (−5.48)

续表

变量	区域间差异		城乡间差异	
	（1）Tobit	（2）IV Tobit	（3）Tobit	（4）IV Tobit
Income	− 0.0017 （− 0.05）	− 0.0255 （− 0.69）	0.0005 （0.01）	− 0.0073 （− 0.20）
Gender	− 1.0029* （− 2.15）	− 1.0873* （− 2.24）	− 0.8362* （− 2.06）	− 0.7834* （− 2.19）
Education	0.1233*** （4.56）	0.0896*** （4.36）	0.3001*** （4.22）	0.0667*** （4.22）
Old_foster	− 1.1194 （− 0.71）	− 1.4835 （− 0.91）	− 1.1614 （− 0.73）	− 2.0769 （− 1.15）
Young_foster	0.6934 （0.31）	− 1.1422 （− 0.46）	0.7643 （0.34）	− 2.1673 （− 0.70）
Family_scale	0.9223*** （4.24）	0.8064*** （3.51）	0.8470*** （3.81）	0.7954*** （3.32）
Politic_pa	1.1565 （1.26）	0.9953 （1.06）	1.2437 （1.36）	1.3325 （1.36）
Politic_op	3.4536* （2.46）	2.9492* （2.03）	3.3993* （2.42）	2.9682* （2.05）
Unmarried	− 5.7170*** （− 3.31）	− 4.1174* （− 2.12）	− 5.7736*** （− 3.34）	− 3.8369* （− 2.07）
Divorce	− 3.7299 （− 1.93）	− 2.9555 （− 1.47）	− 3.5615 （− 1.84）	− 1.3535 （− 0.53）
Death_spouse	− 1.0971 （− 0.80）	− 0.9359 （− 0.67）	− 0.9883 （− 0.72）	0.1544 （0.09）
常数项	62.4562*** （14.43）	57.3723*** （11.24）	60.3066*** （13.44）	48.5036*** （5.23）
样本量	6997	6993	6997	6993
LR 统计量	298.88***		300.38***	
一阶段估计 F 值		29.334		26.503
工具变量 t 值		4.16		7.91
DWH 检验 χ^2 （p 值）		3.02 （0.082）		2.98 （0.085）

注：***表示在 1% 的水平上显著，**表示在 5% 的水平上显著，*表示在 10% 的水平的显著。括号内为 z 统计量。

综合来看，城镇家庭投资组合更为有效，但资产组合效率在中、西部家庭与东部家庭间并不存在显著差异；同时，家庭层面的社会网络在中、西部地区和农村，对家庭投资组合有效性的促进效应明显高于东部地区和城市。

9.4 本章小结

借助西南财经大学在全国范围内开展的中国家庭金融调查项目（CHFS）的入户调查数据，本章考察了家庭层面的社会网络对家庭资产配置效率的贡献，更为重要的是，本章还考察了社会网络的这种贡献在资产结构迥异的城乡之间以及市场化水平非均匀分布的地区之间有何差异。研究发现，基于亲友关系的社会网络显著提高了家庭资产配置的效率，采用工具变量的估计结果也进一步证实，拥有更多社会网络的家庭，投资组合更为有效。同时，较之农村家庭，城镇家庭投资更为有效，但资产配置效率在中、西部家庭与东部家庭间并不存在显著差异；家庭层面的社会网络在中、西部地区和农村，对家庭投资组合有效性的促进效应明显高于东部地区和城市。除此之外，财富水平对家庭投资组合夏普率的影响是正向显著的；家庭人口数越大，投资决策效率越高；家长为女性和受教育程度高的家庭所持投资组合的夏普率明显更高；同时，较之已婚家庭，未婚、离婚、丧偶家庭在资产配置方面效率更低；民主党派家庭所持投资组合的夏普率明显高于群众家庭；分年龄来看，中年家庭投资组合有效性程度最高，夏普率随家长年龄的增长呈先升后降的"倒 U 型"分布。

"多渠道增加居民财产性收入"是党的十八大报告提出的一项重要的工作目标，其中，合理配置家庭拥有的不动产（如房产等）和动产（如股票、基金等）并有效转化为家庭收入是工作任务的重要方面。本章进行的社会网络对中国居民家庭资产配置效率影响的系统性检验，以及社会网络效应在不同区域之间和城乡之间的实证区分，不仅拓展了已有的社会网络、投资决策等领域的学术研究，而且为提高家庭收入、改善居民福利的政府目标架设了一个新的政策视角，即社会网络视角。如何广泛地拓展渠道并有效提高居民财产性收入？传统的政策或是主张居民私有财产权保护制度的健全，或是强调收入分配机制的转变，或是突出财产资本化的要素市场的完善，笔者并不否认这些政策的重要。但是，居民有效配置资产并获取更多财产性收入是一个复杂的社会现象，他们所拥有的社会网络，尤其是在正式制度环境缺乏的农村和中、西部地区，会对其投资效率有着重要影响。在当前市场机制还不健全的社会转轨条件下，如何鼓励居民家庭之间的互动往来并有效提升其社会网络、如何实现金融创新与社会网络的匹配、如何在长期内引导有利于提高居民投资效益的社会网络规范的形成，这些都是更加系统的政府政策需要深入考虑的问题。

第 10 章

结论与政策含义

10.1　主要研究结论

当前，世界经济格局正处于剧烈变动之中，与此同时，我国也步入优化结构、减速换挡、面临多挑战、寻找新动力的经济新常态阶段（刘文革等，2016）。此背景下，激发民众投资意愿、释放市场潜能具有举足轻重的意义。本书借助 2008~2018 年中国家庭追踪调查（CFPS）和 2011~2017 年中国家庭金融调查（CHFS）两套数据库，在统一的框架下研究了社会网络对居民金融投资行为（正规和非正规金融市场）的影响和社会网络对居民非金融投资行为（家庭创业）的影响。主要得到以下结论。

（1）居民投资行为特征方面，与西方发达国家相比，中国居民家庭在资产配置中所表现出显著的异质性：中国有 87.2% 的家庭拥有房产，远高于欧美等发达国家，房产份额与美国的 66% 持平，而与德国的 78.1%、法国的 92.0%、意大利的 84.8%、荷兰的 83.1% 和欧元区平均的 82.0% 存在较大差异；中国家庭股票参与率高于意大利的 4.1%、德国的 10.5%、荷兰的 11.0%、法国的 14.7% 和欧元区平均的 10.1%，低于美国的 18.5%；较之欧美发达国家，中国家庭基金参与率较低，在很大程度上股票投资比重不足，尤其是通过间接持股的基金份额，远低于美国的 11.7%、德国的 10.4% 和意大利的 9.6%①。家庭创业方面，结合创业家庭城乡分布可以发现两个重要特征：一是城市家庭从事创业的比例为 11.48%，而农村家庭仅为 8.15%，城市的创业活力明显高于农村；二是分区域考察城乡分布来看，东部、中部、西部地区城市创业家庭比分别较农村高出 0.77%、2.94% 和 8.21%，说明城乡创业参与上的差异更多地体现在西部地区，中部次之，东部最小②。

（2）非金融投资行为中，社会网络提升了家庭从事自主创业的可能性，其对农村家庭创业参与的边际影响要高于城市家庭。进一步地，在影响渠道检验中，发现社会网络可以通过改善家庭信贷约束促进家庭参与创业。通过引入市场化指数及其与家庭社会网络的交互项，发现社会网络在市场化越不发达的地区对家庭创业的边际影响越大，这说明作为一种非正式制度，社会网络在一定程度上弥补了正式制度体系的不足。社会网络不仅对家庭是否从事自主创业、创业金额均有显著的正向影响，而且拥有更多社会网络的家庭，在创业过程中所获回报率也明显更高。这种积极作用既不受由于我国二元经济结构导致的城乡差异对家庭创业的影响，也不体现创业行为反向作用关系强度的内生性干扰，结论非常稳健。从社会网络的不同维度来看，亲缘关系、社交关系对家庭创业决策、创业回报均有显著的正向影响，而创业行为中依托邻里关系的作用机制并不成立。

（3）正规金融投资方面，理论机制分析表明，不论对于不确定性厌恶型家庭还是不确定性中性或喜好型家庭，随着社会网络程度的提高，其风险厌恶程度（或不确定性偏好）将不同程度降低（或提高），居民将表现出更强的市场参与倾向，并且其股市参与也更为深入。同时，在最优参与决策前提条件下，选择参与市场能获得正的福利效用，且居民的效用水平随着社会网络程度的递增而增加。借助中国家庭金融调查（CHFS）的实证检验发现，

① 数据来源：世界经济合作与发展组织（OECD）统计数据（1995～2014 年）和西南财经大学中国家庭金融调查与研究中心 2011 年中国家庭金融调查（China Household Financy Survey，CHFS）数据。

② 数据来源：北京大学中国社会科学调查中心 2014 年中国家庭追踪调查（China Family Panel Studies，CFPS）数据。

在控制了可能影响居民股市参与的各种变量后，股市参与概率的 Probit 模型以及股市参与程度的 Tobit 模型回归结果显示了与上述理论命题一致的结论，即拥有更多社会关系网络的家庭，股市参与概率更大，而且一旦进入股票资本市场，其持有的股票资产在其金融资产中的占比会更高。考虑到因不可观测遗漏变量对上述回归结果的内生性干扰，本书借助"是否为本地大姓"作为家庭社会关系网络的工具变量，IV Probit 模型和 IV Tobit 模型回归结果显示，基于亲友关系的家庭社会网络对居民股票投资行为影响仍然具有显著的正向效应，结论是稳健的。事实上，家庭社会网络能够帮助个体成员更好地缓冲投资风险，继而降低其对股票投资风险的主观感知程度和降低该个体的绝对风险规避程度，从而使该个体更加倾向股市参与。

除了股票投资，本书还进一步考察了社会网络对家庭金融资产配置的影响。实证结果表明，家庭社会网络对股票、基金、外汇等风险资产在家庭金融资产中的份额影响正向显著，而对储蓄存款份额影响负向显著。这一实证发现基本可以印证引言中给出的理论解释：由于血缘或姻亲等形成的大家庭可以为参与金融市场的成员提供更好的风险分担，较强社会网络环境下的居民，更倾向于投资股票、基金、外汇等风险性金融资产，而在选择现金、银行活期存款、银行定期存款等无风险资产时则正好相反。通过对家庭金融资产额的 OLS 以及分位数回归的进一步研究表明，社会网络对居民金融资产持有额有显著的正向效应，但对各分位数家庭，呈现出了较明显的异质性，各解释变量的影响程度因家庭金融资产额的不同而不同，相对于贫穷家庭，社会网络对富裕家庭影响更为深入。

（4）非正规金融投资方面，本书运用中国家庭金融调查（CHFS）数据系统研究了社会网络对家庭民间借贷行为的影响、作用机制及其城乡差异。结果发现，社会网络对家庭是否参与民间借出、借出金额以及借出占比均有显著的正向影响，同时，拥有更多关系网络的家庭，获得民间借入的可能性和借入金额也明显更高。分城乡来看，社会网络对城市家庭民间借贷行为的边际影响要高于农村家庭，社会网络在金融发达程度更高的城镇地区对家庭民间借贷行为的边际影响要高于农村地区。进一步地，社会网络可以通过拓宽信息渠道、改善风险偏好和降低预防性储蓄动机影响家庭民间借贷决策。社会网络这种非正式制度随正规金融体系的市场化发展在民间借贷市场中的影响逐渐减弱。换言之，社会网络在一定程度上弥补了正规金融制度的缺陷。

（5）投资组合有效性方面，本书根据 CHFS 调查项目中样本家庭资产配置状况及所持各类资产的风险和收益情况，构造了不同家庭资产组合各自的夏普率。在此基础上，考察了家庭层面的社会网络对家庭资产配置效率的贡献以及这种贡献在城乡间和地区间的差异。研究发现，基于亲友关系的社会网络，显著提高了家庭资产配置的效率，采用工具变量的估计结果也进一步证实，拥有更多社会网络的家庭，投资组合更为有效。同时，较之农村家庭，城镇家庭投资更为有效，但资产配置效率在中、西部家庭与东部家庭间并不存在显著差异；家庭层面的社会网络在中、西部地区和农村，对家庭投资组合有效性的促进效应明显高于东部地区和城市。除此之外，财富水平对家庭投资组合夏普率的影响是正向显著的；家庭人口数越大，投资决策效率越高；家长为女性和受教育程度高的家庭所持投资组合的夏普率明显更高；同时，较之已婚家庭，未婚、离婚、丧偶家庭在资产配置方面效率更低；民主党派家庭所持投资组合的夏普率明显高于群众家庭；分年龄来看，中年家庭投资组合有效性程度最高，夏普率随家长年龄的增长呈先升后降的"倒 U 型"分布。

10.2　启示与建议

本书的理论研究与实证发现为中国投资市场的发展提供了一个新的政策视角，即社会网络视角。家庭是经济社会的基本单元，资本市场的健康发展需要微观居民的积极参与，然而，居民投资决策的形成不是孤立的个体异质性的结果，容易受到其所处制度环境的影响。作为非正式制度的重要组成部分，社会网络促进了股民股票投资参与。"多渠道增加居民财产性收入"是党的十八大报告提出的一项重要的工作目标，其中，合理配置家庭拥有的不动产（如房产等）和动产（如股票、基金等）并有效转化为家庭收入是工作任务的重要方面。本书进行的社会网络对中国居民家庭资产配置效率影响的系统性检验，以及社会网络效应在不同区域之间和城乡之间的实证区分，不仅拓展了已有的社会网络、投资决策等领域的学术研究，而且为提高家庭收入、改善居民福利的政府目标提供了一个新的政策视角，即社会网络视角。如何广泛地拓展渠道并有效提高居民财产性收入？传统的政策或是主张居民私有财产权保护制度的健全，或是强调收入分配机制的转变，或是突出财产资本化的要素市场的完善，笔者并不否认这些政策的重要。但是，居民有效配置资产并获取更多财产性收入是一个复杂的社会现象，他们所拥有的社会网络，尤其是在正式制度环境缺乏的农村和中、西部地区，会对其投资效率有着重要影响。

在中国乡土社会，居民家庭在民间借贷市场中的放贷行为大多发生在亲戚朋友间，基于亲友关系的社会网络是民间借贷的重要载体，对于促进中国非正规金融市场的发展发挥了重要作用。作为中国乡土社会的典型特征，社会网络在正规金融市场还不发达的地区，在一定程度上扮演了与正式制度互补的角色。在我国现有金融体系仍然不够健全的情况下，以亲缘关系为基础的社会网络作为传统乡土社会的重要特征，对于改善居民风险偏好、降低预防性储蓄动机，并进一步促进家庭借贷供求双方民间金融参与作用显著。尤其是当代农村产权制度尚不健全和正规金融组织缺位的现实约束条件下，以亲友借贷网络为主要表现形式的民间金融在农村金融市场和农村社会经济发展过程中充当了非常重要的角色。政府需要根据社会网络不同类型设计和构建对应的信息传输渠道，逐步形成稳定有序高效的信息沟通机制，降低民间金融市场供求双方的信息不对称程度，进而提高资金供给方的放贷意愿并有效缓解资金需求方的信贷约束困境。中国目前正处于经济和社会同时转型的重要阶段，如何鼓励居民家庭之间积极互动，如何提高居民社会关系的密度以及广泛性，并作为推动家庭市场参与进而缓解中国金融抑制等问题的重要手段，这些都是大系统观的政府政策所需要考虑的。

"大众创业、万众创新""鼓励多渠道多形式就业、促进创业带动就业"是可预见未来相当长一段时期内政府的一项重要工作目标。这其中，又以改善创业环境、促进家庭创业参与并有效提升创业成效为重中之重。此背景下，从民众内部关系架构出发，深刻剖析个体创业参与的成因、影响机制，继而更好地激发民众创业意愿，事关新一届政府努力推行"双创"体制机制改革的顺利实现。在当前市场机制还不健全的经济新常态阶段，依托亲友的社会网络扮演了与正式制度体系有益的互补角色。在政策上，一方面，政府应全方位、多层次地引导和扶持外部网络渠道建设，重点探寻在特定的人际网络和地域范围内，构建合作性网络组织，促进创业者或潜在创业者之间的合作与交流，新形势下探索将非正式制度框架下民众间关系网络纳入正式制度体系的基本条件与可行路径；另一方面，鼓励居民家庭之间的互动往来并有效提升其关系网络，实现家庭创业与关系网络的匹配，并在长期内合理引导有利于促进家庭创业的亲友关系网络的形成。在监管可控约束前提下，以提升创业意愿和改善创业环境为导向，完善促进创业的民间金融网络架构，以及网络间非正式资金融通和信用担保机制，释放和培育本土化创业潜力，助力创新创业。

参考文献

［1］边燕杰．网络脱生：创业过程的社会学分析［J］．社会学研究，2006（6）：74–88．

［2］边燕杰，邱海雄．企业的社会资本及其功效［J］．中国社会科学，2000（2）：87–99．

［3］蔡栋梁，邱黎源，孟晓雨，马双．流动性约束、社会资本与家庭创业选择［J］．管理世界，2018（9）：79–94．

［4］柴时军．社会资本与家庭投资组合有效性［J］．中国经济问题，2017（4）：27–39．

［5］柴时军．关系、家庭创业与创业回报［J］．现代经济探讨，2017（9）：16–24．

［6］柴时军．信任视角下的家庭融资渠道偏好研究［J］．经济与管理研究，2019（11）：56–69．

［7］柴时军．社会网络与家庭创业决策［J］．云南财经大学学报，2017（6）：111–122．

［8］柴时军．社会网络、年龄结构对家庭金融资产选择的影响［D］．暨南大学博士论文，2016．

［9］柴时军，王聪．老龄化与居民金融资产选择——微观分析视角［J］．贵州财经大学学报，2015（5）：36–47．

［10］柴时军，王聪．社会网络与农户民间放贷行为——基于中国家庭金融调查的研究［J］．南方金融，2015（6）：33–41．

［11］柴时军，王聪，陈建付．集体主义氛围与居民金融资产配置相异性研究［J］．经济经纬，2015（4）：144–148．

［12］柴时军，叶德珠．信任偏差、市场化与居民借贷渠道选择［J］．财

贸研究，2019（12）：67－79.

[13] 柴时军，郑云. 人格特征与农户创业选择 [J]. 经济经纬，2019（1）：34－40.

[14] 陈斌开，李涛. 中国城镇居民家庭资产——负债现状与成因研究 [J]. 经济研究，2011（S1）：55－79.

[15] 陈劲，李飞宇. 社会网络：对技术创新的社会学诠释 [J]. 科学学研究，2001（3）：102－107.

[16] 陈钦约. 企业家社会网络嵌入机制研究 [J]. 中央财经大学学报，2009（9）：77－80.

[17] 陈爽英，井润田，龙小宁，邵云飞. 民营企业家社会关系资本对研发投资决策影响的实证研究 [J]. 管理世界，2010（1）：88－97.

[18] 程郁，罗丹. 信贷约束下农户的创业选择 [J]. 中国农村经济，2009（11）：25－38.

[19] 陈雨露，马勇，杨栋. 农户类型变迁中的资本机制：假说与实证 [J]. 金融研究，2009（3）：52－62.

[20] 董丽霞，赵文哲. 人口结构与储蓄率：基于内生人口结构的研究 [J]. 金融研究，2011（3）：1－14.

[21] 郭士祺，梁平汉. 社会互动、信息渠道与家庭股市参与 [J]. 经济研究，2014（1）：116－131.

[22] 郭云南，张琳弋，姚洋. 宗族网络、融资与农民自主创业 [J]. 金融研究，2013（9）：136－149.

[23] 郝朝艳，平新乔，张海洋，梁爽. 农户的创业选择及其影响因素 [J]. 中国农村经济，2012（4）：57－65.

[24] 何婧，李庆海. 2019：《数字金融使用与农户创业行为 [J]. 中国农村经济，2019（1）：112－126.

[25] 贺菊煌. 个人生命分为三期的世代交叠模型 [J]. 数量经济技术经济研究，2002（4）：48－55.

[26] 何兴强，史卫，周开国. 背景风险与居民风险金融资产投资 [J].

经济研究，2009（12）：119 - 130.

［27］胡枫，陈玉宇．社会网络与农户借贷行为［J］．金融研究，2012（12）：178 - 192.

［28］胡金焱，张博．社会网络、民间金融与家庭创业［J］．金融研究，2014（10）：148 - 163.

［29］黄倩．社会网络与家庭金融资产选择［D］．西南财经大学博士论文，2015.

［30］蒋剑勇，钱文荣，郭红东．社会网络、先前经验与农民创业决策［J］．农业技术经济，2014（2）：17 - 25.

［31］李丽芳，柴时军，王聪．生命周期、人口结构与居民投资组合——来自中国家庭金融调查（CHFS）的证据［J］．华南师范大学学报（社会科学版），2015（4）：13 - 18.

［32］李锐，李宁辉．农户借贷行为及其福利效果分析［J］．经济研究，2004（12）：96 - 104.

［33］李涛．社会互动与投资选择［J］．经济研究，2006（8）：45 - 57.

［34］李涛．社会互动、信任与股市参与［J］．经济研究，2006（1）：34 - 45.

［35］李涛，陈斌开．家庭固定资产、财富效应与居民消费［J］．经济研究，2014（3）：62 - 75.

［36］李涛，郭杰．风险态度与股票投资［J］．经济研究，2009（2）：56 - 67.

［37］李雪莲，马双，邓翔．公务员家庭、创业与寻租动机［J］．经济研究，2015（5）：89 - 103.

［38］李银河．家庭结构与家庭关系的变迁——基于兰州的调查分析［J］．甘肃社会科学，2011（1）：6 - 12.

［39］林毅夫，孙希芳．信息、非正规金融与中小企业融资［J］．经济研究，2015（7）：35 - 44

［40］刘文革，谢杰，孙瑾．新常态背景下的地缘政治经济学研究［J］.

经济研究，2016（1）：182－186.

［41］马光荣，杨恩艳．社会网络、非正规金融与创业［J］．经济研究，2011（3）：83－94.

［42］马永强．中国农户融资现状与民间借贷偏好分析［J］．经济学家，2011（6）：28－37.

［43］饶为民，王三兴．中国股市的周期性波动与价值投资操作策略总结［J］．财经研究，2010（11）：31－35.

［44］任文利．"儒学与家庭伦理"研究会综述［J］．孔子研究，2002（2）：113－118.

［45］史代敏，宋艳．居民家庭金融资产选择的实证研究［J］．统计研究，2005（10）：43－49.

［46］宋全云，吴雨，尹志超．金融知识视角下的家庭信贷行为研究［J］．金融研究，2017（6）：95－110.

［47］孙永苑，杜在超，张林，何金财．关系、正规与非正规信贷［J］．经济学（季刊），2016（2）：597－626.

［48］田园，王铮．非正式制度因素对创业的影响作用探讨［J］．中国软科学，2016（3）：24－34.

［49］唐珺，朱启贵．家庭金融理论研究范式评述［J］．经济学动态，2008（5）：115－119.

［50］童馨乐，褚保金，杨向阳．社会网络对农户借贷行为影响的实证研究［J］．金融研究，2011（11）：177－191.

［51］吴卫星，吴锟，王琎．金融素养与家庭负债［J］．经济研究，2018（1）：97－109.

［52］邢春冰．参与成本、异质性与股市投资［J］．南方经济，2011（9）：17－29

［53］王聪，柴时军，田存志，吴甦．家庭社会网络与股市参与［J］．世界经济，2015（5）：105－124.

［54］王聪，田存志．股市参与、参与程度及其影响因素［J］．经济研

究，2012（10）：97 - 107.

[55] 王聪，张海云．中美家庭金融资产选择行为的差异及其原因分析 [J]．国际金融研究，2010（6）：55 - 61.

[56] 王聪．中国家庭金融资产选择及财富效应研究 [M]．北京：经济科学出版社，2015.

[57] 王金哲．社会资本影响家庭融资渠道选择了吗？[J]．财经论丛，2019（1）：52 - 60.

[58] 汪三贵，刘湘琳，史识洁，应雄巍．人力资本和社会资本对返乡农民工创业的影响 [J]．农业技术经济，2010（12）：4 - 10

[59] 王小鲁，樊纲，余静文．中国分省份市场化指数报告（2014 年）[M]．北京：社会科学文献出版社，2016.

[60] 王跃生．家庭结构转化和变动的理论分析 [J]．社会科学，2008（7）：90 - 103.

[61] 韦克难，许传新．家庭养老观：削弱抑或强化——来自四川省的实证调查 [J]．学习与实践，2011（11）：92 - 98.

[62] 吴卫星，齐天翔．流动性、生命周期与投资组合相异性 [J]．经济研究，2007（2）：97 - 110.

[63] 吴卫星，丘艳春，张琳琬．中国居民家庭投资组合有效性：基于夏普率的研究 [J]．世界经济，2015（1）：154 - 172.

[64] 吴卫星，荣苹果，徐芊．健康与家庭资产选择 [J]．经济研究，2011（S1）：43 - 54.

[65] 吴卫星，汪勇祥，梁衡义．过度自信、有限参与和资产价格泡沫 [J]．经济研究，2006（4）：115 - 127.

[66] 吴卫星，易尽然，郑建明．中国居民家庭投资结构：基于生命周期、财富和住房的实证分析 [J]．经济研究，2010（S1）：72 - 82.

[67] 吴义根，贾洪文．我国人口老龄化与金融资产需求结构的相关性分析 [J]．西北人口，2012（2）：125 - 129.

[68] 夏淼，吴义根．人口老龄化与我国金融结构的变迁 [J]．西北人

口，2011（2）：124 - 129.

[69] 肖作平，寥理，张欣哲. 生命周期、人力资本与家庭房产投资消费的关系 [J]. 中国工业经济，2011（11）：26 - 36.

[70] 肖作平，张欣哲. 制度和人力资本对家庭金融市场参与的影响研究 [J]. 经济研究，2012（S1）：91 - 104.

[71] 徐安琪. 家庭价值观变迁：去传统化？去集体主义化？[J]. 中国研究，2013（1）：171 - 199.

[72] 姚海明，黄波. 制度创新与创业环境优化研究 [J]. 南京社会科学，2004（12）：289 - 295.

[73] 杨慧，吕静. 基于认知层面的代际关系分析——重阳节调查报告 [J]. 河北大学学报，2008（3）：115 - 120.

[74] 杨汝岱，陈斌开，朱诗娥. 基于社会网络视角的农户民间借贷需求行为研究 [J]. 经济研究，2011（11）：116 - 129.

[75] 易小兰，蔡荣. 放宽市场准入下农户借贷渠道选择及信贷可得性分析 [J]. 财贸研究，2017（10）：26 - 37.

[76] 尹志超，宋全云，吴雨，彭嫦燕. 金融知识、创业决策和创业动机 [J]. 管理世界，2015（1）：87 - 98.

[77] 于蓉. 我国家庭金融资产选择行为研究 [D]. 暨南大学博士论文，2006.

[78] 余永定，李军. 中国居民消费函数的理论与验证 [J]. 中国社会科学，2000（1）：123 - 133.

[79] 袁志刚，宋铮. 人口年龄结构、养老保险制度和最优储蓄率 [J]. 经济研究，2000（11）：24 - 32.

[80] 张海云. 我国家庭金融资产选择行为及财富分配效应 [D]. 暨南大学博士论文，2010.

[81] 张晓东. 创新创业的"人口红利"与构筑经济增长的新动能 [J]. 现代经济探讨，2017（2）：13 - 17.

[82] 孙永苑，杜在超，张林，何金财. 关系、正规与非正规信贷 [J].

经济学（季刊），2016（2）：597－626.

　　[83] 张爽，陆铭，章元. 社会资本的作用随市场化进程减弱还是加强？[J]. 经济学（季刊），2007（2）：539－560.

　　[84] 张改清. 中国农村民间金融的内生成长——基于社会资本视角的分析 [J]. 经济经纬，2008（2）：129－131.

　　[85] 张龙耀，张海宁. 金融约束与家庭创业 [J]. 金融研究，2013（9）：123－135.

　　[86] 张爽，陆铭，章元. 社会网络的作用随市场化进程减弱还是加强？[J]. 经济学（季刊），2007（1）：539－560.

　　[87] 章元，陆铭. 社会网络是否有助于提高农民工的工资水平？[J]. 管理世界，2009（3）：45－54.

　　[88] 赵剑治，陆铭. 关系对农村收入差距的贡献及其地区差异 [J]. 经济学（季刊），2009（1）：363－390.

　　[89] 中国人口与发展研究中心文组. 中国人口老龄化战略研究 [J]. 经济研究参考，2011（34）：2－23.

　　[90] 周广肃，谭华清，李力行. 外出务工经历有益于返乡农民工创业吗？[J]. 经济学（季刊），2017（2）：793－814.

　　[91] 周晔馨，叶静怡，曹和平. 流动农民工社会资本的测量及其分布特征 [J]. 云南财经大学学报，2013（3）：141－151.

　　[92] 周晓虹. 文化反哺：变迁社会中的亲子传承 [J]. 社会学研究，2000（2）：51－66.

　　[93] 朱世武，郑淳. 中国资本市场股权风险溢价研究 [J]. 世界经济，2003（11）：62－80.

　　[94] Akoten E. J. , Yasuyuki S. , and Otsuka K. The Determinants of Credit Access and Its Impacts on Micro and Small Enterprises: The Case of Garment Producers in Kenya [J]. Economic Development and Cultural Change, 2006, 54 (4): 927－944.

　　[95] Ameriks J. and Zeldes S. How Do Household Portfolio Shares Vary with

Age [J]. Working Paper, 2004.

[96] Ardichvili A., Cardozo R., and Ray S. A Theory of Entrepreneurial Opportunity Identification and Development [J]. Journal of Business Venturing, 2003, 18 (1): 105 –123.

[97] Bakshi G. S. and Chen Z. Baby Boom, Population Aging, and Capital Markets [J]. The Journal of Business, 1994, 67: 165 –202.

[98] Banerjee A. V. A Simple Model of Herd Behavior [J]. Quarterly Journal of Economics, 1992, 107: 797 –818.

[99] Banerjee, A. and Newman A. Occupational Choice and the Process of Development [J]. Journal of Political Economy, 1993, 101 (2): 274 –298.

[100] Baron R. The Cognitive Perspective: A Valuable Tool for Answering Entrepreneurship's Basic "Why" Questions [J]. Journal of Business Venturing, 2004, 19 (2): 221 –239.

[101] Baron R. and Kenny D. A. The Moderator-Mediator Variable Distinction in Social Psychological Research [J]. Journal of Personality and Social Psychology, 1986, 51 (6): 1173 –1182.

[102] Barslund M. and Tarp F. Formal and Informal Rural Credit in Four Provinces of Vietnam [J]. Journal of Development Studies, 2008, 44 (4): 485 –503.

[103] Bastelaer V. Does Social Capital Facilitate the Poorps Access to Credit? A Review of the Microeconomic Literature [J]. Social Capital Initiative, 2000, 8: 53 –67.

[104] Beck T. and Levine R. Industry Growth and Capital Allocation: Does Having a Market or Bank-based System Matter [J]. Journal of Financial Economics, 2002, 64: 147 –180.

[105] Becker G. S. A Note on Restaurant Pricing and Other Examples of Social Influences on Price [J]. Journal of Political Economy, 1991, 99: 1109 – 1116.

[106] Berkowitz M. K. and Qiu J. A Further Look at Household Portfolio Choice and Health Status [J]. Journal of Banking and Finance, 2006, 30: 1201 – 1217.

[107] Beugelsdijk S. Entrepreneurial Culture, Regional Innovativeness and E-conomic Growth [J]. Journal of Evolutionary Economics, 2007, 17 (2): 187 – 210.

[108] Beugelsdijk S. , Groot H. and Schaik A. Trust and Economic Growth: A Robustness Analysis [J]. Oxford Economic Papers, 2004, 56 (1): 118 – 134.

[109] Bian Y. J. Bringing Strong Ties Back in: Indirect Connection, Bridg-es, and Job Searches in China [J]. American Sociological Review, 1997, 62 (1): 366 – 385.

[110] Bian, Y. J. and Logan J. R. Market Transition and the Persistence of Power: The Changing Stratification System in Urban China [J]. American Socio-logical Review, 1996, 61 (5): 739 – 758.

[111] Biggart N. W. and Castanias R. P. Collateralized Social Relations: The Social in Economic Calculation [J]. American Journal of Economics and Sociolo-gy, 2001, 60 (2): 471 – 500.

[112] Bikhchandani S. , Hershleifer D. and Welch I. A Theory of Fads, Fashion, Custom, and Cultural Change as Informational Cascades [J]. Journal of Political Economy, 1992, 100: 992 – 1026.

[113] Binswanger H. P. and Khandker S. R. The Impact of Formal Finance on The Rural Economy of India [J]. Journal of Development Study, 1995, 32 (2): 234 – 262.

[114] Blommestein H. Ageing, Pension Reform and Financial Market Impli-cations in the OECD Area [J]. CERP Working Paper, 2001.

[115] Bodie Z. , Merton R. C. and Samuelson W. Labor Supply Flexibility and Portfolio Choice in a Life Cycle Model [J]. Journal of Economic Dynamics

and Control, 1992, 16: 427 –449.

[116] Bollerslev T. , Ray Y. C. and Kenneth F. K. Arch Modeling in Finance: A Review of the Theory and Empirical Evidence [J]. Journal of Econometrics, 1992, 52: 5 –59.

[117] Borghans L. et al. The Economics and Psychology of Personality Traits [J]. Journal of Human Resources, 2008, 43 (4): 972 –1059.

[118] Bowles S. and Gintis H. Social Capital and Community Governance [J]. Economic Journal, 2010, 112 (3): 419 –436.

[119] Branstetter L. , Lima F. , Taylor L. and Venancio A. Do Entry Regulations Deter Entrepreneurship and Job Creation: Evidence from Recent Reforms in Portugal [J]. Economic Journal, 2014, 124 (1): 805 –832.

[120] Brown J. R. , Ivkovic Z. , Smith P. A. and Weisbenner S. J. The Geography of Stock-Market participation: The Influence of Communities and Local Firms [J]. NBER Working Paper, 2004.

[121] Brown S. and Taylor K. Household Debt and Financial Assets: Evidence from Germany, Great Britain and the USA [J]. Journal of the Royal Statistics in Society, 2008, 171 (3): 615 –643.

[122] Bruhn M. License to Sell: The Effect of Business Registration Reform on Entrepreneurial Activity in Mexico [J]. Review of Economics and Statistics, 2011, 93: 382 –386.

[124] Campbell J. Y. Household Finance [J]. Journal of Finance, 2006, 61 (4): 1553 –1604.

[125] Cao H. , Tan W. and Harold H. Z. Model Uncertainty, Limited Market Participation and Asset Prices [J]. The Review of Financial Studies, 2005, 18: 1219 –1251.

[126] Cardak B. A. and Roger W. The Determinants of Household Risky Asset Holdings: Australian Evidence on Background Risk and Other Factors [J]. Journal of Banking and Finance, 2009, 33: 850 –860.

[127] Carroll C. D. Buffer-Stock Saving and The Life Cycle Permanent Income Hypothesis [J]. Quarterly Journal of Economics, 1997, 112: 1 – 55.

[128] Chai S. J., Chen Y., Ye D. Z. and Huang B. H. Social Networks and Informal Financial Inclusion in China [J]. Asia Pacific Journal of Management, 2019, 36 (2): 529 – 563.

[129] Chua R. Y., Morris M. W. and Ingram P. Distinctive Configurations of Affect and Cognition Based Trust in the Networks of Chinese and American Managers [J]. Journal of International Business Studies, 2009, 40: 490 – 508.

[130] Cobb C. D. and Schurer S., The Stability of Big-Five Personlity Traits [J]. Economics Letters, 2012, 115 (1): 11 – 15.

[131] Cocco J. F. Portfolio Choice in the Presence of Housing [J]. Review of Financial Studies, 2004, 18: 535 – 567.

[132] Coile C. and Milligan K. How Household Portfolios Evolve after Retirement: The Effect of Aging and Health Shocks [J]. Review of Income and Wealth, 2009, 55: 226 – 248.

[134] Costa P. and McCrae R. Four Ways Five Factors are Basic [J]. Personality and Individual Differences, 1992, 13 (6): 653 – 665.

[135] Cunha F. and Heckman J. The Technology of Skill Formation [J]. American Economic Review, 2007, 97 (2): 31 – 47.

[136] Davis S. J., Kubler F. and Willen P. Borrowing Costs and the Demand for Equity Over the Life Cycle [J]. NBER Working Paper, 2002.

[137] Demery D. and Duck N. W. Savings Age Profiles in The UK [J]. Journal of Population Economics, 2006, 19: 521 – 541.

[138] Devlin J. A Detailed Study of Financial Exclusion in the UK [J]. Journal of Consumer Policy, 2005, 28: 75 – 108.

[139] Dohmen T. et al. Are Risk Aversion and Impatience Related to Cognitive Ability? [J]. American Economic Review, 2010, 100 (3): 1238 – 1260.

[140] Donnelly G. et al. The Big Five Personality Traits, Material Values,

and Financial Well-Being of Self-Described Money Managers [J]. Journal of Economic Psychology, 2012, 33 (6): 1129 – 1142.

[141] Duflo E. C. and Saez E. The Role of Information and Social Interactions in Retirement Plan Decisions: Evidence from a Randomized Experiment [J]. Quarterly Journal of Economics, 2003, 118: 815 – 842.

[142] Durlauf S. and Fafchamps M. Empirical Studies of Social Capital: A Critical Survey [J]. Journal of Chemical Physics, 2003, 92 (6): 3359 – 3376.

[143] Durlurf S. Complexity and Empirical Economics [J]. SSRI Working Paper of University of Wisconsin Madison, 2003.

[144] Ellison G. and Fudenberg D. Rules of Thumbs of Social Learning [J]. Journal of Political Economy, 1993, 101: 612 – 643.

[145] Fafchamps M. and Minten B. Returns to Social Network Capital among Traders [J]. Oxford Economic, 2002, 54 (2): 173 – 206.

[146] Flavin M. and Takashi Y. Owner-Occupied Housing and the Composition of the Household Portfolio [J]. American Economic Review, 2000, 1: 345 – 362.

[147] Francis D. and Sandberg W. Friendship within Entrepreneurial Teams and Its Association with Team and Venture Performance [J]. Entrepreneurship Theory and Practice, 2000, 25 (2): 27 – 37.

[148] Ghatak M. Group Lending, Local Information and Peer Selection [J]. Journal of Development Economics, 1999, 60 (1): 27 – 50.

[149] Grinblatt M., Keloharju M. and Linnainmaa J. IQ and Stock Market Participation [J]. The Journal of Finance, 2011, 66: 2121 – 2164.

[150] Guiso L., Sapienza P. and Zingales L. People's Opium? Religion and Economic Attitudes [J]. Journal of Monetary Economics, 2003, 50: 225 – 282.

[151] Guiso L., Sapienza P. and Zingales L. The Role of Social Capital in Financial Development [J]. American Economic Review, 2004, 94: 526 – 556.

[156] Guiso L., Haliassos M. and Jappelli T. Household Portfolios: An In-

ternational Comparison〔J〕. Working Paper, 2000.

〔157〕Guiso L. , Sapienza P. and Zingales L. Trusting the Stock Market 〔J〕. Journal of Finance, 2008, 63: 2557 – 2600.

〔158〕Guiso L. , Sapienza P. and Zingales L. The Role of Social Capital in Financial Development〔J〕. American Economic Review, 2004, 94 (3): 526 – 556.

〔159〕Hirshleifer D. and Teoh S. H. Herding and Cascading in Capital Markets: A Review and Synthesis〔J〕. European Financial Management, 2003, 9: 25 – 66.

〔160〕Holtz-Eakin D. , Rosen H. and Weathers R. Horatio Alger Meets the Mobility Tables〔J〕. Small Business Economics, 2000, 14: 243 – 274.

〔161〕Hong H. , Kubik J. D. and Stein J. C. Social Interaction and Stock-Market Participation〔J〕. Journal of Finance, 2004, 59: 137 – 163.

〔162〕Hopp C. and Stephan U. The Influence of Socio-Cultural Environments on the Performance of Nascent Entrepreneurs: Community Culture, Motivation, Self-Efficacy and Start-Up Success〔J〕. Entrepreneurship & Regional Development, 2012, 24 (9): 917 – 945.

〔163〕Jagannathan R. and Narayana R. K. Why should Older People Invest Less in Stock than Younger People?〔J〕. Quarterly Review Federal Reserve Bank of Minneapolis, 1996, 53: 11 – 23.

〔164〕Jianakoplos N. and Bernasek A. Are Women More Risk Averse?〔J〕. Economic Inquiry, 1998, 36: 620 – 630.

〔165〕Karlan D. Social Connections and Group Banking〔J〕. Economic Journal, 2007, 117 (1): 52 – 84.

〔166〕Karlan D. and Morduch J. Access to Finance〔J〕. Handbook of Development Economics in Dani Rodrik and Mark Rosenzweig (Ed.), 2010, 5: 237 – 265.

〔167〕Khanh H. The Role of Social Capital to Access Rural Credit: A Case

Study at Dinh Cu and Van Quat Dong Village in Coastal Area of Thua Thien Hue Procince [J]. Working Paper of University of Southampton, 2011.

[168] Knight J. and Yueh L. The Role of Social Capital in the Labor Market in China [J]. Discussion Paper of Department of Economics in Oxford University, 2002.

[169] Kim H. J. , Lee D. , Son J. C. and Son M. K. Household Indebtedness in Korea: Its Causes and Sustainability [J]. Japan and the World Ecomomy, 2014, 29 (1): 59 - 76.

[170] Kim P. and Li M. Seeking Assurances When Taking Action: Legal Systems, Social Trust, and Starting Businesses in Emerging Economies [J]. Organization Studies, 2014, 35 (3): 359 - 391.

[171] Kinnan C. and Townsend R. Kinship and Financial Networks, Formal Financial Access, and Risk Reduction [J]. The American Economic Review, 2012, 102 (3): 289 - 293.

[172] Kim P. and Li M. Seeking Assurances When Taking Action: Legal Systems, Social Trust, and Starting Businesses in Emerging Economies [J]. Organization Studies, 2014, 35 (3): 359 - 391.

[173] Knack S. and Keefer P. Does Social Capital Have an Economic Payoff? [J]. Quarterly Journal of Economics, 1997, 112 (4): 1251 - 1288.

[174] Komarraju M. et al. The Big Five Personality Traits, Learning Styles, and Academic Achievement [J]. Personality and Individual Differences, 2011, 51 (4): 472 - 477.

[175] Lederman D. , Loayza N. and Menendez A. Violent Crime: Does Social Capital Matter? [J]. Economic Development and Cultural Change, 2002, 50 (3): 509 - 539.

[176] Lind D. A. , William G. M. and Robert D. M. Statistical Techniques in Business and Economics [M]. MaGraw-Hill, Irwin, 2002.

[177] Mahajna A. , Benzion U. and Bogaire R. Subjective Discount Rates

among Israeli Arabs and Israeli Jews [J]. Journal of Socio-Economics, 2008, 37 (6): 2513 – 2522.

[178] Mankiw N. G. and Wei D. N. The Baby Boom, the Baby Bust, and the Housing Market [J]. Regional Science and Urban Economics, 1989, 19: 235 – 258.

[179] Manski C. F. Economic Analysis of Social Interaction [J]. Journal of Economic Perspectives, 2000, 14: 115 – 136.

[180] Markowitz H. Portfolio Selection [J]. Journal of Finance, 1952, 7: 77 – 91.

[181] Massa M. and Simonov A. History versus Geography: The Role of College Interaction in Portfolio Choice and Stock Market Prices [J]. CEPR Discussion Paper, 2004.

[182] McCarthy D. Household Portfolio Allocation: A Review of the Literature [J]. Imperial College Working Paper, 2004.

[183] Meng X., Hoang N. and Siriwardana M. The Determinants of Australian Household Debt: A Macro Level Study [J]. Journal of Asian Economics, 2013, 29 (1): 80 – 90.

[184] Merton R. C. Lifetime Portfolio Selection under Uncertainty: The Continuous Time Case [J]. Review of Economics and Statistics, 1969, 51: 247 – 257.

[185] Merton R. C. On Estimating the Expected Return on the Market: An Exploratory Investigation [J]. Journal of Financial Economics, 1980, 8: 323 – 361.

[186] Munshi K. and Rosenzweig M. Why is Mobility in India So Low? Social Insurance, Inequality and Growth [J]. NBER Working Paper, 2010.

[187] Noftle E. and Robins R. Personality Predictors of Academic Outcomes: Big Five Correlates of GPA and SAT Scores [J]. Journal of Personality and Social Psychology, 2007, 93 (1): 116 – 130.

［188］ Pelizzon L. and Weber G. Are Household Portfolios Efficient? An Analysis Conditional on Housing ［J］. The Journal of Financial and Quantitative Analysis, 2008, 43: 401 –431.

［189］ Peng Y. Kinship Networks and Entrepreneurs in China's Transitional Economy ［J］. American Journal of Sociology, 2004, 109 (5): 1045 –1074.

［190］ Pitt M. M. and Khandker S. R. The Impack of Group-Based Credit Programs on Poor Household in Bangladesh: Does The Gender of Participants Matter? ［J］. Journal of Political Economics, 1998, 106 (5): 958 –996.

［191］ Porta R. , Lopez F. and Shleifer A. What Work in Securities Laws ［J］. Journal of Finance, 2006, 61 (1): 1 –32.

［192］ Putnam R. , Leonardi R. and Nanetti R. Making Democracy Work: Civic Tradition in Modem Italy ［M］. Princeton: Princeton University Press, 1993.

［193］ Roberts B. Back to The Future: Personality, Assessment and Personality Development ［J］. Journal of Research in Personality, 2009, 43 (2): 137 –145.

［194］ Rona-Tas, A. The First Shall be Last? Entrepreneurship and Communist Cadres in the Transition from Socialism ［J］. American Journal of Sociology, 1994, 100 (1): 40 –69.

［195］ Rosen H. and Wu S. Portfolio Choice and Health Status ［J］. Journal of Financial Economics, 2004, 72: 457 –484.

［196］ Rosenboim M. , Shavit T. and Shoham A. Financial Decision Making in Collective Society-A Field Test on Israeli Kibbutz Members and City Residents ［J］. Journal of Socio-Economics, 2010, 39 (1): 30 –36.

［197］ Roux I. , Pretorius M. and Millard S. The Influence of Risk Perception, Misconception, Illusion of Control and Self-Efficacy on the Decision to Exploid A Venture Opportunity ［J］. Southern Africa Business Review, 2006, 10 (1): 51 –69.

[198] Samuelson P. A. Lifetime Portfolio Selection by Dynamics Stochastic Programming [J]. Review of Economics and Statistics, 1969, 51: 239 – 246.

[199] Shimer R. and Smith L. Assortative Matching and Search [J]. Econometrica, 2000, 68 (2): 343 – 369.

[200] Shum P. and Miquel F. What Explains Household Stock Holdings? [J]. Journal of Banking and Finance, 2006, 30: 2579 – 2597.

[201] Smith D. and Lohrke F. Entrepreneurial Network Development: Trusting in The Process [J]. Journal of Business Research, 2008, 61 (4): 315 – 322.

[202] Stiglitz J. E. and Weiss A. Credit Rationing in Markets with Imperfect Information [J]. American Economic Review, 1981, 73 (3): 393 – 410.

[203] Stock J. H. and Yogo M. Testing for Weak Instruments in Linear IV Regression [J]. NBER Technical Working Paper, 2002.

[204] Tanaka T. , Camerer C. F. and Nguyen Q. Risk and Time Preferences: Linking Experimental and Household Survey Date from Vietnam [J]. The American Economic Review, 2010, 100: 557 – 571.

[205] Tobin J. Liquidity Preference as Behavior Toward Risk [J]. Review of Economic Studies, 1958, 25: 65 – 86.

[206] Tsai K. S. Imperfect Substitutes: The Local Political Economy of Informal Finance and Microfinance in Rural China and India [J]. World Development, 2004, 32 (9): 1487 – 1507.

[207] Unger J. , Rauch A. , Frese M. and Rosenbusch N. Human Capital and Entrepreneurial Success: A Meta-Analytical Review [J]. Journal of Business Venturing, 2011, 26 (3): 341 – 358.

[208] Uslaner E. Producing and Consuming Trust [J]. Political Science Quartely, 2000, 115 (4): 569 – 590.

[209] Van-der S. , Praag J. M. and Vijverberg W. Education and Entrepreneurship Selection and Performance: A Review of the Empirical Literature [J].

Journal of Economic Surveys, 2008, 22 (5): 795 – 841.

[210] Vissing J. and Annette T. An Explanation of Household Portfolio Choice Heterogeneity: Nonfinancial Income and Participation Cost Structures [J]. NBER Working Paper, 2002.

[211] Weber E. U. and Hsee C. K. Models and Mosaics: Investigating Cross-Cultural Differences in Risk Perception and Risk Preference [J]. Psychonomic Bulletin and Review, 1999, 6 (4): 611 –617.

[212] Weber E. U. and Morris M. W. Culture and Judgment and Decision Making [J]. Perspectives on Psychological Science, 2010, 5 (4): 410 –421.

[213] Wooton K. , Timmerman T. and Folger R. The Use of Personality and the Five-Factor Model to Predict New Business Ventures: From Outplacement to Start-Up [J]. Journal of Vocational Behavior, 1999, 54 (1): 82 – 101.

[214] Worthington A. Debt as a Source of Financial Stress in Australian Households [J]. International Journal of Consumer Studies, 2006, 30 (1): 2 – 15.

[215] Yao R. and Zhang H. H. Optimal Consumption and Portfolio Choices with Risky Housing and Borrowing Constraints [J]. Review of Financial Studies, 2005, 18: 197 –239.

[216] Yoo P. S. Age Dependent Portfolio Selection [J]. Federal Reserve Bank of Saint Louis Working Paper, 1994.

[217] Yaron J. , Benjamin M. P. and Piprek G. L. Rural Finance: Issues, Design and Best Practices [J]. The World Bank Discussion Papers, 1997.

[218] Zagorsky J. L. Do You Have to Be Smart to Be Rich? The Impact of IQ on Wealth [J]. Income and Nancial Distress, 2007, 35: 15 –27.

[219] Zhang X. B. and Li G. Does Guanxi Matter to Nonfarm Employment? [J]. Journal of Comparative Economics, 2003, 31 (2): 315 –331.

[220] Zhao H. and Seibert S. E. , "The Big Five Personality Dimensions and Entrepreneurial Status: A Meta-analytical Review", Journal of Applied Psychol-

ogy, 2006, 91: 259 - 271.

[221] Zhao H., Seibert S. E. and Lumpkin G. T., The Relationship of Personality to Entrepreneurial Intentions and Performance: A Meta-analytical Review [J]. Journal of Management, 2010, 36: 381 - 404.

[222] Zolin R., Kuckertz A. and Kautonen T. Human Resource Flexibility and Strong Ties in Entrepreneurial Teams [J]. Journal of Business Research, 2011, 64 (10): 1097 - 1103.